我国体育产业与体育用品对外贸易研究

梁 霄 著

中国纺织出版社有限公司

内 容 提 要

近年来我国体育用品的出口发展迅速，体育用品的出口已成为我国进出口贸易的重要组成部分。基于此，本书从我国体育产业的基本概念出发，通过对我国体育用品出口现状的分析，总结了影响我国体育用品出口贸易的因素，客观地解剖了我国体育用品出口中存在的产业政策不完善、出口结构不合理以及体育用品企业自主创新能力较弱等问题，并在此基础上，根据我国的国情从相关角度提出促进我国体育用品出口的对策和建议。

图书在版编目（CIP）数据

我国体育产业与体育用品对外贸易研究 / 梁霄著
. -- 北京：中国纺织出版社有限公司，2023.3
　ISBN 978-7-5229-0433-7

　Ⅰ.①我… Ⅱ.①梁… Ⅲ.①体育产业—对外贸易—研究—中国②体育用品—对外贸易—研究—中国　Ⅳ.
①G812②F752.658.9

中国国家版本馆 CIP 数据核字（2023）第 047652 号

责任编辑：张 宏　责任校对：高 涵　责任印制：储志伟

中国纺织出版社有限公司出版发行
地址：北京市朝阳区百子湾东里 A407 号楼　邮政编码：100124
销售电话：010—67004422　传真：010—87155801
http://www.c-textilep.com
中国纺织出版社天猫旗舰店
官方微博 http://weibo.com/2119887771
北京虎彩文化传播有限公司印刷　各地新华书店经销
2023 年 3 月第 1 版第 1 次印刷
开本：787×1092　1/16　印张：10.5
字数：205 千字　定价：98.00 元

前言 / PREFACE

在经济全球化背景下，各国之间的贸易往来越来越频繁，贸易的种类也随之更加多样化，不单单只局限于石油煤炭等一些大宗矿产资源，在一些轻工业方面的贸易也在不断增多。在其中近年来体育产业在全球发展迅速，相应地带动了体育用品的贸易额的大幅增长，体育用品国际市场的不断扩大。从目前来看，中国的体育用品业有着良好的发展机遇，从国家层面来说，我国的制造业产业结构发生了改变，众多新兴产业不断涌现，体育产业成为新的经济增长点。中国国家经济的腾飞带来的是收入水平的提高，进而使人们开始追求更高的生活品质，而体育则是所有人都需要的重要休闲项目。国家对于这一行业也是越发地重视，不仅提出了"全民健身"的口号，还举办了各项国际性赛事，这也使大大小小的相关企业都迎来了发展空间与机遇。但是在机遇来临的同时，也面临着巨大的威胁与挑战。

中国作为一个人口大国，巨大的市场吸引着各个国家在此抢夺资源。同时，国内居民逐渐提高的收入水平也提高了居民对生活品质的需求，对体育用品的需求也从低级、廉价转变为高端用品，但是国内企业往往由于在技术或科技上不够成熟的原因，无法批量生产出高端体育用品，满足不了国内居民对于高端体育用品的需求，而发达国家凭借自身掌握的先进核心技术、成熟的管理经验以及知名的国际品牌进入并迅速占据这部分市场。从整体来看，体育用品进口的多是发达国家的高附加值产品，而出口往往是作为发达国家的代加工工厂，出口附加值较低的低端产品，进出口比例失衡。怎样才能在不断变化且竞争日益激烈的国际市场上发扬自主品牌，扩大国际市场是现如今面临问题的重中之重。而要想得到这个问题的答案，首要任务是搞清楚影响我国体育用品业的各项因素，结合具体国情分析我国体育用品出口贸易的优劣势所在，同时这也是该产业迎来发展的基础。基于此，《我国体育产业与体育用品对外贸易研究》从我国体育产业的基本概念出发，通过对我国体育用品出口现状的分析，分析了影响我国体育用品出口贸易的因素，客观地解剖了我国体育用品出口中存在体育用品出口的产业政策不完善、出口结构不合理以及体育用品企业自主创新能力较弱等问题，并在此基础上根据我国的国情从相关角度提出促进我国体育用品出口的对策建议。

本书由首都经济贸易大学体育部教师梁霄独立编写完成。

梁 霄

2022 年 8 月

目录／CONTENTS

第一章　导论

第一节　研究背景

自 1978 年改革开放以来，中国对世界各国打开国门，也因此迎来了全方位的高速发展，尤其是近年来，中国在国际舞台上参与度不断提高，话语权也有所加重，国际贸易也正以飞快的速度发展着。中国的对外贸易总额从 1978 年改革开放时的 355 亿元，提高了将近 700 倍，达到了 2016 年的 243386 亿元。特别地，中国在 2001 年加入世界贸易组织是发展历程中一个重要的转折点。随着中外交流越发的密切以及人民生活品质不断提高，人们对生活有了更高追求。而体育用品业就是在这一机遇中迎来新发展的重要产业。

近年来，我国的体育用品出口额显著增加，但在总量不断增加的背后，隐藏着一系列的问题。例如，选取 2011 年到 2015 年的出口数据来看，在出口的体育用品中，运动器材占 50%，运动服占比 32%，而运动鞋仅为 17%，运动服饰作为体育用品中加工升值空间较大的商品反而出口的比例较小，但同质性高、利润空间小的运动器材占比较高，也表明我国体育用品的出口结构较为不合理。另外，从地域上来看，东部地区出口总额占比为 95.05%，中部和西部地区仅仅为 3.61% 及 1.34%，区域发展极其局限。从出口的结构来看，中国出口的体育用品很多都是美国、德国等发达国家的代加工产品，能赚取的利润少，核心技术被国外牢牢掌握着，自主创新能力差。

从全球的范围来看，中国是制造业大国，"中国制造"在全球出现的范围越来越广，其中最主要的原因是我国人口众多、劳动力成本低，且生产所需的原材料丰富。随着中国国际地位的不断提升及整个国家经济的不断发展，居民的收入水平及消费需求随之提高，这也直接造成了我国原材料成本及劳动力成本不断攀升，而这对于以加工贸易为主的体育用品出口贸易有着很大的负面影响，越来越多的欧美发达国家开始把原本在中国的体育用品生产基地迁移到东南亚、南美等生产成本更低的地区。中国的体育用品出口企业亟须转型发展。因此，对探究影响我国体育用品出口贸易的因素以及弄清楚具体影响程度的大小就显得尤为重要。

第二节 研究综述

一、体育用品出口贸易相关文献

作为制造业大国，我国在国际贸易市场上的参与度越来越高，涉及的行业也越发广泛，但对于整体的出口商品结构来说，还存在很大的提升空间。在目前的国际贸易中，欧美很多发达国家由于掌握着核心技术，所生产的商品多是资本密集型或技术密集型的，而与之对应的发展中国家所生产的劳动密集型商品，在国际贸易活动中能获得的利润少之又少，且易被代替，在贸易活动中的话语权较小，贸易地位也越发不平等。针对这一问题，张小蒂（2002）通过理论研究及对中国对外贸易商品的数据进行实证分析，指出在我国的出口贸易商品中，尽管技术密集型和资本密集型的商品比例有所上升，但大部分还是低价的劳动密集型产品。因此，我国在国际贸易中还有较大的上升空间，只有掌握自身的核心技术，逐步提高贸易活动中技术密集型商品的比例，才能与发达国家拉近差距。

体育用品作为近年来制造业中迅速发展的新兴产业，拥有着广泛的市场。詹建国（2001）通过对国内多家体育用品企业进行实际调查与分析，结果表明，我国体育用品业保持了良好的发展势头。王兆红（2014）利用回归分析，得出我国在体育用品出口上有较强的比较优势。但在发展的同时也面临着一些问题，张瑞林（2011）通过对我国体育用品出口贸易的优势进行理论和实证研究，表明我国在高速发展的同时也存在很多问题，非常需向创新生产转化。张前成（2015）利用文献分析法，得出中国体育用品出口贸易业还存在缺乏竞争力及忠实消费群体的结论。

众多经济学家还对我国体育用品出口结构、市场及方式进行了深入研究。从国内出口地区来看，殷樱（2008）等通过对我国体育用品区域进行分析，得出东部地区出口情况明显好于中西部地区。从出口市场上看，席宝玉（2005）等学者通过对我国体育用品出口的数据整理及分析，得出我国体育用品出口贸易涉及地区广，涵盖了100多个国家，其中大多数为等发达国家。在这些发达国家中，季雯婷（2018）将我国与美国比较，表明我国与美国体育用品贸易密切，未来双边贸易潜力巨大。更为具体的是，林波（2015）等通过运用贸易引力模型，对我国体育用品国际竞争的影响因素进行了实证分析。最后得出，发达国家及地区占据我国体育用品出口市场的多数，与此同时，进口国 GDP 变动的影响却是不显著的，这也表明发达国家体育用品市场趋近饱和，我国体育用品业出口市场过度集中于发达国家将会使相关产业国际竞争力的进一步提升遭遇"瓶颈"。对于我国的体育用品出口结构来说，我国的体育用品行业尚未成熟，钟华梅（2017）通过实证分析得到，汇率、外商投资、贸易额、第二产业比重均会对我国体育用品出口结构的稳定性构成直接影响。在出口方式上，本土企业创新生产的能力有限，加工贸易是最主要的出口方式，出口结构及出口贸易方式需要进一步地调整及优化。对此，刘金利（2012）等通过灰色系统建立15项指标模型，运用模型预测我国体育用品出口及各影响因素，最终得出体育用品加工出口贸易的比重越来越大，这也说明我国体育用品业非常需要改变出口方式，调整出口结构，才能迎来长期的发展。

二、体育用品出口贸易与经济增长关系研究

Francisco F. Ribeiro Ramos 得出进出口贸易与经济增长互为因果关系的结论，通过他对 1865—1998 年葡萄牙对外贸易与经济发展之间的关系及格兰杰因果关系检验进行了一系列分析得出的。

John Thornton 提出墨西哥对外贸易出口额与国内生产总值 GDP 存在正相关的关系，此结论则是他探索和研究 1895—1992 年墨西哥进出口贸易与经济发展之间的关系分析检验出的；将我国的体育用品对外贸易和国内生产总值 GDP 的每月的数据当作研究对象，陈颜和贾清秀使用相关、协整技术、格兰杰因果关系和脉冲响应函数等多种分析，还涉及向量误差调整模型分析出体育用品出口额与 GDP 的关系；各种研究成果都阐明了，体育用品的出口量与经济的良性发展，二者之间存在稳定平衡的联系，与经济增长相比，出口弹性较小，表示我国增长的单向格兰杰因果关系并不会因为体育用品出口额度受到影响。我国经济的增长变动不会因为体育用品出口额变动而改变，并不会占主导因素，经济增长促进我国体育用品出口额同样效果并不显著。付燕分析一系列主导因素，都是通过运用灰色关联性分析法检验得出。贸易总额、对外出口额、对外进口额以及人均 GDP 在中国各项社会经济发展指标中，与体育用品出口有较大的相关，此项结论是通过中国体育用品出口额和经济的良性发展表明的。

三、体育用品出口商品结构研究

众所周知，产品不同相应标价也不同，不同产品每一单位上获取的利润也各不相同，国际市场上也是如此。不同国家（地区）经济市场不同，但统一的根本目标就是追求等价利润，如此便会，导致贸易方在进行对外贸易时，为了获取更高利润，会更加愿意选取附加值高的商品，出口商品的结构也成为贸易方关注的焦点。国际市场随着经济全球化竞争越来越激烈，无论是欧美发达国家（地区）还是我国，都十分关注出口商品结构，使各国内部经济更加有效地达到促进作用。生产商们认为商品有三类，资源、劳动力、成本技术密度集中型产品，通过不同商品自身特点进行划分的。在限定的时期内，中国体育用品在国际市场中的各种商品与体育用品出口总量之比，一般通过这种对比可以看出一个国家内部 GDP、技术水准与企业结构等，这些通常可以定义为体育用品出口商品结构的理念。

经济发展的变动，是附加商品不同价值所改变的，这一现象是根据分析研究可以发现的。为了明显减少我国内部出现的高失业率，需要生产大量对劳动力需求量大的商品，也就是前面提到的劳动力密度集中型的商品，但是从另一个角度看，附加在劳动力密度集中型的商品的产值就会下降。产业链制造商品的一般会从研发、生产再到售卖这一流程，在此过程中会提高附加商品的价值，不同的生产商品流程虽在同一价值链上，属性也各不相同，与之相反的流程加工再生产，最后整合组装等，这项过程中，附加商品的价值就会相比下跌。席玉宝等研究相关问题的经济学家们通过模型数据分析和对我国体育用品出口统计得出，现阶段我国出口达 100 多个国家（地区），其中大部分由发达国家构成出口国，欧美居首位体育用品出口额占到了全部出口额的 40%，加工贸易为我国体育用品出口的主导，拥有知识产权且有号召力的品牌的企业为数不多，另外，我国国内以广东省为首的出口企业，占到了出口总值的 30%，此类企业绝大多数都集中在我国东部地区。综上所述，国际市场对外贸易国产生的直接性利润差额，完全取决于商品自身不同的出口结构，即对全球经济市场竞争力有一定程度的影响。

我国学者尹翔硕（2003）对我国出口贸易商品结构做了研究并发现，在进行对外贸易时，出口商品结构变动，中高级在全部的国内外贸易进出口产品中占到的比例出现了上升的局面；反之，低端产品所占比值呈下降趋势。从我国改革开放以来，我国对外贸易出口总额被类型多样的技术集中型商品所取代主要位置，出口商品结构同时也在更新变化。出口结构及规模在不断变动时，外商直接投资对我国产生的影响开始逐渐增大，付朝阳学者（2003）出上述研究观点，他还认为这种变动过程重要因素是外商投资。

相关研究表明，加快劳动密集型产品向资本密集型产品和技术密集型展品转换是现阶段我国出口商品结构的特点，此观点是崔蔚等（2003）结合球坐标的变换得到的数据进行了分析，并根据了中国的出口贸易产品结构的发展方式进行研究得出的结论。张小蒂（2002）等学者则是运用了对外商品贸易的相关资料，实证分析了中国的出口贸易结构，最终得出结论：对外贸易商品中的绝大部分都是由劳动密集型产品占据。我国只有在对外贸易总额中提高技术密集型产品的占比，才可以缩小与发达国家的差距。

四、体育用品出口贸易方式研究

现阶段的国际分工越来越明显，程度也越来越深，国家间的商品交换也越来越成为家常便饭，商品交换与流通的方式与渠道有很多种，均被称为"贸易方式"。按照惯例，贸易方式可归结：逐笔销售。指双方按照相应的规则与标准，商定好交易条件后签订合同，在之后按照约定进行后续活动，如交货、付款等；代理和包销。独家代理逐渐变为国际贸易中运用最多的方式之一。其含义是公司在一定条件、一定程度下，授予代理商经营权。同时，代理商交付企业相应的代理费用，并且代理商要按照规定进行销售。包销则指出口企业根据签订的包销合同，授予海外商人或公司一定的独家经营权，但限制在一定时期或者一定区域里；招标和投标。包含报价，评审方案等步骤的贸易方式。在所有方式中最常见；寄售；国际商品拍卖。这一方式强调的是以拍卖方式进行交易的手段需要以公开，透明为基础；国际博览会；商品交易所；加工贸易。这一方式需要与加工连接。经营公司自在进口原材料后，对其进行加工，然后生成完整的产品再出口的经营活动；返销贸易。也被称为对销贸易，或者互抵贸易。其特点在于双向性强，双方既是买方也是卖方。这种贸易手段的主要目的是让交易的外汇收支平稳、平衡，不会形成过大的贸易顺差或者逆差；国际租赁。

我国商品对外贸易方式主要可以归类为：一般贸易、来料加工装配贸易、进料加工贸易、边境小额贸易、对外承包工程出口货物、租赁贸易、出料加工贸易、易货贸易、保税监管场所进出境货物、海关特殊监管区域物流货物等。其中占比最大的是加工贸易这一方式。基于我国大量的加工贸易量，对于此领域的研究也相对丰富。裴江波（2007）认为，对外贸易方式能够反映并且决定一个国家的对外贸易增长质量。这是因为选择一种方式，都是考虑贸易来源的结构类型。

由席玉宝（2005）等多名学者进行数据的收集与分析，最后得到的结论是，在我国的所有体育用品对外贸易中，现阶段的商品大多还是以加工为主，拥有自主产权的比例依然不高。特别的是，普通的中低档型的廉价产品仍通过一般贸易的方式进行交易。这类产品成本低下，价格低廉，所谓薄利，但是其质量可称为粗制滥造。因此，尽管薄利能够多销，但是却不能获得很多利润，同时也会影响企业的品牌传播。

第二章　对外贸易与产业经济理论的概述

第一节　对外贸易发展的理论

一、需求偏好相似论

需求偏好相似理论内容（Theory of Demand Preference Similarity）又称偏好相似学说或收入贸易学说（Income Trade Theory），是由瑞典经济学家林德（S. B. Cinder）提出的，用国家的需求结构相似性来解释发达国家之间的工业制成品贸易现象的理论。他认为H-O定理只能解释工业品生产国和初级产品生产国之间的贸易，而无法解释工业品生产国之间的贸易。

林德认为，工业品生产的初期是满足国内的需求，随着生产规模的扩大，才会想到扩大销宵范围，将产品推向国际市场。由于该产品是为适应国内市场偏好和收入水平而生产的，需求偏好相似理论故该产品较多地出口到那些偏好相似、收入水平相近的国家。这些国家间的需求结构和偏好越相似，其贸易丝就越大。如果这些国家的需求结构和需求偏好完全一样，一国可能进出口的商品，也就是另一国可能进出口的商品。

那么，影响一国需求结构的因素是什么？林德认为主要因素是人均收入水平。人均收入水平的相似可以用来作为需求结构相似的指标。需求偏好相似理论人均收入越接近的国家，其消费偏好和需求结构越相近，产品的相互适应性越强，贸易机会越多。人均收入水平的差异则是贸易的潜在障碍。

需求偏好相似学说的基本论点为：两个国家的需求结构（消费者的消费偏好）越相似，一国代表性需求的商品越容易在另一国找到市场，需求偏好相似理论两国之间的贸易追究越大。需求结构的决定因素为人均收入水平。

林德认为，人均收入水平和消费品、资本品的需求类型有着紧密联系。人均收入水平较低的国家，其选择的消费品质量也较低，因为要让有限的收入满足多样化的需求；同时，为了实现充分就业和发展生产，也只能选择通用的技术和简单的资本设备，这又导致这些国家消费品结构的低级化。需求偏好相似理论人均收入水平较高的国家，其选择的消费品质量与档次较高，而资本设备也更先进、更高级。因此，即使一个国家拥有比较优势产品，但由于其他国家的收入水平与其不同，而对其产品没有需求，这种比较优势的产品也不能成为贸易产品。

贸易产生的原因是：经济增长—人均收入提高—代表性需求变动—扩大生产（改进技术）超过国内需求出口，需求偏好相似理论即一网不可能生产并出口在园内没有市场的产品。林德还认为，发达国家与发展中国家之间的工业制成品贸易规模，取决于这两类国家需求结构的重叠程度，因为高收入国家有低收入群体，低收入国家也有高收入群体，故林德的需求偏好相似理论又被称为重叠需求理论（The Overlapping Demand Theory）。

二、从出口供给角度分析的理论

（一）比较优势理论

英国著名的经济学家大卫·李嘉图在其代表作《政治经济学及赋税原理》中提出了比较成本贸易理论（后人称为比较优势贸易理论）。比较优势理论认为，国际贸易的基础是生产技术的相对差别（而非绝对差别），以及由此产生的相对成本的差别。每个国家都应根据"两利相权取其重，两弊相权取其轻"的原则，集中生产并出口其具有"比较优势"的产品，进口其具有"比较劣势"的产品。比较优势贸易理论在更普遍的基础上解释了贸易产生的基础和贸易利得，大大发展了绝对优势贸易理论。

1.传统比较优势理论的框架

斯密在《国富论》中用两句话阐述了绝对优势理论："如果一件东西在购买时所费的代价比在家内生产时所费的要小，就永远不会在家内生产""如果外国能以比我们自己制造还便宜的商品供应我们，我们最好就用我们有利的产业生产出来的物品的一部分向他们购买。"Ricardo 使用了一个葡萄牙用葡萄酒来交换英国毛呢的例子后指出："享有较大优势的国家由别国输入的物品。自然是该国不易生产的物品。但是，它输入这些物品所获得的利益，同它在为换取它们而输出的物品所获得的利益是一样的。因此，能以最小费用获得输入品。"后经 Heeksher、Haberler、Ohlin、萨缪尔森等人的努力，形成了国际贸易理论的核心——比较优势理论的框架。

比较优势理论中两个关键性概念是：要素密集度指生产一件产品时所耗费的不同投入要素之间的比例关系，如果一种产品所耗费的资本相对多的话就是资本密集型产品，否则就称为劳动密集型产品；要素禀赋指一个国家所拥有的各种可用生产要素的相对关系，可用要素存量之间的比值或用要素之间的相对价格来表示。四个基本定理分别是：赫克希尔—俄林（H-O）定理：如果两国拥有相同的科技水平和位似需求，且没有要素密集度逆转，在自由贸易条件下，各国将出口该国相对丰裕和便宜的要素密集型产品，进口该国相对贫乏和昂贵的要素密集型产品；要素价格均等化定理（FPE）：给定各国科技水平，如果允许商品自由贸易，那么原来不一致的要素相对价格比率会逐渐趋于均等，最后达到完全相等，或者说原来同一种生产要素在不同国家不相等的绝对价格会逐渐趋于均等，最后达到完全相等；斯托尔帕—萨缪尔森（S-S）定理：某一商品国内相对价格的上升，将导致该商品密集使用的生产要素的实际价格或报酬提高，而另外一种生产要素的实际价格或报酬下降；雷布津斯（Rybczyski）定理：如果一国能保持多样化生产，则在商品价格保持不变的条件下，一种要素存量的轻微增加不仅会导致生产中密集地使用该要素的产品在总产品产量中的份额增加，而且会导致这种产品产出的绝对量增加。

2. 新贸易理论的补充

对古典比较优势理论的不充分包括四个阶段：

第一阶段从产品需求的角度研究。古典贸易理论从供给的角度来研究生产的比较优势，但现实是发达国家之间的贸易比发达国家与发展中国家之间的贸易量要大得多。1961年 Linder 提出相似需求假说：一种产品要成为出口产品，首先要在国内占有一定的销售地位，因为厂商对于国内市场的开发更容易，一旦国内需求接近饱和，厂商就会到国外开拓市场，因此两个国家需求结构越相似，其贸易机会就越多，而决定两个国家需求结构的变量主要是收入，由于发达国家之间收入水平相近，需求重叠的范围越大，它们之间的贸易就更方便。

第二阶段从动态的角度研究。Kravis 于 1956 年提出，一国想要出口技术先进的产品，他必须比贸易伙伴拥有更先进的技术，由于需求时滞和模仿时滞的存在，使新产品的开发国家在长时间内拥有技术上的优势，贸易出口就会较大；Ver-non 提出凡是一种制成品都会经历引入期、成长期、成熟期、下降期和衰退期，对应着不同的技术优势，不同要素禀赋的国家也就有了在产品生命周期中不同成长阶段的比较优势。

第三阶段研究产业内分工。"二战"以后，多层次产业内分工取代产业间分工成为国际分工的主导，服务贸易发展迅速，各国不完全专业化特征明显。Krugman、Helpman 等使用规模递增和不完全竞争来解释日益发展的产业内贸易，导致规模递增的因素包括：专业化、高效率设备的使用、降低投入要素的单位成本、利用副产品、基础设施的建立等。规模递增无处不在，规模收益同样能够产生比较优势。不完全竞争者适应消费者不同的需求，产品差异化或多样化不断发展，使得有可能利用产品的差异性（垂直差异或水平差异、真实差异或想象中的差异）来分割市场，获取规模经济的好处。

第四阶段从产品生产价值链不同阶段研究，包括中间产品模型和模块化理论。Vanek中间产品模型拓展了古典比较优势理论忽视大量的零部件等中间产品贸易，由于不同中间产品生产的比较优势要求不同，也就决定了不同国家可以利用自己的比较优势去从事不同中间产品的生产，通过贸易换取自己劣势的产品或中间产品；青木昌彦注意到现代经济许多生产系统，很少是在一个生产单位内独立完成的，总是被分割成许多相对独立的子系统，由不同单位来完成，每个子系统的设计生产必须遵循某些共同的明确规则，以保证这些子系统能够共同组成一个和谐、完整的工作体系，完成预定目标的大系统。这些按照一定规则被计划分解成的一系列准独立的子系统，就是"模块"，随着模块设计分散化，从一体化到松散簇群的发展，从产品生产的每一个模块延伸到产业链的顶端，不同国家总可以在这一条价值链中找到自己的比较优势。

（二）要素禀赋论

要素禀赋也称"赫克歇尔－俄林理论""H-O 理论"，关于要素差异的国际贸易理论。由瑞典经济学家俄林在瑞典经济学家赫克歇尔的研究基础上形成，并在 1933 年出版的《地区间贸易与国际贸易》一书中提出。认为各国间要素禀赋的相对差异以及生产各种商品时利用这些要素的强度的差异是国际贸易的基础，强调生产商品需要不同的生产要素，如资本、土地等，而不仅是劳动力；不同的商品生产需要不同的生产要素配置。认为一国应该出口由本国相对充裕的生产要素所生产的产品，进口由本国相对稀缺的生产要素所生产的产品，而且随着国际贸易的发展，各国生产要素的价格将趋于均等。

1. 相关概念

要素禀赋论以生产要素、要素密集度、要素密集型产品、要素禀赋、要素丰裕程度等概念表述和说明，掌握这些概念是理解要素禀赋论的关键。

（1）生产要素

生产要素（Factor of Production）是指生产活动必须具备的主要因素或在生产中必须投入或使用的主要手段。通常指土地、劳动和资本三要素，加上企业家的管理才能为四要素，也有人把技术知识、经济信息也当作生产要素。要素价格（factorprice）则是指生产要素的使用费用或要素的报酬，如土地的租金，劳动的工资，资本的利息，管理的利润等。

（2）密集类型

要素密集度（Factor Intensity）指产品生产中某种要素投入比例的大小，如果某要素投入比例大，称为该要素密集程度高。根据产品生产所投入的生产要素中所占比例最大的生产要素种类不同，可把产品划分为不同种类的要素密集型产品（Factor Intensive Commodity）。例如，生产小麦投入的土地占得比例最大，便称小麦为土地密集型产品；生产纺织品劳动所占的比例最大，则称为劳动密集型产品；生产电子计算机资本所占的比例最大，于是称为资本密集型产品，以此类推。在只有两种商品（X 和 Y）、两种要素（劳动和资本）的情况下，如果 Y 商品生产中使用的资本和劳动的比例大于 X 商品生产中的资本和劳动的比例，则称 Y 商品为资本密集型产品，而称 X 为劳动密集型产品。

（3）要素禀赋

要素禀赋（Factor Endowment）是指一国拥有各种生产要素的数量。要素丰裕（Factor Abundance）则是指在一国的生产要素禀赋中某要素供给所占比例大于别国同种要素的供给比例而相对价格低于别国同种要素的相对价格。

衡量要素的丰裕程度有两种方法：一种方法是以生产要素供给总量衡量，若一国某要素的供给比例大于别国的同种要素供给比例，则该国相对于别国而言，该要素丰裕；另一种方法是以要素相对价格衡量，若一国某要素的相对价格——某要素的价格和别的要素价格的比率低于别国同种要素相对价格，则该国该要素相对于别国丰裕。以总量法衡量的要素丰裕只考虑要素的供给，而以价格法衡量的要素丰裕考虑了要素的供给和需求两个方面，因而较为科学。

2. 要素禀赋论的原理

根据要素禀赋论，一国的比较优势产品是应出口的产品，是它需在生产上密集使用该国相对充裕而便宜的生产要素生产的产品，而进口的产品是它需在生产上密集使用该国相对稀缺而昂贵的生产要素生产的产品。简而言之，劳动丰富的国家出口劳动密集型商品，而进口资本密集型商品；相反地，资本丰富的国家出口资本密集型商品，进口劳动密集型商品。

（1）理论分析

俄林认为，同种商品在不同国家的相对价格差异是国际贸易的直接基础，而价格差异则是由各国生产要素禀赋不同，从而要素相对价格不同决定的，所以要素禀赋不同是国际贸易产生的根本原因。俄林在分析、阐述要素禀赋论时是一环扣一环，层层深入，在逻辑上比较严谨。

国家间的商品相对价格差异是国际贸易产生的主要原因。在没有运输费用的假设前提下，从价格较低的国家输出商品到价格较高的国家是有利的。

国家间的生产要素相对价格的差异决定商品相对价格的差异。在各国生产技术相同，因而生产函数相同的假设条件下，各国要素相对价格的差异决定了各国商品相对价格存在差异。

国家间的要素相对供给不同决定要素相对价格的差异。俄林认为，在要素的供求决定要素价格的关系中，要素供给是主要的。在各国要素需求一定的情况下，各国不同的要素禀赋对要素相对价格产生不同的影响：相对供给较充裕的要素的相对价格较低，而相对供给较稀缺的要素的相对价格较高。因此，国家间要素相对价格差异是由要素相对供给或供给比例不同决定的。

（2）均等理论

要素价格均等化定理是俄林研究国际贸易对要素价格的影响而得出的著名结论。俄林认为，在开放经济中，国际因生产要素自然禀赋不同而引起的生产要素价格差异将通过两条途径而逐步缩小，即要素价格将趋于均等。第一条途径是生产要素的国际移动，它导致要素价格的直接均等化；第二条途径是商品的国际移动，它导致要素价格的间接均等化。

结论：国际贸易最终会使所有生产要素在所有地区都趋于相等。同时，俄林认为生产要素价格完全相同几乎是不可能的，这只是一种趋势。

（3）理论发展

要素禀赋论的基本论点是赫克歇尔首先提出来的。俄林师承赫克歇尔，创立了要素禀赋论。萨缪尔森则发展了赫—俄理论，提出了要素价格均等化学说。

1919年，赫克歇尔在纪念经济学家戴维的文集中发表了题为《对外贸易对收入分配的影响》的著名论文，提出了要素禀赋论的基本论点，这些论点为俄林所接受。1929—1933年，由于资本主义世界经历了历史上最严重的经济危机，贸易保护主义抬头，各国都力图加强对外倾销商品，同时提高进口关税，限制商品进口。对此，瑞典人民深感不安，因为瑞典国内市场狭小，一向对国外市场依赖很大。在此背景下，俄林继承其师赫克歇尔的论点，于1933年出版了《域际贸易和国际贸易》一书，深入探讨了国际贸易产生的深层原因，创立了要素禀赋论。而在美国经济由中盛走向极盛、再走向衰落的时代背景下，1941年，萨缪尔森与斯托尔珀（W. F. Stolper）合著并发表了《实际工资和保护主义》一文，提出了生产要素价格日趋均等化的观点。萨缪尔森还在1948年前后发表的《国际贸易和要素价格均衡》《国际要素价格均衡》及《论国际要素价格的均衡》等文中对上述观点做了进一步的论证，建立了要素价格均等化学说，发展了要素禀赋论。

（三）贸易技术差距论

技术差距贸易理论简称技术差距论（Techincal Gap Theory），又称"模仿与创新理论"，由美国经济学家波斯纳（M. A. Posner）首创。由于技术变动包含了时间因素，技术差距理论被看成是对赫克歇尔—俄林的要素禀赋理论的动态扩展。

技术差距理论把国家间的贸易与技术差距的存在联系起来，认为正是一个国家的技术优势使其在获得出口市场方面占据优势。当一个国家创新某种产品成功后，在其他国家掌握这项技术之前便产生了技术领先差距，可出口技术领先产品。但新技术会随着专利权的转让、技术合作、对外投资、国际贸易等途径领先技术流传到其他国家，这些拥有新技术的国家利用自己劳动成本优势，自行生产这种商品并减少进口。创新国逐渐失去了该产品的出口市场，因技术差距而产生的国际贸易逐渐缩小。随着时间的推移，新技术会被广大国家掌握，创新国已不具有技术领先优势，技术差距消失，以技术差距为基础的贸易也随之结束了。但在动态的经济社会，科技发达的国家里会有不断地再创新，再出口的产品出现。随着各国经济和国际贸易的不断发展，国际经济和贸易所呈现出的新特点对技术差距论的内容产生较大的影响。

1. 模仿国的需求时滞缩短

当今社会随着各种信息传输工具的发展，各国之间的信息交流日趋便利，人们可以通过各种渠道，如网络、电视、报纸、杂志等很快了解国际的最新消费趋势，同时创新国的生产商对潜在市场的新产品宣传越来越重视，往往投入大量广告费用进行宣传推广，另外各国贸易壁垒大幅度降低，这些都促成了一种新产品在创新国问世后，模仿国的需求时滞越来越短。

2. 模仿国的反应时滞缩短

获取信息的便利化也使模仿国的生产者反应越来越迅速，模仿国的生产者会通过各种渠道了解创新国的新产品，同时模仿国对本国的市场较为熟悉，在本国市场出现需求或需求趋势时，就有可能开始模仿创新国的产品。

3. 创新国延长掌握时滞

模仿国的需求时滞缩短可以使创新国较早地从出口中获得收益，但是模仿国的反应时滞缩短会导致模仿国的厂商争夺了创新国的一部分市场，从而使创新国从出口中的获益下降。因此创新国会想方设法降低由于模仿国反应时滞缩短所造成的不利影响，一种有效的方法就是通过加强知识产权保护来延长掌握时滞。因此发达国家积极推动知识产权战略，推行全球统一的知识产权保护标准，并且凭借其在国际经济中的优势地位，将知识产权保护的内容纳入 WTO 的规定中。同时，创新企业自身也积极地通过制定各种知识产权战略减少技术溢出，并通过法律保护手段减少模仿企业的仿制，抑制模仿国的产品竞争力。

4. 创新国创新步伐加快

根据技术差距论，在动态的经济社会，创新国要想保持优势，不断从贸易中获益，就要不断地进行再创新、再出口。近年来，主要的创新国在抑制模仿中国模仿的步伐的同时，也加快了自身创新的脚步，加大了创新研发投入，不断推陈出新，导致每一轮技术周期缩短，在一轮周期还未结束，也就是模仿美国还未完全占领市场前就推出新的产品，重新占领市场。

（四）产品生命周期理论

产品生命周期理论由美国哈佛大学教授雷蒙德·弗农（Raymond Vernon）在 1966 年的《产品周期中的国际投资与国际贸易》一文中首次提出，也称为产品市场寿命周期，即一种新产品从开始研发到进入市场发展直到被市场淘汰的整个过程。类似人的生命历程需要经历孕育、出生，成长、成熟以及衰亡，每一种产品都会经历一定的生命周期——产生，经历若干阶段，随着另一种能为消费者创造更高价值的新产品出现而最终走向衰亡。如图 2-1 所示，在典型的产品生命周期模型中，可大致分为以下 5 个阶段：

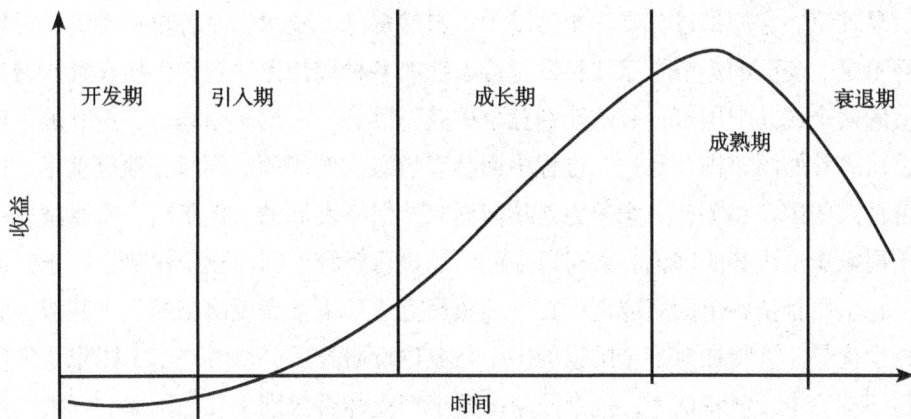

图 2-1　产品生命周期阶段图示

开发期：开发期是指企业对新产品进行构思和进行研究的时期，在这一时期中，销售为零，需要对自己构思的产品有明确的定位，以致发展成为有效的产品概念，并投入大量资金用于产品研发和创造。

引入期：也称为导入期，一方面新产品开始进入市场，通常只会有较少的用户尝试购买，因此销量低而无法形成规模效应；另一方面，新产品进入市场为了推广、提升产品知名度以及各种分销分容，也是一笔巨大的开支。较低的销量以及高额的成本，企业在引入期的收益通常为负数。引入期的周期长短通常与推广度和知名度成反比。

成长期：产品进入成长期，也昭示着产品通过了市场的认可，有了一定的口碑，销量开始快速增长，企业需要保持对产品的推广以及扩大销售渠道等，但是上升的销量形成的规模经济使成本开始下降，利润大幅增长，成长期是产品活力最高开拓市场的关键时期，周期长短取决于产品的口碑、热度以及分销渠道的建立。

成熟期：也是产品的稳定期，市场需求进入饱和阶段，潜在用户变少，销售增长趋于平缓，有着稳定的利润空间，在这个阶段，并非维持产品现有状态，应该注重根据市场需求的不断变化，继续改进产品、调整市场营销组合维持和稳固现有市场。

衰退期：衰退期是产品销量和利润不断下滑的阶段，在不同的产业领域，产品衰退的原因各有不同，或是技术迭代，或是消费者需求变更，或是日渐上升的成本导致利润空间的不断下降。经营衰退产品对企业来说往往有较高的代价，企业应该对不同原因导致的产品衰退采取不同的经营策略。

以上这五个阶段组成了一个典型的产品生命周期系统，而各个阶段可称为子系统，对于产品这种规律性的发展过程需要充分认识，在进行市场信息调查的基础上，及时地掌握产品所处的不同阶段，以便采取相应的对策。

三、国家竞争优势理论

新贸易理论主要通过以在规模经济等各方面的不同，从企业的微观行为到整个国家政府的宏观政策，来对国际贸易产生的原因及方式进行解释与阐述，但不论是古典贸易理论还是新贸易理论，它们都过分专注于劳动力、自然资源、技术水平等单一要素，对特定行业的解释不足。美国的经济学家波特则觉得以往的各种理论无法解释为何在某些特定的产业，相似的两个或几个国家，有的能在竞争中获得胜利，占据垄断地位，拥有国际市场的话语权，而另外的国家则会在这一过程中面临着被淘汰的局面。同时，他也觉得，这些理论无法解释某些国家相关产业竞争力是从何而来及保持发展的。他指出，需要阐述一种新的有关于国家竞争优势的理论，来对以上的问题进行解释说明。竞争优势不同于其他的比较优势，它主要是指各个国家或地区在国际贸易竞争环境下表现出来的优于其他国家相关产业的特别优势。波特在对多个国家的多个行业进行研究后，最终提出了国家竞争优势理论。在这一理论中，波特认为，一个国家的某个产业能否区别于其他国家的同类产业，在国际贸易市场中占据优势地位，主要是由四个主要因素及两个辅助因素决定的。其中，四个主要因素为生产要素禀赋、市场需求、相关产业发展程度、企业战略及组织结构。另外两个辅助因素为政府行为及机遇。这个模型也被称为"钻石模型"（迈克尔波特，1990），其在以往的贸易理论上有了新的突破。

值得说明的是，波特在这一理论模型中强调了挑剔的国内消费者，表明国内的需求水平变化在促进本国相关产业发展及提高竞争能力的作用很大。其主要原因是如果国内消费者的需求是多样且挑剔的，会在一定程度上促进本国产业的自主创新及提高整体产品质量，从而促进国内整个产业的快速发展，提高行业整体水平及在国际市场上的竞争力。以日本为例，日本由于国土面积小，但人口众多，家庭一般为较多人居住在较小的空间内，因此家电的发展趋向于更注重便利性，也正因如此，使日本国内市场拥有一群极其挑剔的消费者，他们较高且挑剔的需求水平让日本出现了一批在全球市场上竞争力都极高的家电品牌，迎来了相关产业的飞速发展。

与其他国际贸易理论相比，国家竞争优势理论在许多方面有着新的见解与理论突破。它不仅仅总结了当时的国际贸易格局以及相关贸易理论的不足，以新的思路来对国际贸易进行解释，而且波特对国际贸易的未来格局提供了新的见解，为我们研究国际贸易及制定相关的政策提供了新的渠道。波特认为，必须要抓住特定产业这个主体来进行分析，才能进一步去认识国家竞争优势是如何形成的。一国要在国际贸易市场上占据竞争优势，需要提供行业内的生产效率，各企业要不断地进行自主创新，学习新的生产方式。对于我国的体育用品业来说，生产所需的要素禀赋十分丰富，有着生产发展良好的基础。从国内消费者的需求来看，随着国内体育赛事的普及以及外国体育文化的冲击，人们相关的需求也会不断地升级转化，由过去追求低廉、适用转变为专业、时尚等，对国内企业提出了新的挑战。而从整体行业与特定企业的发展战略及目标来说，寡头垄断效应明显，除了几个大型企业外，众多中小型企业并没有得到充分的发展，行业内无法产生规模经济与有益的外部效应，产业发展较为局限。

第二节　产业经济理论

一、产业集群理论

产业集群理论的含义是：在一个特定区域的一个特别领域，集聚着一组相互关联的公司、供应商、关联产业和专门化的制度和协会，通过这种区域集聚形成有效的市场竞争，构建出专业化生产要素优化集聚洼地，使企业共享区域公共设施、市场环境和外部经济，降低信息交流和物流成本，形成区域集聚效应、规模效应、外部效应和区域竞争力。产业集群的规模可大可小，形式多样。绝大多数的产业集群包括最终产品或服务企业，产业集群还包括下游产业的成员、互补性产品制造商、专业化基础设施供应商、政府与其他提供专业化训练、教育、信息、研究和技术支援的机构，以及制定标准的机构。集群效应实际上是指产业集群内各个企业的外部性正效应。在一个地区内，通常在产业集群内部，通过各企业之间的互补性、技能和技术的外溢、信息的及时传播，相互竞争的压力，创新的示范，会不断提升产业的竞争力。

（一）产业集群理论的概念阐述

1.产业集群的研究进展

目前理论界对产业集群的公认的概念是由迈克尔·波特教授提出的。首先于1990年提出了"集群"的概念被大家关注并讨论，随后 2003 年在他的著作中又将产业集群的概念进行充裕，教授认为：产业集群是以主到核心产业、价值链等相关产业要素为基础的地方性生产体系，与行业紧密相关的企业，共同构成强大的竞争优势，集群之间存在竞争也同样存在合作。

波特教授的观点一经公布就激起了学术界的层层浪花，其他学者们也纷纷抒发对产业集群的解读。派克（Pyke，1992）将产业集群定义为"在产品制造生产的过程中发生联系产生合作关系的企业的集合体，大多数在一类产业之中，同时在区域内具有扎根的能力"。贝卡廷（Becattini，1991）将产业集群等同于产业区来理解，他认为是同种类的从业工作者以及企业集群环境包括厂区内的大量自然环境、历史地貌、文化特征等组成的特色社会集合体。巴歌拉（Bagella M）等人定义为：中小企业具有投入产出因素、共同的社会标准和漏损的正负效应，是特定地理区域内极为集中的企业网络。西奥、罗朗特和皮姆登·赫托格对集群的定义是：注重在技术上的学习，达到互补的效果，在资产和知识联盟中汲取利润，加快学习进程降低交易成本，实现市场壁垒合作经济效益，随着风险的产生，企业通过价值链分散知识生成中介和客户。施密兹（Schmitz，1995）认为：公司专注于地理和行业，这些公司的部门繁多，有着广泛的劳动力，需要更多的专业创新公司参与区域市场竞争。

我国学术界于 20 世纪 90 年代对产业集群现象开始研究，随之而后应用于实证的研究是在 2000 年左右，在实践中逐渐规范研究和发展的准则。各行业的学者通过不同类型的产业集群做出了相应的实证经验总结和发展问题的探讨。徐康宁（2001，2003）研究的不仅是经济开放水平上的产业集群现象，而且是具有较强国际竞争力的国外产业集群生产要素国际化设置的结果，研究了现代西方产业集团理论的原因和发展；另外，还指出中国经济社会中应该考虑制度因素如企业家精神、本土商业文化和政府在中国产业集群设计和发展中的作用。魏守华等（2002）从动态的视角在区域层面发展来研究产业集群，认为现在的产业集群理论不够完善，应该丰满羽翼增加不同方面的理论精华，不能只停留在传统的发展上，在不同的阶段和周期中，产业集群的发展侧重点应有不同。龙志和（2004）认为产业集群发展模式与传统的工业组织模式最大的差异在于两个方面，分别是集群本身具有无形的联系形成一定的网络化基础，并且集群式多方面的融合具有一定的文化特色，增添了产业集群的特色性。李二玲、李小建（2007）认为产业集群的最大的特点就是集群之间虽然有联系，但是同样也存在竞争，促进了集群的竞争能力提升。

2. 相关概念界定

产业集群定义为一定的区域之中，事物之间具有一定的关联或是竞争或是合作，并且在地理空间位置上，有交互关联的上下游的合作商、服务系统、经济金融机构等部分组成的集合体。不同类型的产业集群所包含的深度及意义以及复杂的程度是不同的，也是一种存在的无形的等级制度所导致的。

产业选择是主要是依据现状所处于的情况和形式，以及社会经济发展的趋势和实时的走向，然后以一些方法手段在各类产业发展历程将具有潜力的、具有发展意义的、具有经济价值的产业挑选出来。产业选择不仅关乎经济的发展，更对于资源的配置、服务的完善以及对于经济发展的影响十分关键，所以在区域内也已经引起了高度的重视。

产业布局从经济发展的角度来说已经是一个存在的战略性问题了，他是在一个区域甚至上升到一个国家的具有全局决定性意义的高度，在各个经济环节中具有动态组合分布。不同的产业类型具有不同的分工合作关系，那么其之间的相互联系方式也大相径庭，所以在地理空间位置上也具有布局上的差异，从而表现出不同的分布状态。产业空间布局则可以理解为不同的产业类型在地理空间上的排列分布，是一个产业集群的企业管理要素、生产要素、服务要素和产能动力要素的汇集与离散。同样也是综合影响了社会经济、人文地理、生产生活等方面，寄厚望于统筹建设合理调控从而达到促进经济发展的效果。

区域产业规划：在区域发展的过程中，以区域为主导视角和研究层面，以区域的产业发展为研究对象，调整产业的布局和发展，与此同时要兼顾土地利用、生态环境保护、基础设施建设等具体的规划项目。

产业园区规划：在区域产业规划为上位规划的前提之下，将主导产业、优势产业、新兴产业、基础产业等各类产业类型按发展需求布置，空间上形成互相影响的区域，发展成各类产业的生长基地形成产业发展的园区。

（二）产业集群的发展机制

1. 集群产业的选择

在区域经济发展过程中，产业的选择是其中关键的因素之一，国内外学者也做出了相关的理论研究和实证研究。大卫·李嘉图于1817年在其著作中提出了比较优势理论，与此同时也提出了比较成本学说，是产业选择的里程碑式的成就壮举；在他看来为了从经济发展中获取足够的利润和贸易收入，不可能全面发展，而是在发展过程中需要有侧重点，着重放在那些有发展优势的产业上去，这样才能将利润最大化的获取。1957年，日本经济学家筱原三代平提出了著名的筱原两基准理论，主要是从两个方面切入，分别是"收入弹性基准"和"生产率上升基准"。在一个产业发展的过程中经济收入是十分敏感的，毕竟一直亏损的产业应该谨慎对待，所以此基准就是要提醒人们应该对收入的弹性有所要求和了解，这也是判断对生产产品需求的一种途径，如果产业具有足够高度的收入弹性也就代表着此产业在市场中具有一定的发展影响力，在市场中具有一定的地位和发展空间。其次生产率的提升实际上代表着生产技术的发展程度，那么一定程度上技术就是第一生产力，如果一类技术取得了重大的突破，那么他的创造价值将与其他一般产业拉开差距，实现质的飞跃，达到更高层次的经济效益。所以，在产业选择时也要注重这两个方面带来的影响。

艾伯特·赫希曼于1958年在其著作《经济发展战略》中提出了赫希曼产业关联效果基准，不管是什么类型的产业都好比是有机生命体，都不可能是单独生长的，在大环境下总是需要与其他事物产生一定的互动，与其他的产业部门之间发生关系。产业关联效果主要的核心思想就是指的各类产业之间、各产业部门之间、各个企业人员之间具有一定程度上的相关性，可能是在技术方面，也可能是在上下游传递方面，相互之间的依存关系形成了产业链，纵横交错是发展得更长远，关联度越强所带动的范围越广泛，所带来的经济效益起到的作用就越可观，因此此类会被选取为决定区域发展的主导产业。美国经济学家罗斯托教授的"罗斯托基准"主要核心表达有两个层面分别是扩散效应和产业选择，在他看来，在产业选择的一个重要基准就是此产业需要具有一定的扩散传播的能力，无论是前后左右哪个方面都具有足够的辐射带动作用，不能一枝独秀，而是其影响力是积极地有为其他产业创造福利的作用，才能促进整个集群产业链条的巩固和延伸，是结构升级完善，从而有助于整个发展区域的经济增长，也是其他部门迅速成长的动力来源。

基于对产业选择的研究国内是从 20 世纪 80 年代末，至今可将发展梳理为三个方面，分别是实证的应用与总结、研究的理论与规范基准、评价方法体系。下面从三个方面来进行梳理。

首先，在实证的应用与总结，贾丽丽是主要将研究视角放在了省级层面；赵斌主要研究了中国西北地区，以区域的层面去探究如此尺度的产业功能应该如何研判，选取后进行发展的方法；王辰等以盐城市为研究对象，探讨实际层面的产业选择的路径和布局方法。

其次，研究的理论与规范基准层面，我国学者由于接受了西方的原理为基础，通过研究对此进行了创新和产生独到的见解，着重于区域视角的研究。黄勤认为区域经济层面所顾及的方面不会像国民经济那样从民生到复杂的经济连锁，而是应该着重打造该区域的个性名片，发挥其优势和特色，做出有区域地方代表性的产业带动效果。其他方面的学者对此也进行了补充，认为在有地域特性的同时还需要综合考虑基础的禀赋差异性，可持续发展节约资源的程度，以及对技术攻克的效果等方面。学者们的经验总结和想法观点进一步地丰富了主导产业选择的体系建设。

最后，评价方法体系方面，为了研究更加合理和科学的筛选方法，主要发展了主成分分析法、层次分析法、因子分析法、区位熵值方法等。费宇等人比较了一些选择主导产业功能选择方法太具有主观性，个人的观点对于结果的影响很大，同样的方法主管下的结果惊奇的相似。降低主观的影响，更加客观地判断十分重要，更加动态的分析方法也逐渐被应用。李朴民（2012）认为产业发展过程中产业自身所处的环境和发展的程度及状况是十分重要的，摸清自身的价值所在，重点发挥优势长处，所以在产业发展初期对于自身的状态要有充分的了解，以便于重点突出优势。然而胡隽秋（2010）则认为，不仅仅要立足于自身的产业和发展情况，恰当地正确地引入新的特色的产业也是十分有必要的，但是引入的产业要对发展有辐射带动作用，对于自身原有的产业有刺激作用，这样才能激发出更多的发展潜能。刘洪昌（2010）将研究重点放在新兴产业上，以新兴产业为研究对象研究出了六个维度层面的作用情况，并且总结了新兴产业的存在原则，为接下来的新兴产业选取提供了不同的思路。

2. 集群的形成条件

产业集群是在地域上形成的集合体，需要一定的条件来促使它逐渐壮大和完善，集群的形成并不是随意的，有着很多的影响条件，只有搭建好的条件框架下，集群最初才能扎根，最后才能壮大。

首先，优良的资源禀赋是产业集群形成的动因。强大的资源基础是产业赖以生存的根本，无论是从气候影响还是土壤环境，这些都是影响产业能否发展的基本条件。优良的资源有助于主导产业的产生，也是产业扎根于这个城市的根本。在国土空间规划双评价中的资源环境承载力评价也有相关要求，即当发展达到某阶段时，人们的生产和生活方面都会影响资源环境，是对自然资源和生态环境的相对客观的评价。

其次，活力的市场需求是产业集群形成的要点。充分了解市场发展的需求走向，时时关注经济变化的走向和趋势，市场需求的产品的潮流和热门，也是对于新的发展方向的引导提示。同样的市场也是生产之后最后销售得终了环节，价值的成败就体现于此，所以也是与下游联系的重要窗口。

最后，弹性的产业链条是产业集群形成的关键。产业链的长短代表了整个产业集群的规模和成熟度，一个完善的庞大的产业集群，所拥有的一定是弹性较好的产业链，在产业链上下游发展逐渐庞大之后，会形成独具特色的链条网络。由此，适宜集群发展的产业，要能形成较为发达的纵横交错产业链条。

3. 集群的发展环境

产业集群的发展离不开环境的而影响，有了集群环境的烘托和带动才是整个集群发展的目标，并且集群是一个大的综合性的集合体，需要有多方面的全方位的考虑，很多因素都在这影响之中，所以集群环境的营造也是有助于集群发展的重要环节。

首先，特色的区域根植性是产业集群发展的资本。一个区域具有鲜明的特色这是很大的福音，是一个具有社会共识属性的优势，是一个产业的代名词和名片。并且本土的产业具有更多的资源优势和便利条件，是生长扎根的第一步。

其次，强大的政策支持是产业集群发展的保证。政策一直都是处于一个领导指挥的作用，由于经济市场风云莫测，很多发展确实是不可控的，那么侦测就是对于发展大方向的把控者，是产业发展实施的坚强后盾。政策充当着多种角色，可以是引导者，也可以是协调者，甚至很多时候也是合作者。

再次，活跃的科技创新是产业集群发展的动力。创新力量是由低级到高级进阶的推动力，是一个不断演化过程中最重要的产物，其中科技的创新是关键，技术的革新带来的是质的飞跃。产业集群之间的创新环境主要是需要创建合适的交流平台，达到"内交外联"的效果，是产业之间除去竞争还能有相互促进的作用，也是彼此进步最活跃的因素。

最后，完善的基础设施与配套服务是产业集群发展的根本。完善的基础设施有助于提高生产效率，并且在很多方面都可以节约相应的成本；同样，高质量的服务也将带来高质量的产品，所以说完善的服务设施对于产业的发展起到了锦上添花的作用。齐全的配套设施也便利了企业工作人员的生产和生活，基础设施和配套设施的完善程度也是一个产业集群发展程度的体现（见图2-2）。

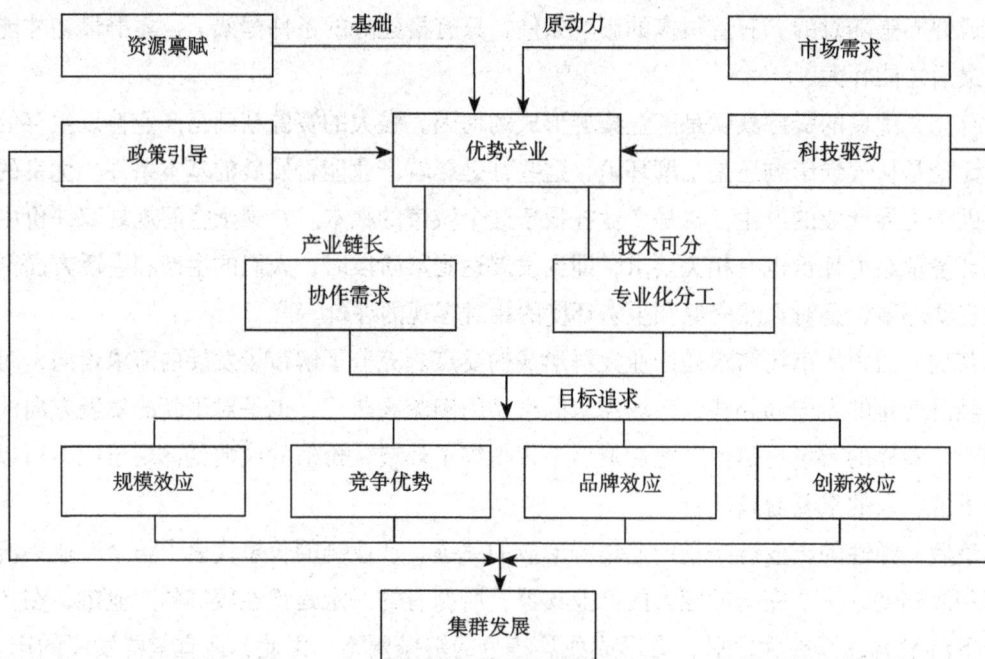

```
资源禀赋 ──基础──┐         ┌──原动力── 市场需求
                 ↓         ↓
政策引导 ──────→ 优势产业 ←────── 科技驱动
                 │         │
        产业链长  │         │  技术可分
           协作需求         专业化分工
                    │
                  目标追求
                    │
   规模效应    竞争优势    品牌效应    创新效应
                    │
                 集群发展
```

图 2-2　产业集群发展机制

二、产业竞争力理论

（一）产业

产业的概念是随着18世纪机器人工业的出现而产生的。现代产业经济学一般将其定义为一个集合：它是指国民经济中以社会分工为基础，在产品和劳务的生产和经营上具有某些相同特征的企业或单位及其活动的集合。这是一个中观的概念，微观企业的集合构成产业，产业的集合与消费者和政府的经济活动构成国民经济（简新华，巍珊；2005）从这个定义里我们能看出社会分工可以促进产业的发展和细化，它们是相伴发展的。

（二）产业竞争力

通过对目前文献资料的研究，可以发现对产业竞争力的内涵，学术界还没有一个统一的认识，但是却已经形成了几个主要派别。现将其归纳如下：

1. 生产的角度

迈克尔·波特（2002）从产业和企业开始研究国家竞争力。他认为国家的财富主要取决于本国的生产率（单位工作日所创造的新价值，或者是单位投入资本所得到的报酬）和一国所能利用的单位物质资源。国际竞争环境对一个国家经济发展水平及其国际竞争力水平也起着极其重要的作用。因此（汪莹，2008）将其概括为"国际环境学说"。金碚（1997）定义产业竞争力为：在国际自由贸易条件下（或排除了贸易壁垒因素的假设条件下），一国特定产业以相对于他国更高的生产力，向国际市场提供符合消费者或购买者需求的更多的产品，并持续获利的能力。刘小铁（2003）将其总结为"市场力＋生产力"。后来金碚在《竞争力经济学》中对这一概念做了进一步解释："产业竞争力的实质是一国特定产业通过在国际市场上销售其产品而反映出的生产力。"

2. 比较优势和竞争优势

裴长洪（2002）从产业"集合"的属性出发认为产业竞争力首先体现为不同区域或不同国家不同产业（或产品）的各自相对竞争优势，即比较优势。这时竞争力将取决于它们各自的绝对竞争优势，即质量、成本、价格等一般市场比较因素。

蔡昉等（2003）持类似的观点，他们认为竞争力的来源之一是产业结构和技术结构的选择遵循比较优势原则，能否识别和遵循国家的比较优势，是产业获得和保持国际竞争力的关键。

3. 综合能力的角度

郭京福（2004）从市场的角度出发更强调生产差异化产品的能力。他认为产业竞争力是指某一产业或整体产业通过对生产要素和资源高效配置及转换，稳定持续地生产出比竞争对手更多财富的能力，表现在市场上如产品价格、成本、质量、服务、品牌和差异化等方面比竞争对手所具有的差异化能力。

盛世豪（1999）给出了一个更加综合的概念：产业竞争力是指某一产业在区域之间的竞争中，在合理、公正的市场条件下，能够提供有效产品和服务的能力，它是产业的供给能力、价格能力、投资盈利能力的综合。

张超（2002）以生产效率为核心将其定义为：产业竞争力是指属于不同国家的同类产业之间生产效率、生产能力和创新能力的比较，以及在国际自由贸易条件下各国同类产业最终在产品市场上的竞争能力，并因此提出了产业组织效率理论。

不难看出，以上几种论述主要包含了三层意思：生产效率，生产效率决定着产出水平，即在质量等因素既定的前提下决定产品的数量方面；竞争环境，有利的竞争环境可以带来外部经济；生产能力和生产优势，质量、价格、成本技术等优势最终体现为赢利能力。本文更倾向于综合能力的观点，认为它是以提高生产率为动力，以实现市场占有为目标，以满足消费者需求为目的的竞争能力的实现。

第三章 我国体育产业的基本概述

第一节 体育产业的概念

一、体育产业概念和分类辨析

对体育产业这一概念的理解和其他领域的划分，目前主要有以下五种代表性的见解。

（一）体育产业服务论

持这一观点的人认为，体育产业就是体育服务业，是通过活劳动（劳动者在生产劳动过程中体力和脑力的支出）向社会提供各种体育服务的行业总称。主要包括：第一，体育健身娱乐设施；第二，运动竞赛和体育表演；第三，运动训练；第四，群众体育辅导；第五，体育康复；第六，体育教学与科研。

此概念及分类理论基础是阿伦·费希尔在20世纪30年代创立的"三次产业分类理论"，我国在20世纪80年代中期开始采用三次产业分类法。总的来说，"三次产业分类理论"与20世纪初世界经济发展的实际情况相吻合，但是随着科学技术的迅速发展和人类经济活动分类的日益细化，越来越不能满足目前产业分类的需要。另外，活劳动侧重于生产劳动过程中劳动者体力和脑力的支出，而其他生产要素参与的比例较低。然而，在体育健身娱乐、竞赛表演和体育康复实践中却有很多高科技产品的运用，并不仅仅是一种体力劳动的投入，因而把体育产业定义为体育服务业不符合目前体育产业实际。

（二）体育产业市场、赢利论

持这种观点的人认为体育产业是体育事业中既能进入市场又能赢利的那一部分。主要理由是，任何行业部门提供的商品必须具有交换价值，在此基础上形成一定的市场规模才能称为产业。依此推理，足球、篮球、排球、乒乓球等运动项目在我国目前已具备一定的市场规模，可以称为体育产业，而田径、跳水等运动项目因为没有形成产业规模就只能称为体育事业。的确目前我国有一些运动项目还没有形成市场，不能对其生产的产品进行交易。但这主要是现阶段居民对体育的需求低，支付能力差，参与的运动项目单一造成的，并不是这些运动项目不能进入市场。因此，不能用能否进入市场、能否盈利作为标准来界定体育产业概念。

（三）体育产业事业论

持这一观点的学者认为，体育产业就是体育事业，只不过是对体育在计划经济与市场经济体制背景下的不同称谓。事业是通过由国家提供经费满足国民基本利益需求的生产社会公共产品的过程，是没有生产性收入的。而产业是从事非公共产品生产，并形成利润的部门，那么显然产业与事业是两个不同的概念。同样体育产业是需要获得利润的，以维持自身的再生产，而体育事业是为全社会提供公共产品的公益活动，不需要有生产性收入。因此，不能把体育产业理解为体育事业。

（四）产业、事业交叉论

持这种观点的认为体育事业与体育产业是我国体育发展中非常重要的两个方面，它们密切相关，有很多的交叉和重叠，并随着情况的变化两者有时还会互相转换。这种观点实际上是把发展体育事业的方式与体育产业本质混淆了，体育事业可以走产业化、市场化的道路，克服现阶段事业经费的不足，但不能由此而否认事业的公益性、非营利性和产业的营利性的本质特点。

（五）体育产业经营论

持这种观点的学者认为与体育有相同和相接近内容的经济活动都应列为体育产业，从而将体育产业领域划分为：体育本体产业；体育相关产业；体育延伸产业；体育边缘产业。此这种分类方法实际上也是对体育产业所做的一种界定，只不过它是通过对某类经济在产业中的地位和体育部门经营创收活动的现状描述来间接定义的，仅仅是一种为便于体育产业统计和产业活动开展的有针对性的界定。并没有揭露体育产业的本质特征。这种分类具体到某项产业活动，就是体育用品制造、建筑业，体育旅游业，体育竞赛表演与健身娱乐业，体育彩票业。

从目前国际、国内产业分类实践来看，制造业和建筑业是属于第二产业的，而我们却把体育用品制造与建筑业列为体育产业，延伸一下，也就是说，体育用品制造与建筑业属于服务业，显然这种分类是错误的。它们应分别隶属于制造业和建筑业，是第二产业的一部分。

从国家行业管理的范围来说，旅游业属于国家旅游局管理，国家体育总局及各地体育局并管理旅游业的权限，因此，也就不能说体育旅游业属于体育部门。从活动内容来看，两者大都通过登山等相关体育活动来开展的，那么是否所有与登山有关的活动就是体育旅游呢？显然答案是否定的。因此，旅游业属于体育旅游业和体育旅游业隶属于体育产业的提法是不准确的。

从体育彩票的活动性质看，发行彩票是我国政府为募集社会闲散资金发展社会体育事业的一种社会公益活动。政府是负责彩票发行、经营具有行政管理权力的行政主体，完全是一种政府垄断行为，更多体现的是一种"公益"性，而非"赢利"性，显然，体育产业并不具有这样的特性。从产品的价值来看，体育彩票作为产品而存在并不是有实际的使用价值，它所代表的是一种符号，即象征着购买者拥有获得中奖机会的权利，而产业经济活动中的产品必须具有使用价值，因而体育彩票属于公共事业范畴而非体育产业范畴。

以上五种观点都是从不同的角度对体育产业概念和分类进行研究，应该说各种观点都有一定的理论基础，通过梳理，这些都能为我们科学地界定体育产业概念及分类提供有益的思路和参照。

二、体育产业概念界定

产业是随着社会分工和生产力的发展而发展，并随着社会生产力水平的不断提高其内涵和外延不断变化，在不同的历史时期和从不同理论研究出发产业有着不尽相同的含义，该如何理解和把握产业概念是研究体育产业概念和分类首先要解决的问题。

（一）产业的概念

产业（industry）一词，在不同的场合和不同的语言环境下存在各种不同的解释。在历史学和政治经济学的理论中，它主要指"工业"，例如，我们在通常意义上使用的"产业革命""产业工人"等；在法学的角度，它主要指"不动产"，如我们经常所说的"私有产业""私人产业"等，一般指个人所拥有的土地、房产、工厂等具有明确私人产权界定的财产。在传统社会主义经济学理论中，产业主要指经济社会的物质生产部门，一般而言，每个部门都机制专门生产和制造某种独立的产品，因此，从某种意义上每个部门也就成为一个相对独立的产业部门，如"农业""工业""交通运输业"等。由此可见，"产业"作为经济学概念，其内涵与外延的复杂性。

产业经济学是以产业作为自己的专门的研究对象，因此，在产业经济学意义上，产业应具有自己特定的内涵与外延。

产业有广义和狭义之分。

从广义上看，产业指国民经济的各行各业。从生产到流通、服务以至于文化、教育，大到部门，小到行业都可以称为产业。

从狭义上看，由于工业在产业发展中占有特殊位置，经济发展和工业化过程密切相关，产业有时指工业部门。产业经济学中研究的产业是广义的产业，泛指国民经济的各行各业。产业的概念介于微观经济细胞（企业和家庭消费者）与宏观经济单位（国民经济）之间的若干"集合"。现代经济社会中，存在大大小小的，居于不同层次的经济单位，企业和家庭是最基本的，也是最小的经济单位。整个国民经济又称为最大的经济单位；介于二者之间的经济单位是大小不同、数目繁多的，因具有某种同一属性而组合到一起的企业集合，又可看成是国民经济按某一标准划分的部分，这就是产业。简单地讲就是生产物质产品的集合体，包括工业农业交通运输业等，一般不包括商业。

生产物质产品的集合体，包括农业、工业、交通运输业等部门，一般不包括商业。有时专指工业，如产业革命。有时泛指一切生产物质产品和提供劳务活动的集合体，包括农业、工业、交通运输业、邮电通信业、商业饮食服务业、文教卫生业等部门。

20世纪20年代，国际劳工局最早对产业做了比较系统的划分，即把一个国家的所有产业分为初级生产部门、次级生产部门和服务部门。后来，许多国家在划分产业时都参照了国际劳工局的分类方法。在中国，产业的划分是：

第一产业为农业，包括农、林、牧、渔各业；第二产业为工业，包括采掘、制造、自来水、电力、蒸汽、热水、煤气和建筑各业；第三产业分流通和服务两部分，共4个层次：第一，流通部门，包括交通运输、邮电通信、商业、饮食、物资供销和仓储等业；第二，为生产和生活服务的部门，包括金融、保险、地质普查、房地产、公用事业、居民服务、旅游、咨询信息服务和各类技术服务等业；第三，为提高科学文化水平和居民素质服务的部门，包括教育、文化、广播、电视、科学研究、卫生、体育和社会福利等业；第四，为社会公共需要服务的部门，包括国家机关、政党机关、社会团体以及军队和警察等。由此可以看出，产业仅仅只能理解成从事同类物质生产或相同服务的经济群体。

（二）体育产业本质特征

体育产业与其他产业的主要区别存在于它所提供的产品上，这种产品凝结了"体育活动"的多种要素，这些要素体现了体育产业最显著的"同类"或"相同"特性。

从手段上解读体育产业，广义体育概念将其定义为：以身体运动为基本手段促进身心发展的文化活动；狭义体育概念将其定义为：通过身体活动，增强体质，传授锻炼身体的知识、技能、技术，培养道德和意志品质的有目的、有计划的教育过程。可见，无论是广义还是狭义的体育概念，都强调体育是以身体教育为基础通过各类运动形式娱人娱己而实现自我发展的一种文化活动。身体运动是体育的主要手段，表现为由各类运动项目所组成的运动竞赛与训练活动，身体运动体现了体育独特的本质属性。

从参与的过程和活动效果来看，体育产业在提供给参与者增强体质的产品同时，也提供心理、情感和精神产品，这些产品中包含了产品提供者的专业技能与知识，并以劳动、服务的形式体现出来。参与者通过观看某项体育运动竞赛表演、自己体验运动过程来享受体育产业产品。可见，服务类产品是体育产业的核心产品，而服装、设施、器材、场馆等实物类体育用品属于体育服务产品生产过程中的资源投入。

从对象上来看，体育实践的对象则是被锻炼的人体，是锻炼者的本人，也就是"所有这些活动都能给人带来肌肉运动所产生的由本体感受器感受到的快感"，这种快感是指体育运动者，通过身体的种种努力，获得了对自我身体力量的认可，在一次次认可的过程中，人感受到征服自我的快乐，感受到瞬间力量的爆发，这种瞬间的巅峰时刻往往使体育运动的观赏者也同时获得极度宣泄的快感。这是一个实际感受的过程，是消费者直接感受的服务，而脱离使用对象的产品则不属于体育产品，也就不属于体育产业。

因此，从产业的视角审视体育的本质特征，体育产业表现的是一种服务或劳务，但这种服务或劳务与其他的服务或劳务的不同之处在于它是一种产品使用者直接能够感受到的服务，即专门从事围绕着直接作用于消费者的体育服务或劳务的生产经营活动。

三、体育产业分类

按照有关体育产业外延和内涵的定义，依照社会的实际需求和供应体育服务的部门属性，遵循可便于经济统计和经济核算原则及相关国际惯例，可将体育产业大体划分为两类：一类是体育用品制造业；另一类是体育服务业。后者还包括一些具体的活动和行业，如体育管理活动、竞赛表演业、体育彩票、体育中介、体育教育培训、体育健身业等八项。

（一）体育管理活动

指的是组织开展体育表演或体育比赛活动以及各级政府部门体育机构的管理活动和服务。这类活动多是由各地的体育协会、职业俱乐部、运动项目管理中心、专业运动队等开展的。

（二）体育竞赛表演业

是指职业化体育运动员、商业化体育赛事的组织参加比赛的组织、训练和宣传等，以及非职业体育比赛的组织、运动员的表演等。

（三）体育健身休闲业

指的是为人们创造参与体育活动提供的一系列服务或指导，使消费者的健身需求得到满足的部门。例如，健身俱乐部等。

（四）体育教育培训业

指的是采用一些教育活动，将教育知识传授给学习者，培养学生的体育能力，为他们的运动培训提供指导的部门。这类行业包括业余运动队、业余体校、运动技术学校等。

（五）体育中介业

它指的是为消费者提供运动技术、体育知识等各类咨询服务，或为公众提供运动方法的部门，如体育辅导站。这类行业在我国出现的时间较晚，规模并不大，但它的发展前景较好，因而可单列为一类。

（六）体育彩票业

指的是为体育事业提供支持和帮助的公益事业，这类行业是在得到政府许可后，采用博彩方式将公众的资金筹集到一起开展活动的部门。这个行业原本应该划入博彩业当中，但是当前我国并未设置博彩业，而且政府体育部门会对体育彩票的发行做出限制，体育彩票获得的资金，一部分用来维持运行，另一部分则用来开展体育活动，所以可将该行业纳入体育产业范畴内。

（七）体育用品销售业

体育用品销售业包括体育用品批发业和体育用品零售业。也属于体育服务业，主要以销售形式从事体育相关服务，为便于国家体育产业统计，也被列入体育服务业。

（八）体育建筑业

主要是指为体育教育、比赛、锻炼或娱乐等提供的必须的场地设施和建筑物的行业。包括室内体育场馆建设和室外体育场地设施建设。

第二节　我国体育产业形成的特点

经过 40 年不断探索与发展，我国体育产业已然成为国民经济的重要组成部分，中国体育产业的发展已经从探索期、启动期迈进高速发展期。随着人民物质生活水平的不断提高，市场需求程度逐渐加深，体育消费成为推动我国体育产业向前发展的重要一环。与此同时，体育消费需求——体育消费者从单一产品需求延展到体育项目个性化参与方案；体育消费规则——从过去品牌商掌握话语权到顾客掌握主导权，社交媒体兴起，消费者希望从体验中感受产品；体育消费赛道——零售基础设施从人工时代迈进人工智能时代，人工智能正在重塑商业，整个价值链条更倾向于"客户需求—组织产品—产品交付"，提高零售运营效率，比拼人效、品效和评效三效。在推动体育产业发展的过程中，从不同视角出发分析体育产业及体育消费市场。一方面，从体育产业与相关产业融合视角，通过可视化网络分析，探究产业融合协作；另一方面，从社会分层视角，研究体育消费中的不同阶层现象，以及在不同的体育消费类型（观赏型、参与型）下各社会阶层的差异性表现。

一、中国体育产业发展历程

（一）中国体育产业探索期（社会化、专业化与法制化阶段）

改革开放以来，我国体育产业从计划体制向市场体制进行转变，将市场元素融入体育产业，探索出"以体为主，多种经营"的模式，同时积极鼓励社会企业参与到体育赛事的经营中来，1999 年《关于加快体育俱乐部发展和加强体育俱乐部管理的意见》出台，完善了体育法规体系的建设，加强了体育法制建设，促进了体育俱乐部的职业化、健康化发展。将体育赛事和社会经营活动相结合，促进体育产业的发展，实现体育产业的社会化发展，2010 年《关于加快发展体育产业的指导意见》与 2011 年《体育产业"十二五"规划》，都强调了在发展体育产业时，需要加大资本市场融资力度。其中《关于加快发展体育产业的指导意见》积极鼓励民间资本与境外资本投入体育产业，兴建体育基础设施，鼓励各大金融机构开发适合体育产业的新产品，多元化发展体育产业。《体育产业"十二五"规划》强调了对体育赛事品牌建设和体育无形资产的保护。

1995 年《中华人民共和国体育法》（以下简称《体育法》）填补了我国体育事业立法的空白，标志着中国的体育工作进入依法行政、以法治体系的新阶段；同年，颁布的《体育产业发展纲要（1995—2010）》，为我国体育行业的发展体制、发展结构，构建现代体育产业体系指明了方向。2012 年《中国足球职业联赛管办分离改革方案》颁布，深化了职业联赛的管办分离，充分地尊重了参与职业联赛各主体的地位，发挥了各主体的作用，弱化了行政干预，体制更加透明公开、更加规范。1979—2012 年，一系列重大体育法律法规的出台实施与完善，推动我国体育产业走向社会化、专业化与法治化（见图 3-1）。

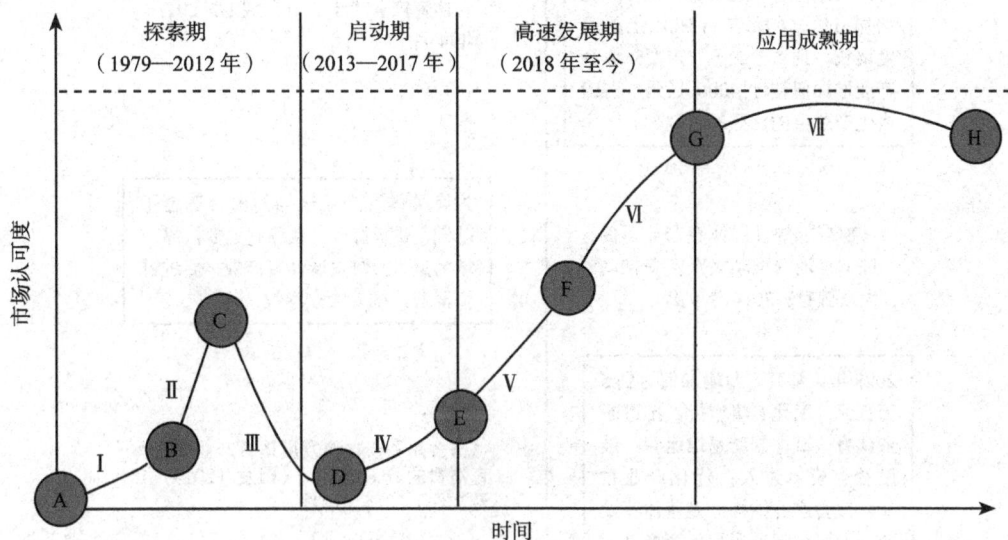

图 3-1　中国体育产业发展生命周期

（二）中国体育产业启动期（结构升级阶段）

2014 年 9 月，《部署加快发展体育产业、促进体育消费推动大众健身》开始将体育产业定位为拉动内需与经济转型的"特殊"产业。2014 年 10 月，《国务院关于加快发展体育产业促进体育消费的若干意见》指出，把体育产业作为推动经济社会持续发展的重要力量，开发体育产业巨大的潜在市场空间，利用体育产业扩大内需，促进消费。明确未来10 年体育产业发展目标。政策利好，体育产业将引入市场化手段、简政放权，扩大体育产业市场规模。

2016 年，《体育产业发展"十三五"规划》明确提出未来 5 年体育产业发展总规模、从业总人数、体育服务业增加值占比等一系列目标；同年 12 月，原国家旅游局、国家体育总局共同印发的《关于大力发展体育旅游的指导意见》明确提出到 2020 年将在全国建成 100 个具有重要影响力的体育旅游目的地，建成 100 家国家级体育旅游示范基地，推出100 项体育旅游精品赛事，体育旅游总人数达到 10 亿人次，占旅游总人数的 15%，体育旅游总消费规模突破 1 万亿元等具体发展目标，进一步将体育产业与旅游产业相互融合，体育产业规模进一步扩大，结构进一步升级（见图 3-2）。

《体育事业"十一五"规划月》2006年7月

发展目标：广泛开展群众体育运行，初步建成具有中国特色的全民健身体系，不断满足群众日益增长的文化需求，使全民的健康素质明显改善

首次明确体育产业目标：体育产业增加值以平均每年15%以上的速度增长，到"十二五"末期，体育产业增加值超过4000亿元，占国内生产总值的比重超过0.7%

《体育产业"十二五"规划》2011年4月

《部署加快发展体育产业、促进体育消费推动大众消费推动大众健身》2014年9月

为有关体育产业规划的出台奠定了基础，要坚持改革创新，更多依靠市场力量，加快发展体育产业，促进群体消费，推动大众建设

2025年，体育产业增加值达到5万亿元；简化赛事审批，推进职业体育改革，创新场馆运营；鼓励社会资本进入；优化产业布局，改善产业结构；完善体育设施，发展休闲项目和体育赛事；营造建设氛围，推动场馆利用，加强体育文化宣传

《国务院关于加快发展体育产业促进体育消费的若干意见》（国发〔2014〕46号文件）2014年10月

《体育总局关于推进体育赛事审批制度改革的若干意见》2014年12月

除全国综合性运动会和少数特殊项目赛事外，包括商业性和群众性体育赛事在内的全国性体育赛事审批一律取消

足球成为第一个脱离国家体育总局行政管理、自负盈亏的运动项目，彻底实现了"协会化管理"

《中国足球协会调整改革方案》2015年8月

到2020年，经常参加体育锻炼的人数达到4.35亿，人均体育场地面积达到1.8平方米，全国体育产业总规模超过3万亿元，占国内生产总值的比重达到1%，体育服务业增加值占比和超过30%。体育消费额占居民人均可支配收入比例超过2.5%

《体育产业发展"十三五规划"》2016年5月

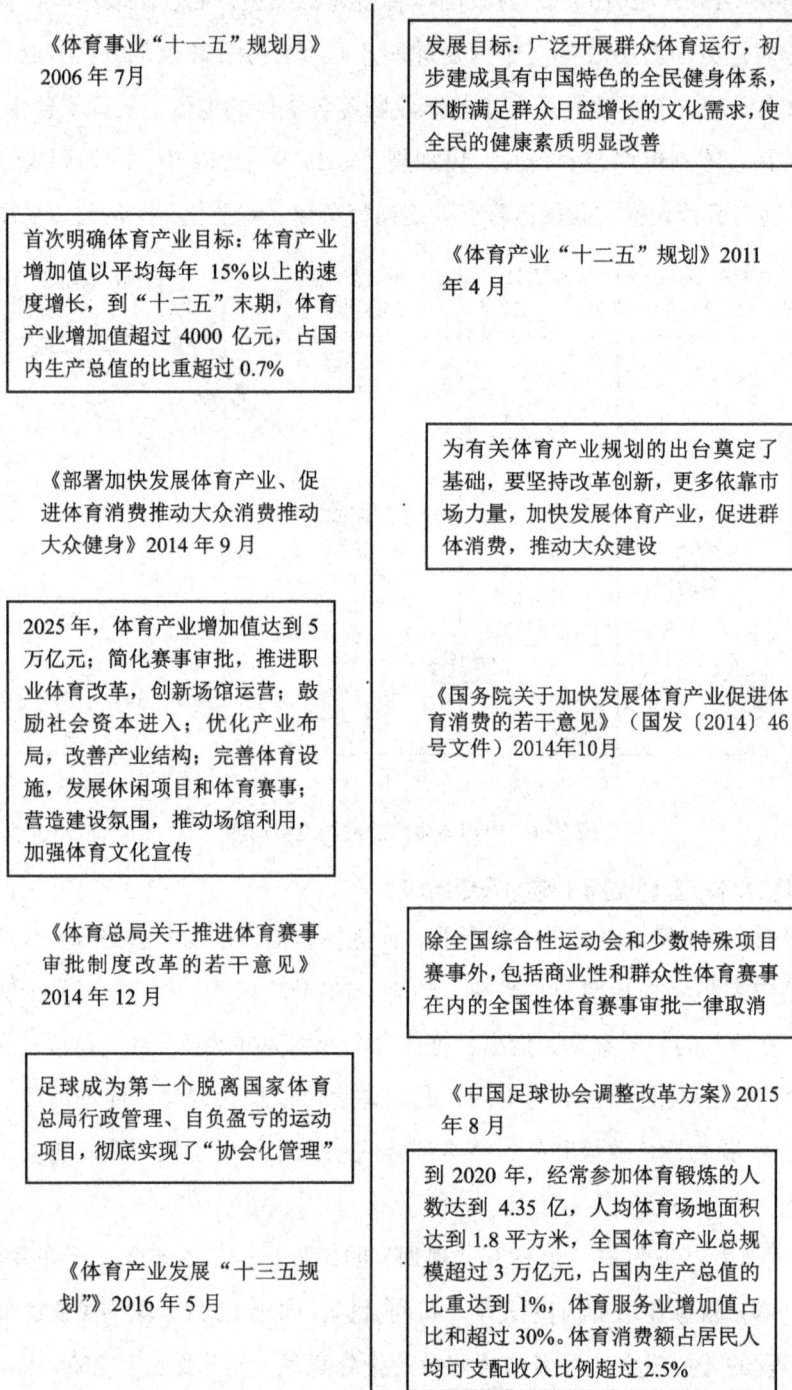

图3-2 2006—2016年中国体育产业发展大事记

（三）中国体育产业高速发展期（高质量发展阶段）

2018年，《国务院办公厅关于加快发展体育竞赛表演产业的指导意见》提出体育竞赛表演产业是体育产业的重要组成部分，发展体育竞赛表演产业对挖掘和释放消费潜力、保障和改善民生、打造经济增长新动能具有重要意义。积极推进体育竞赛表演产业专业化、

品牌化、融合化发展，培育壮大市场主体，加快产业转型升级。2019年1月，国家体育总局、发改委印发的《进一步促进体育消费的行动计划（2019—2020年）》，明确提出了关于全国体育消费总体规模和人均体育消费的要求。2020年，国务院办公厅发布的《关于促进全民健身和体育消费推动体育产业高质量发展的意见》明确指出，继续深化"放管服"改革，完善产业政策，优化发展环境，促进体育消费，建设场地设施、增加要素供给，改善产业结构，丰富产品供给等，实施"体育＋"行动，促进体育产业高质量发展。

伴随着中国体育产业发展历程，加之国家政策护航，人民体育消费需求扩张，体育产业实现社会化、市场化、专业化，整个体育产业体制机制、产业结构发生翻天覆地的变化（见表3-1）。

1. 体育产业走向规模化、资本化

2006年，"十一五"规划明确体育产业体系规范化、多种所有制并存、全民参与的目标；2008年，奥运会促进体育环境和群众意识提高，市场迎来发展机遇；体育产业与资本市场结合政策利好，体育产业市场化程度加深。

2. 体育产业走向社会化、专业化、法制化

全国性单项协会实行实体化或项群管理、推进俱乐部的职业化、开放体育竞赛市场和周边产业；实行体育行政机构改革，成立运动项目管理中心；体育行业也逐渐实现法治化，颁布《体育法》，推出了《奥运争光计划》和《全民健身计划》。由计划体制向市场化转变，初步尝试体育产业经营性活动，体育产业走向社会化、专业化、法制化。

3. 体育产业走向市场化、结构优化

2014年9月，国务院常务会议上明确提出，未来体育产业将引入市场化手段、简政放权，扩大体育产业市场规模。体育产业随着政策红利、消费红利、资本市场的支持以及互联网的推动作用，产业规模将加倍扩大，结构调整升级（见表3-1）。

表3-1　中国体育产业政策演化与发展趋势

政策	趋势		
赛事审批放开	重申简政放权，取消商业性和群众性体育赛事活动审批，积极引入社会资本承办赛事	1	群众体育赛事将率先得到商业性开发，如马拉松、龙舟等；更多观赏性较强的新型赛事将得到商业化运作，如赛车等
		2	赛事运营行业将因体育赛事的繁荣而快速发展，市场化竞争将促进赛事质量提升及品牌影响力增大
赛事运营开放	加快推进体育行业协会与行政机关脱钩，完善职业体育俱乐部的法人治理结构，加快现代企业制度建设。改进职业联赛决策机制，充分发挥俱乐部的市场主体作用	1	俱乐部将采用企业化治理机制，运营效率和质量将得到提升；同时带动赛事运营市场的竞争业态变化
		2	俱乐部的市场主体作用将更加明显，目前亏损的盈利状态将得到改善

续表

政策			趋势	
转播政策放开	放开赛事转播权限制,除奥运会、全运会、世界杯足球赛外的其他国内外各类体育赛事,各电视台可直接购买或转让	1	CCTV5的转播地位被削弱,新媒体将成为赛事转播的主力军	
		2	体育赛事的转播规模将明显扩大,增加赛事的转播收入,赛事运营方将从中受益,带动市场的参与者增加	
支持跨界融合	支持体育与旅游、传媒、会展等业态融合发展,鼓励康体结合,支持金融、地产、交通、信息等企业开发体育领域产品和服务	1	促进体育旅游、运动康复、健身培训、体育经纪等相关业态的开发和崛起	
		2	体育产业的参与者增多,大量资本力量将涌入市场,甚至海外力量也将介入,引进成熟的赛事资源、商业模式和培训体系	

二、体育产业的特征分析

从产业价值链层面来讲,体育产业具有的特征包括以下几点。

(一)体育产业是一个门类众多、内涵复杂的产业系统

从价值链角度来讲,体育和其他存在关联的产业都受到体育运动的影响,它们都是以体育运动为基础建立的产业价值链。从某种意义来讲,可将体育产业当作是为使消费者需求得到满足,不断向外延伸的产业体系,它的主要产业涉及体育培训、体育竞赛、体育健身等,并以此向产业价值链上游扩展到体育场所建设、合格率器材销售等产 . 业,向产业价值链下游扩展到体育广告、体育传媒、体育旅游等产业,向外部扩展到与上面提到的各类产业有关的产业,如体育保险、体育金融、体育赞助等。

(二)体育产业蕴含了巨大的多元化的体育消费需求

从主体产业角度来讲,公众之所以参与体育,是因为他们有自己的目标、需求、兴趣等,参与体育活动的原因与公众的社会心理有着密切的联系。按照这一逻辑展开分析可知,体育本体产业有着较多的市场需求,这些需求也是其他产业能够不断发展的基础。从整体情况来讲,体育和公众生活的融合体现了人们爱好健身休闲活动,同时也体现出人们在体育活动中获得的各种真实体验,这种体验是其他活动无法取代的。因此,体育产业属于体验经济的一个构成,它体现了公众对体育产品以及体育体验的需求。

(三)体育产业具有空间依赖性

从体育运动的创新和设计角度来讲,文化产业和体育产业存在一些相似之处,它们都对创意投入了较多的关注,二者都是内容产业。所以,它们比较重视内容价值,这也可以从休闲体育和竞技体育的创新方面找到依据,其实,体育产业只有内容还不够,它在发展中还必须以区域空间作为依托。举例来说,将重要赛事和举办地点联系在一起,例如伦敦奥运会、北京奥运会等。当区域空间和内容结合在一起后,体育产业涉及的各类元素,如体育赛事、体育设施、体育精神以及相关名人等,都会给体育、文化体系的建立和区域空间的价值带来影响了,并转为某个区域空间的一个构成,如哈尔滨被称为冰雪运动之城,青岛被称为奥帆之都等。

（四）体育产业具有强大的延伸能力与区域品牌构造力

产业延伸指的是内容与某个产业进行的合作不存在阻碍，此外，它还表现在体育展现的竞技精神和超越文化、不受国界限制的沟通能力。在品牌建设方面，主要是举办一些重要赛事和体育事件，如冬奥会、奥运会等，这些赛事的举办可以给当地带来建设品牌的机会。

三、中国体育产业发展趋势分析

（一）"互联网+体育"新业态呈向上发展趋势

随着互联网技术的高速发展，"互联网+体育"的新业态吸引着各大资本投入，打造出以"体育媒体、票务预订、社交记录、工具智能硬件以及综合类体育"为主的体育产业投资格局。在新业态下，超过60家体育企业成功融资，体育在线服务业将成为未来投资者最主要的投资方向。互联网背景下的体育消费市场，小众体育运动项目如高尔夫、骑马等也逐渐成为体育服务业中的热门项目。

（二）政策放宽与持续加码，体育产业呈供给侧结构性改革趋势

2018年，国务院常务会议再次强调，发展体育产业，要做到简政放权，放管结合，取消商业性和群众性体育赛事审批。国家自上而下的体育产业改革，群众体育赛事将率先得到开发，越来越多的群众体育赛事得到资本注入，以马拉松为代表的路跑赛事呈井喷式发展。

体育赛事作为体育产业发展中的重要内容，越来越多的群众体育赛事得到开发与运作，体育市场将出现"优胜劣汰"的竞争格局，赛事之间竞争加剧，通过市场规则，筛除不符合市场运作规律与大众需求的体育赛事，在一定程度上保证了赛事品牌质量。弱化体育赛事运营过程中的行政干预，持续推进政府机关与体育协会脱钩，将赛事运营权交给职业举办方，逐渐完善职业联赛机制，充分发挥职业俱乐部的市场主体作用等一系列政策，提升了体育赛事运营效率，企业化的治理结构也将不断提升运营质量，同时改变体育产业内部竞争。作为体育市场主体的职业俱乐部，将发挥主体作用，改变盈利模式，实现效益增长。

赛事转播权不再受到限制，以中超版权为例，"46号文"明确提出"放宽赛事转播权限制，除奥运会、亚运会、世界杯足球赛外的其他国内外各类体育赛事，各电视台可直接购买或转让"。这一政策彻底改变了原先央视转播"一家独大"的局面，新媒体转播加入其中，体育赛事规模持续扩大，赛事转播收益将不断提高，赛事运营方从中获益，产生"涟漪效应"，将吸引越来越多的运营者、参与者加入其中，按照市场需求准备市场供给，打破垄断，带动市场发展，释放市场活力，推进体育产业供给侧结构性改革。积极引导支持产业之间融合，支持多产业开发体育领域产品和服务。

业态融合将进一步促进体育产业的多元化发展，体育产业不再局限于产业内自身发

展，同时也将结合其他业态打造新的体育业态，如体育旅游、体育运动康复、体育培训等。体育产业同其他产业融合，势必带来更多的资本参与其中，对建立完善的体育产业体系具有极大的推动作用。

（三）消费持续升级，发展资料消费与享受资料消费呈爆发趋势

随着经济发展，人们消费水平提升，按照"马斯洛需求层次理论"分析，当温饱得以满足时，越来越多的人将消费重点从基本物质生活转移到更高级的需求层面，人们的消费偏好以及消费结构将会发生改变。人们的消费类型从生存资料消费阶段逐步跨入发展资料消费与享受资料消费阶段（见图3-3）。消费体量与规模持续扩大，新的消费需求产生，人们对于生活的全方位体验需求更加迫切，体育产业发展也随之水涨船高（见图3-4、图3-5）。

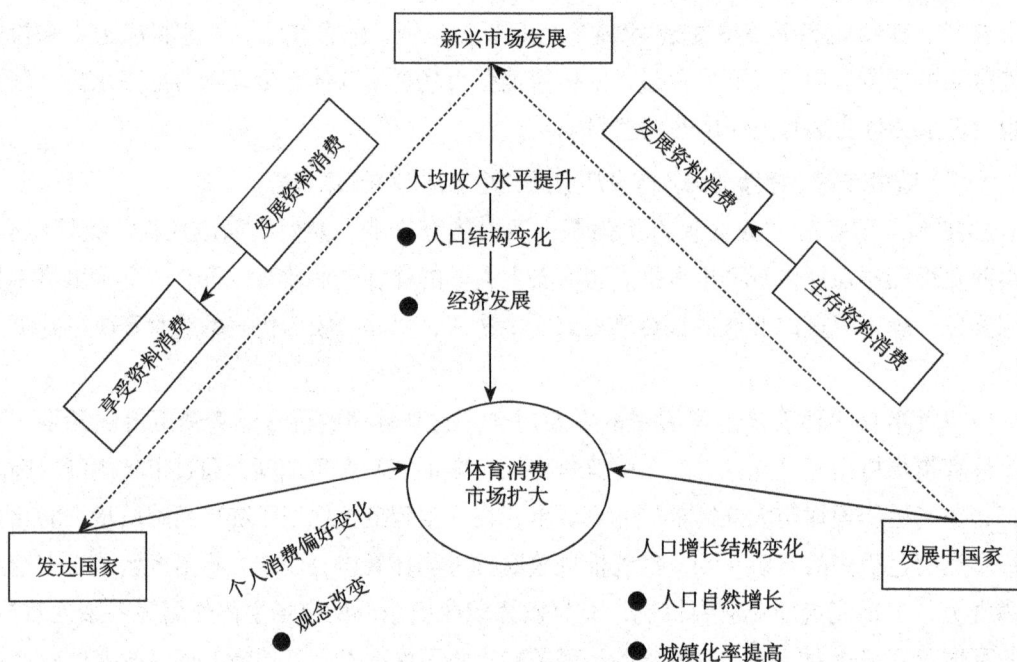

图3-3　经济发展和收入增长促进消费升级

图3-4　2012—2020年中国体育产业总规模及其增长情况

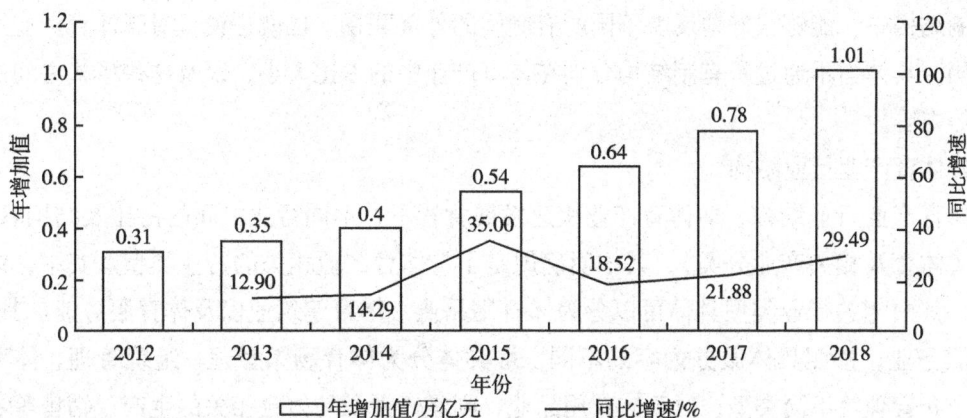

图 3-5　2012—2018 年体育产业年增加值及增长情况

第三节　我国体育产业发展结构分析

一、体育产业结构的定义和组成要素

(一)体育产业结构基本概念

考虑到体育产业复杂性的特点,我们为了全面做好对体育产业结构分析,除了要认识到体育产业与其他产业之间的联系性,还应该认识到体育产业内部各利益要素之间的联系。根据专家学者的观点,他们普遍分别从广义层面以及狭义角度来对于体育产业结构进行分析。从广义角度来看,体育产业结构,包括体育产业以及其他相关产业内容以及体育产业内部之间,不同要素之间的联系。从狭义角度来看,体育产业结构专门指体育产业内部中,明确不同内部要素之间的经济联系,从而能够最大限度满足民众多样化体育消费需要。

(二)体育产业结构的组成要素

体育产业结构形态,具体表现在产业结构不同层面中。考虑到不同产业联系的广泛性、复杂性问题,因此,在研究过程中,我们对体育产业结构应该从多层面、多角度进行分析研究。相应地,我们也可以从以下几个方面来分析体育产业结构形态,主要包括行业结构、层次结构、组织结构、所有制结构、市场结构以及区域结构等。下面,我们分别对上述不同方面进行介绍:

1. 体育产业所有制结构

所有制,即人们物质资料占有形式。一般来讲,所有制特指对于生产资料的占有情况。表现为不同群体中,受到生产资料占有差异的影响,呈现出的不同经济联系。同时,所有制结构,即在某一社会形态下,所有制形式在作业、地位以及联系等方面的状态。从所有制结构中，能够很好地反映不同所有制间的外部联系。也就是说，对于体育产业所有制结构，具体指不通过所有制结构分别在体育产业中的占比大小，以及这些形式之间的关联性等内容。

2. 体育产业行业结构

体育产业行业结构，即体育产业快速发展背景下，不同行业之间的占比及结构联系。根据《体育及相关产业分类》，其中明确规定了与体育产业相关的行业类型。其中，体育产业，其中相关行业类型具体可以分为体育用品业、体育建筑业以及体育服务业。其中，体育服务业，按照具体服务内容的不同，可具体分为体育场馆管理、组织管理、体育健身、中介管理等不同类型；对于体育用品业，则具体涉及与体育相关的生产、销售等不同部门。

3. 体育产业组织结构

在这一概念中，具体为在于体育生产、体育服务相关的不同产业组织单元在分布形式、功能状态之间的关联状态。其中，关于体育产业组织形态上，我们可以主要从以下几个方面进行分析。例如，从个体经营户层面、法人单位层面以及产业活动单位层面对其予以分析；从民办非企业单位层面、社会团体层面以及企事业单位层面对其予以分析等。

4. 体育产业区域结构

在这一概念中，表现为体育产业内部，不同部门在各个地区之间的分布情况。结合我国体育产业发展实际，东部经济发达地区体育产业发展程度非常迅猛；而在经济发展相对滞后的中西部地区体育产业发展程度则相对缓慢。由此可见，我国不同区域之间，体育发展水平差异性较大，普遍存在结构性矛盾冲突问题。

5. 体育产业层次结构

在这一概念中，主要是指分别从产业核心层、产业外围层以及产业相关层等不同方面的结构联系。按照《体育及相关产业分类》，强调在体育产业核心层中，主要包括场馆管理、健身休闲以及相关组织管理等内容；在体育外围层中，主要包括中介服务、配套设施服务等不同内容；在体育相关层中，主要包括和体育产品有关的产品生产、销售相关的内容，同时也包括建造体育建筑等。

6. 体育产业的市场结构

在这一概念中，主要表现为市场中要素特征和要素之间的联系性程度。体育产业市场结构，除了关系到需求者、供给者以及二者之间的关联之外，同时也包括在体育市场中，现存供给、需求者以及即将进入这一市场供给、需求者之间的联系。在体育产业发展中，包括的相关部存在诸多不同类型，不同行业之间的差异较大。

7. 体育产业的产品结构

在这一概念中，除了涉及体育产品之间的关联结构，也包括产品关联性等方面的内容。这里，体育产品，即体育市场中的客体。按照形态的不同，具体我们可以将体育产品划分为有形、无形体育产品两种形式。其中，有形物质体育产品具体包括不同类型的体育用品以及体育建筑等；无形体育产品则涉及与体育相关的培训活动、健身活动以及竞技比赛等不同方面的内容。其中，我们在评价衡量某一地区体育产业产品结构水平时，主要参考评价指标为无形体育产品占比情况。

二、我国体育产业结构现状分析

（一）体育产业所有制结构现状分析

1. 非公有制为主多种所有制共存

我国体育产业的发展多年来处于单一的公有制经济为基础；随着世界经济全球化发展，以及各国产业化结构进程的加快，我国体育产业也逐渐形成多种所有制经济共同发展的繁荣局面。

从行业发展层面，目前我国体育产品行业发展中，非公有制经济在其中处于主导位置。目前，我国体育用品产业在萌芽时期、发展时期就是建立在非公有制经济，其市场发展较为灵活多变。投入资金主要来源是民营投资，同时也涉及部分外商投资等。在资金投入占比中，国有、集体经济占比整体相对较低。

2. 外商以及港澳台投资占比较高

随着世界各国之间的经贸往来不断加强，体育产业融合程度不断提升，由于我国具有数量庞大的体育用品消费市场，吸引境外和港澳台资本不断投资我国体育产业。

（二）体育产业行业结构现状分析

1. 体育培训与中介行业潜力巨大

近年来，我国体育产业的增速始终维持在较高的水平。其中，在诸多具体行业中，体育教育培训以及体育中介的增速最快，企业培训产业的增长速度惊人，可见，在众多体育产业中体育培训业和中介业具有很大的发展潜力。

2. 体育用品行业的发展势能最大

目前在我国发展中，体育用品产业尚且处于萌芽时期。较长时间以来，体育用品的发展在我国体育产业中具有重要的地位和占有较大的比重。随着我国体育服务产业和体育中介产业的后期崛起，体育用品产业所占据的比例会有所下降，但不可否认的是，体育用品产业在未来的体育产业发展中仍然会处于半壁江山的地位。

（三）体育产业组织结构现状分析

1. 体育产业的组织形态与特征

体育产业，由诸多产业链组成的体育行业群体，包括体育竞赛表演行业、体育中介行业、体育用品行业等，其中每个子产业都是由不同的组织机构和企业组成的，且与外部产业保持必要的联系。体育产业下面的不同行业以及不同行业之间的内部联系，以及与外部产业构成的广泛复杂的关系，构成了体育产业组织形态的动态基础。

从经营形式的视角看待体育产业，在其中既有从事营利性活动的组织和个人，例如体育经纪公司、体育中介或者咨询公司等；也有非营利性活动的组织，比如有某体育行业协会、学校体育，或者政府行政体育管理部门等；综上所述，我国营利性体育企业的整体实力与发达国家相比，还是缺乏核心竞争力，而非营利性的体育组织的规模和实力也有待提高，这同样也是我国社会体育程度不高的最基本原因，我国体育产业的发展速度和结构还需进一步提高和优化。

在当前我国体育产业的组织规模中，具有庞大规模和核心竞争力的企业较少，小企业的数量较多。我国体育产业运行状态，既有体育联盟模式，也有俱乐部模式，还有连锁模式和中介服务模式等。当前在组织数量和质量上我国体育产业的运营模式均有待提高。

2. 体育产业组织结构关系水平低

遵循体育产业发展规律，产业组织内部结构构成高效且组织紧密，其生产规模、生产销量和社会化的程度均较高。

当前为我国体育产业提供服务的是政府行政体育管理部门，我国行政体育管理中，普遍存在政企不分、官办主导等不同层面的问题，在这一问题下，将会使宏观体育管理中普遍存在沟通不畅的情况。现在，在与体育发展相关协会建设、体育产业管理中，发展水平普遍较为落后，目前政府体育形成管理部在开展工作过程中缺乏创新、流于表面的形式，没有真正全面发挥政府行政管理职能，也不利于激发体育产业相关行业发展的积极性。当前我国体育产业下属各行业存在虽然发展速度较快，但是下属行业总体发展规模偏小、回报率偏低，很难吸引行业发展的资本投入，不能形成规模和集聚发展的具有核心竞争力的效应。

可见，当前我国体育产业组织结构关系水平低，具体表现为组织涣散、联系不到位、缺乏形成整体合力，这都将影响到产业结构效率的整体提升；另外，体育产业管理体系、组织结构和资金配置等亟须不断深化改革和创新。

3. 体育产业与产业外组织结构关系

体育产业凭借自身内部体育行业良好的结构性和联系性的优势，与外部产业也可形成良好的互动，目前国外发达国家的体育产业已经成为国民经济的重要组成部分。体育产业组织不仅内涵丰富，同时还同外部产业具有良好的关联性和外溢性，在此方面比较突出的是体育服务产业，体育服务行业同城市旅游、体育竞赛表业、旅行社、餐饮业、酒店、交通等相关组织都有相互融合的关系。当前，我国体育产业内部组织与外部组织深入融合发展的认识还不是很深入，长期发展建立的基础还不牢固，缺乏大方向宏观政策的配套支持，部门之间的协调机制还亟待完善和建立，需要建立体育产业组织与产业外组织结构深层次发展的长期模式。

（四）体育产业区域结构现状分析

体育产业阶梯低度具体表现为东中西部三地的阶梯化发展。由于我国城乡发展的二元格局凸显，导致我国体育产业在区域发展上出现了城市和乡村发展具有较大差距的格局。城市的体育产业发展速度较快，与乡村体育市场发展缓慢形成较大差距。

（五）体育产业层次结构现状分析

1. 各层次间比例严重失调

体育产业发展中，我国体育主管部门还专门推出了《体育及相关产业分类》其中提及，对于体育产业核心层面，其内容主要涉及组织管理、健身休闲以及场馆管理等不同方面；外部层面包括体育中介、培训、彩票等；相关产业层包括体育用品、销售、体育场馆建设。当前，我国体育产业存在核心层面、外部层面和相关产业层发展比例存在严重失调的问题。

2. 产业链完整性尚未形成

目前，体育产业层级结构中，具体涉及核心层、外围层和相关产业层构成完整的体育产业结构，其中体育产业核心层的规模、结构和效益决定了外未层和相关产业层的规模、结构和效益。在外围层中，相关产业的主要目标在于为产业层提供扶持。目前，我国产业层整体发展水平较低，下游产业发展形式较高，而体育产业中上游产业核心层的发展规模较小，没有将体育产业自身的核心价值和相关功能不断凸显，尚且没有形成系统化的体育产业链。

（六）体育产业市场结构现状分析

1. 不同行业市场结构发展阶段差异大

遵循产业市场的一般规律，任何一个产业在发展初期都会形成许多小企业共同发展的格局，经过一段时间的发展进入成长阶段后，逐渐开始形成以中小企业发展的格局，到了市场成熟发展时期，便会构成具有较大竞争力的大企业以及中小企业同时竞争的情况。当前，我国社会经济发展的总体局面呈现良好状态，在体育产业内部，不同行业整体发展水平较高，如果体育产业中不同子行业的发展受市场需求、政策环境等因素的影响，其也处于不同的市场结构现状。当前我国的体育用品产业发展已经进入相对成熟阶段，进入大企业和中小企业竞争共存的格局，但体育竞赛表演行业目前因缺乏科学规范的市场发展环境，到目前位置，依然是中小企业发展格局。

2. 体育用品产业市场的竞争异常激烈

我国拥有庞大的消费市场和国内服装行业发展态势良好，体育文化和传媒产业的快速发展，我国的体育用品行业当前整个体育产业中占据市场份额最大的行业。

近年来，我国体育用品市场不断发展，带动体育产业的快速发展，为了更好地推动体育产业发展，国务院专门出台了《关于加强发展体育产业额促进体育消费的意见》。《意见》强调，要积极促进体育产业创新发展，重视开发研究新工艺、新材料和新技术，提升我国体育用品产业的核心竞争力和含金量。至此，我国体育用品行业进入竞争激烈的成熟阶段。

3. 体育竞赛表演行业有效供给不充分

体育竞赛表演行业是我国体育产业的重要组成部分，当前我国体育竞赛表演行业的发展方向是纵深发展和健康发展双管齐下，但仍然存在许多不足，具体表现在有效供给不充分，总体发展还没有形成一定的规模，大众消费意识还需要进一步拉动。为了高效推动体育竞赛表演行业的发展，我们应该以全面满足民众生活为基础，提升民众的幸福感水平。应坚持问题导向、市场驱动、融合发展和因地制宜的发展原则。因此，在《关于加快发展体育竞赛表演产业的指导意见》中明确指出，我国体育竞赛表演行业未来的发展目的是到2025年，产业总规模要达到2万亿元，推出100项具有国内外较大知名度的体育精品赛事，打造100个具有自主知识产权的体育竞赛表演项目。

4. 体育娱乐行业市场仍处于初级阶段

体育健身娱乐休闲产业当前尚处于初级和成长阶段，面临消费需求升级、市场供求竞争和运营成本三大考验，当前体育健身娱乐产业正处于创新调整的关键时期，整个行业都面临延伸和探索发展。受我国城市化进程的加快发展、居民消费水平的优化升级以及城市白领健康状况的恶化，为体育健身娱乐行业提供了良好的社会环境；随着体育健身娱乐行业管理体制、行政法规以及行业发展规划的不断规范和明确，为体育健身娱乐行业提供了良好的行业政策环境，为此，体育健身娱乐行业的市场结构会不断完善并快速发展。

（七）体育产业消费结构分析

中国体育消费市场发展当今体育市场业态日新月异，体育消费早已不再局限于实体消费，体育消费也日益拓展，呈现文化趋势。理性化、多元化、个性化的体育消费赋予其新的内涵，即可供体育人群消费和支出的产品不再仅限于体育实物，有更多的体育服务、体验以及虚拟产品都可以成为体育消费对象。而体育人口—体育资源—体育消费场景三个环节共同构建起了我国体育消费新的整体生态环境（见表3-2）。

表3-2　体育人口—体育资源—体育消费场景三个环节

	概念	发展阶段与主要痛点	内容
人	在体育消费行业当中，"人"，即"经常参加体育锻炼"的居民，他们共同构成了我国体育行业的人群基础	体育人口目前所处的发展阶段	总体规模不断刷新历史纪录，未来可以保持稳定增长
		体育人口目前的主要发展痛点	总量虽多但人口占比还偏低，一些新兴的体育人群还没有被关注
货	在体育消费当中，"货"，即可供体育人群进行消费的体育用品或者体育服务/体验等一系列体育资源	体育产品和资源供给端目前所处的发展阶段	体育产业规模不断增加，增速超过了全国GDP增速
		体育产品和资源供给端目前的主要发展痛点	体育用品的占比过高，体育服务类的产品供给发展不足，各个体育消费的细分领域亟待升级
场	在体育消费当中，"场"，即可被理解为体育人群为体育产品或服务进行付费的场所	体育消费场景目前所处的发展阶段	随着体育产品的不断更新和升级，配套的体育消费场景已经开始搭建
		体育消费场景目前的主要发展痛点	线下体育场景总量依旧较少且分配不均，线上体育场景虽然已经初步形成但仍需要相关体育资源不断丰富

基于人、货、场产业链视角，大致可将整个体育产业链划分为上游、中游、下游。产

业链上游可被理解为资源端，重点在于体育资源的统筹和供给；产业链中游负责上游中体育资源的运营、传播和触达；体育消费，这一行为通常都会发生在产业链下游，是和体育人群接触最为直接的一个部分。

1. 上游分析

上游体育赛事 IP 是赛事运营产业链的核心。目前体育赛事 IP 类型多样，包括篮球、足球、排球、网球、路跑、冰雪、拳击等运动项目赛事，涉及面广，但受众广的顶级赛事 IP 资源较为稀缺，如周期性综合赛事（如奥运会、亚运会、全运会、足球世界杯、欧洲杯等）、职业联赛（如中超、CBA、NBA、NFL 等）和单独运作的赛事（如斯诺克、温布尔登网球公开赛、上海 ATP 大师赛等），其版权价格持续上涨。

（1）体育人口规模呈现持续上升态势

体育人口规模增加是扩大体育消费市场规模的重要因素，当前我国体育人口数量正处于稳步上升的状态。随着全民运动意识的增强以及国家政策对于体育产业和群众的引导，我国体育人口基数还将继续上升（见图 3-6）。

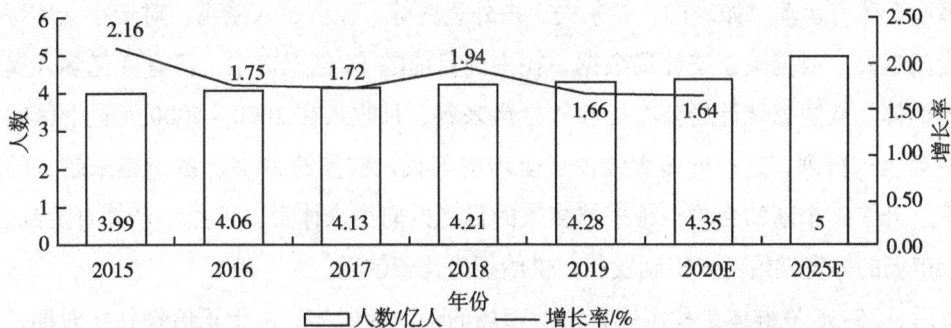

图 3-6　2015—2025 年我国经常参加体育锻炼人数规模

据国家体育总局公布的数据，我国人均体育消费从 2014 年的 926 元上升到 2018 年的 2264 元，2020 年人均消费 3448 元（见图 3-7）。根据国家发改委社会司所公布的最新权威数据，2018 年我国体育消费规模超过 9105 亿元。2020 年，我国体育消费市场达到 1.5 万亿元的规模。

图 3-7　2015—2020 年中国体育消费市场规模及人均消费

综上所述，目前体育消费市场的政策指引力度强，体育产业整体价值不断壮大，这就为后期的市场发展积累了巨大的动力，并且这样的动力稳定可持续。

当前处于产业链下游的体育消费人群中，参与体育运动的女性群体、小众体育爱好群体以及 25～36 岁中生代群体是未来拉动体育消费市场规模扩大的三大基础群体。

首先，受女性权利、社会经济独立等因素的影响，女性群体正逐渐成为体育消费市场的主力。女性群体参与体育运动的意识正逐步加强，参与体育运动的同时伴随体育消费，女性群体是促进体育消费的一大潜力。通过公开数据整理可知，2018 年 1—8 月，在线上体育平台（如 keep、悦动圈等）女性注册使用人数有明显的涨幅。同时女性人群体育消费也有明显的增长。2017 年双"十一"期间，女性群体体育消费占比 33%，2018 年双"十一"期间，女性群体体育消费占比为 43%，同比增加 10 个百分点，呈现明显上升趋势。

其次，经济收入水平对于体育运动类型选择具有直接影响，中高收入群体越来越倾向于选择小众体育运动，如瑜伽、高尔夫、户外垂钓等，经济收入越高，对于小众体育的喜好程度就越高。根据国家统计局数据，在中国目前的 14 亿人口中，已有 4 亿多人属于中等收入群体。从国家统计局公布的收入标准来看，月收入在 2000～5000 元这个区间的都属于中等收入行列，这一群体大致占了全球中等收入群体的 30%。由于越来越多的人收入水平上升了一个新的台阶，越来越多人的目光投向小众体育。虽然小众体育受到追捧，但小众市场的体育供给尚未得到发展，供给能力比较缺乏。

最后，25~36 岁群体是我国体育消费市场的最主要群体，由于正值青壮年时期，自身切实的体能需要、相对稳定的家庭与职场环境以及自身高消费能力等，加之对未来身体健康的重视，越来越多的中生代群体开始重视体育，进行体育消费。这类群体对于体育服务、体育产品等更多地趋向于实用性与功能性，省时省力，便于了解，方便动手。

（2）体育消费市场增长空间巨大

2015—2018 年，中国的体育消费市场规模逐年持续增长，2019 年我国体育消费市场规模已经超过万亿元，达 1154.8 亿元。2020 年，我国的体育消费规模将达到 15000 亿元。随着中国人均 GDP 增长，消费能力不断提升，人均体育消费支出在不断增加，国家对于体育产业的政策指引力度不断加大，体育产业的整体价值不断凸显，为未来中国体育产业积累了消费市场，体育消费市场将有更大的增长空间。

2. 中游分析

体育产业呈整体上升趋势，但结构单一。2018 年，我国体育产业总规模已经达到 2.66 万亿元，同比增长 20.91%，远远超过同年我国 GDP 增长率 6.75%。但高速发展背景下，存在体育服务和体育产品结构单一等一系列问题。体育市场上以体育产品供给为主，体育服务的市场规模极其有限。高质量、个性化的体育产品或体育服务供给不足。未来体育服务产业是体育产业发展的关键，因此，体育服务业的快速发展也会进一步促进各个体育消费领域发展。

（1）体育用品消费

体育用品领域面临体育产业结构性改革，需要打破传统体育用品消费模式，通过数字化、科技化赋能创新高附加值的体育产品。体育用品和体育运动设备是体育人群运动时必不可少的硬件，我国体育人口规模在逐年扩大且体量巨大，体育人口对于体育用品和运动设备的需求持续增加（见图3-8）。我国体育消费市场拥有庞大的体育人口基础和较大消费规模。但体育用品消费市场内，体育用品和运动设备之间的竞争越来越激烈，整个体育用品消费市场趋向饱和，未来体育用品消费市场的发展趋势将会放缓。

图3-8 2015—2020年中国体育用品及运动设备销售租赁市场总体规模及增长

未来传统体育用品和运动设备需要转型发展，智能化运动设备需要提质发展。传统型体育用品需要更加专业化、科技化。根据每项运动固有的属性与特点，结合人体适应性等，利用独特的材料、先进的生产技术来制作生产具有专业性、科技性以及高门槛的体育用品，提高传统体育用品的附加价值，促进体育用品消费，扩大体育用品盈利空间。通过技术设置体育用品进入门槛，淘汰不符合市场需求的体育用品，优化体育用品消费市场，从而推动体育产业升级。智能化运动设备则需要通过科技赋能，触发情景式体验，将智能化运动设备作为进入情景的媒介。在线运动平台自主研发智能运动设备，引导体育人群，进入在线资源场景，与下游体育产品接触，带动更多的体育消费。

（2）体育培训消费

体育培训是一项针对体育行业未来开展的行动，随着体育产业结构的调整以及体育人群规模的扩大，人们的体育培训意识逐渐增强，体育培训市场规模逐渐增加（见图3-9）。针对体育培训消费，最主要是实现体育培训的流量变现，体育培训规模越大，消耗的配套体育资源就越多，体育培训所获得的盈利就越少。未来体育培训消费需要针对参与体育培训的群体，开发丰富的体育产品，扩大体育产品的丰度，从而扩大体育培训的盈利空间，充分转换体育培训带来的流量是保证体育消费市场持续增长的关键因素。

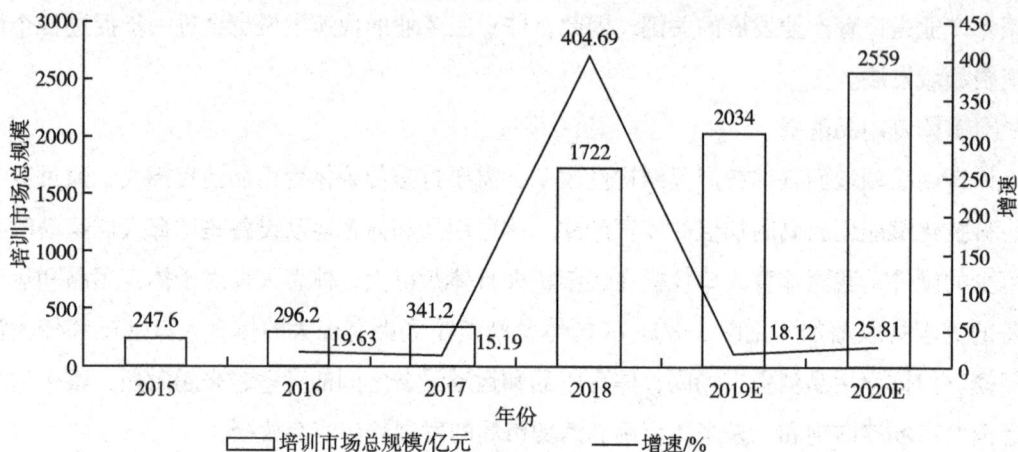

图 3-9　2015—2020 年体育培训市场总规模

未来体育培训可以通过两种不同的体育类别进行培训，获取盈利。面对大众体育，体育培训的市场可以扩大至全国，设立竞争标准，在全国不同的地方进行推广，通过扩大规模来获取盈利。但同时扩大的规模以及职业赛事较强的影响力与吸引力，对于体育配套资源，如场馆建设、装备供给、医疗支撑以及教练配备都构成了较大的挑战。面对小众体育，体育培训需要扎根本地市场，深入挖掘本地体育市场特色，做好体育产业链上游、中游、下游之间的协调联系，扩大体育培训消费规模，将培训吸收到的流量进行变现。

（3）运动场地消费

运动场地消费属于参与型体育消费，运动场地作为体育运动的实体承载平台。随着互联网科技的发展，线上体育资源与线下体育资源将进行整合，舒适便捷的体验环境与高效的消费方式促进体育人群在运动场地进行消费，促进运动场地由参与型消费向观赏型消费衍生。2017 年各项体育政策刚施行，2018 年体育场地服务基础设施基本完成，2018 年较 2017 年有突飞猛进的发展，体育场地供给量明显提升，人均面积和场馆总数不断增加，体育人群需求增加，体育场地的服务也将持续增加。体育场地等基础设施已经完成建设，随着互联网技术的投入，新建场地数量增速将会放缓，更多的运动场地将实现数字化升级，体育场馆等数量增速相比之前有下降趋势，但整体上呈现上升趋势，体育场馆服务增长也将呈现放缓趋势。

未来运动场地消费将不局限于场地使用，升级后的数字化运动场地将是未来运动场地消费一个新的突破点。对于传统基础的运动场地依旧要维持好场地运营建设管理，满足大众运动需求，以门票、入场费、场地使用等作为直接经济收入来源。新建智能化、数字化的运动场地或者将传统场地升级成为具有数字化属性的运动场地，可以将体育产业链的上游、中游、下游串联，塑造更多的体育运动场景，搭建全方位的体育运动场地，为体育人群定制个性化的体育运动，满足市场需求。

（4）体育旅游消费

体育旅游是旅游行业和体育行业突破行业壁垒所融合产生的一种新业态，满足了人们更深层次的需求。随着体育旅游深入发展，体育旅游市场规模逐年扩大。打造热门体育赛事、创建有特色的体育旅游目的地等都激发了旅游和体育市场的消费。体育旅游保持持续增长的关键在于重新激发消费人群对于体育旅游产品的再次购买意愿。注重体育人群的需求变化，提高体育旅游产品的供给能力。

体育旅游发展对于体育产业链上游要求较高，体育旅游是一种以体育资源消费为主体的旅游模式，针对体育资源，从赛事举办、体育旅游目的地以及群众参与三个方面打造优质体育IP，与产业链中下游形成互动，联动体育产业链，促进体育旅游发展。丰富的体育旅游产品体系可以极大满足整个体育旅游市场产品供给需求，打造差异化和特色化的体育旅游产品和服务，是吸引体育人群的关键。

（5）体育赛事消费

体育赛事消费是以观赏为主而产生的消费，热门赛事广受关注而具有更高的商业价值，其中电竞比赛的迅速发展，成为促进体育消费不可忽视的一大因素。

我国当前体育赛事消费规模发展受限于无法培育出具有强大影响力和产生规模效应的自主体育赛事。因此，未来的体育赛事消费规模不会出现明显扩大，始终维持在以往增速水平上。同时，由于体育赛事的商业化程度加深，体育赛事运营质量提升，参与体育人群变多，体育赛事消费整体上呈现增幅收窄的趋势。

高竞争力、高影响力、高质量的核心职业体育赛事，是观赏型体育赛事规模扩大的重要基础。进一步提高赛事商业化程度，拓宽营收渠道，通过版权分销来扩充体育人群基础，加强对国外赛事的运营，联动体育产业链下游，通过核心职业体育赛事带动配套消费，是打造高竞争力、高影响力、高质量核心职业体育赛事的关键举措。同时，针对大众体育赛事，群众基础是发展大众体育赛事的关键因素。将大众体育赛事作为体育资源整合载体，主要定位于引导与参与，创造参与型消费模式。整合线上资源，依托大众体育的强参与性，吸引体育人群参与到更多的体育场景中。整合线下资源，构建各项体育组织，深入挖掘体育人群社交属性。

3. 下游分析

随着互联网媒体的崛起，体育赛事的版权价值在网络端得到快速变现。越来越多的观众通过互联网或移动互联网观看体育赛事，互联网赛事付费观看用户规模和付费率正逐年上升。

（1）体育直播用户

近年来，流媒体技术不断更新，以网络媒体为传播渠道的同步直播迅猛发展。体育赛事与网络媒体的有机组合，是当前直播垂直领域的一大亮点。基于网络渠道的传播特性，体育赛事网络直播自诞生起，就表现出信息流通量大、传播效率高、内容专业化、传播交互性强等特征。

（2）体育赛事观看人次

大型体育赛事与举办城市联系密切，不仅能给举办城市带来巨大经济效益，还会引发社会效应，推动城市文化和软实力发展，从而提高城市知名度和竞争力。

三、体育产业结构优化理论基础

体育产业结构优化，即从综合性角度，研究如何促进体育产业合理化、集群化发展。也就是说，我们在对体育产业结构的不断优化调整基础上，将体育产业之间的数量联系以及经济技术联系，从之前的不协调状态，转变为目前的协调状态的过程。也就是说，体育产业结构调整中，主要涉及市场调整以及政府调控两个不同的方面。其中，市场调整属于自然调整范畴，而政府调控则属于人为调整范畴。在目前市场经济状态下，我们主要在市场价值规律的作用下，做好体育产业间市场资源的优化配置；同时，从政府层面，政府则主要通过调整产业政策等宏观调控方式，进而能够从制度层面为体育产业健康发展提供制度支持，有效推动体育产业合理化发展水平。但是，在市场发展环境下，我国体育产业整体发展速率相对较慢。同时，受到政府强势地位以及市场调节自身不足等因素的影响，我国体育产业结构优化中政府始终处于关键地位。所以，在今后的发展中，为了有效推动我国体育产业的优化发展，必须要科学处理好宏观调控与市场调节之间的关系。

（一）体育产业结构优化的系统性

体育产业结构优化的系统性，具体内容具体涉及产业不同经济成分、不同部门间的协调及彼此关联程度的提升，主要是指受到体育产业内在联系的前提下，由此出现的一种乃至多种体育产业水平的聚合效果。结构功能论指出，推动体育产业结构合理化发展，重点在于分析体育产业结构功能的问题，在优化体育产业内不同要素之间的关联性的基础上，全面提升体育行业质量发展水平，以此来提升体育产业结构系统资源转化水平，全面提升体育产业综合产出水平。按照结构协调论的观点，体育产业具有很强的综合性特点。所以，我们做好体育产业结构合理化工作，主要内容就是要推动体育行业之间的彼此协调，也就是正确处理好体育产业内部中第二产业、第三产业之间的机构联系。根据动态均衡性的要求，加快推动体育产业合理化，其内容主要包括推动产业综合素质水平的增加，加快产业结构的动态平衡发展水平。做好体育产业及其他产业发展，使其能够维持一种动态均衡的状态。根据资源配置理论，产业结构，即一种资源转换器。这里，在推动体育产业结构发展时，也就是正确处理好体育要素在不同产业以及产业内部之间的资源配置及利用。根据本文研究实际，按照体育产业结构合理化分析，我们主要按照结构协调论的观点予以分析。也就是说，对于体育产业结构合理化，具体表现为与体育相关的不同要素间，在投入与产出间的一种联系。同时，能够分别从行业结构、所有制结构、区域结构、层次结构、市场结构以及产品结构等角度，对于其中普遍存在的各种不协调因素进行优化调整。

（二）体育产业结构优化的集中性

体育产业结构优化的集中性，具体表现为产业结构水平从较低水平发展到较高水平的一种过程。为了提升体育产业结构健康发展，从根本上促使体育产业结构实现根本性改变，我们必须要在经济技术联系、资源优化配置等方面下功夫。在这一基础上，对于体育产业结构的高度化，主要是指以体育产业内部协调为前提，重点在提升体育生产要素利用率水平以及技术经济构成方面的下功夫，有助于推动我国体育产业从低水平朝着较高水平的方向发展。从核心角度，我们做好产业结构高度化工作，重点在于积极加快推动高级生产要素的创新与应用，优化产业结构转换综合水平。其具体表现在于现有生产效率的提升，也就是说，在创新新技术方式的背景下，重点提升要素综合使用效率。体育产业结构高度化，具体是受到体育行业不同部门在生产效率提升的不同，也涉及产品需求收入弹性之间的差异，而出现的增速差异化的问题，这些也是为做好体育产业结构优化调整提供动力支持。具体来讲，我们可以分别从以下几个方面做好相关工作。第一，体育产品技术水平、附加值水平方面不断提升。在体育产品生产中，运用高科技等方式，提升技术含量水平。第二，体育产业集约化程度强。体育产业组织的引导下，有助于推动体育产业朝着规模化方向进步。第三，体育产业结构的"软化"。也就是在高加工制度化的背景下，高技术人才在推动体育产业发展中的作用日益明显。第四，体育产业结构高信息化。也就是说在体育产业发展中，融入信息技术改造因素，重点做好内部信息采集与传输工作等内容。

第四章 我国体育用品对外贸易发展特征

第一节 体育用品进出口贸易总量规模持续扩大

一、体育用品业产业地位与特性

(一)体育用品业的界定

体育用品业的行业界定,国内尚无统一的标准。如果泛指,则包括制造业和销售业,前者属于第二产业,后者属于第三产业。如果专指,则就是体育用品制造业。根据我国国民经济行业分类标准,体育用品制造业属于制造业门类。但由于体育用品的品种多、范围广,除了以体育用品制造大类为主以外,还涉及纺织制成品制造、纺织服装制造、制帽、皮革制品制造、秒表制造、橡胶零件制造、软饮料制造和其他食品制造等多个大类。而体育用品制造业本身又包括体育器材制造、体育球类产品制造以及其他大类别产品制造等业态。产业门类的纵横交错使体育用品制造业很难确定统一的统计口径,既无法根据统计数据全面反映体育用品业的整体状况,又难以与国际体育用品制造业接轨比较。

因此,要从统计意义上反映体育用品制造业的现状和发展趋势,必须给体育用品制造业明确的行业界定。参照国外体育用品业发达国家的统计分类标准,结合我国国民经济行业分类的实际情况,体育用品制造业应界定为从事直接生产经营体育竞赛、体育健身、体育娱乐等一切与体育活动相关的最终体育用品以及与之紧密相连的配套产品的单位的集合。

(二)体育用品行业的分类

体育用品的分类应该具有以下标准:立足于产品市场,做到有理可依,有利于产品市场的发展;与当前经济发展情况相适应,突出现有体育产品的重点发展情况,如带有娱乐性质的居民健身器材、公园娱乐设施等已经成为近些年体育用品市场上最有增长能力的突出代表。考虑以上分类标准,将体育用品分为以下三类,具体如表4-1所示。

表 4-1　体育用品行业的分类

专业比赛设备	体育设施及其场馆	娱乐性质的健身设备及游乐设施
基本装备：运动鞋袜、运动衣运动装备、运动奖品运动护具、运动帽类运动保健用品等； 基本设施：各种球类比赛用球及其器材等、游泳冰雪类运动器械及其器材等、武术、田径、体操类比赛器材及其用品、棋类比赛器材及用品、鱼类比赛器材及用品等	体育设施：综合体育比赛的公共设施，包括改善当地为了改善当地环境的城市基础设施。如奥运会举办城市的交通、绿化、交通等投入； 体育场馆：各种赛事的综合体育场馆，包括各省市级别的场馆、企业机关事业单位、学校的体育场馆等	小区住宅的健身器材：跑步机、脚踏车、单杠、双杠、秋千等； 公园、民俗村、世界之窗等场所的设施：如摩天轮、过山车、汽船、碰碰车、飞机等设施

1. 专业比赛设备

主要包括基本装备和基本设施两个方面，一直以来是体育用品市场上的重要组成部分，其设计、生产、销售策略等与普通用品市场上类似产品无显著差异。其中，基本装备主要指与运动员相关的运动鞋和运动衣等服饰。市场上，这种实物品牌广泛存在，同时可根据现有的主要竞技体育类别，划分详细的运动鞋和运动衣市场，如足球运动中主要的运动鞋品牌包括 Adidas、Nike、Puma 等。

基本设施是指从事该类体育运动所必备最低的设施要求，主要包括体育运动中的基本设备和用具等。如足球比赛中的用球、田径比赛中的双杠，当然也包括游泳比赛中的泳池等，但不包括比赛场馆。因为泳池的修建主要功能比较单一，主要是为了比赛的需要。而场馆应属于综合体育设施，其价值在于综合使用，可用于多种体育比赛，甚至大型文体活动、招聘活动等都可在场馆内进行。

2. 体育设施及其场馆

综合体育设施，主要是指国家、各个省份、城市等地方经济建设过程中，为了提高全民身体素质而修建的大型场馆、设施等。如国家的大型体育场馆、省会城市的比赛场馆、企事业单位、学校机关的体育馆、运动场等。这些场馆具有投资大、工期长、经久耐用、适合综合比赛等特点。

3. 娱乐性质的健身设备及游乐设施

包括公园的娱乐设施等构成了第三类别。据有关文献统计，目前大多数居民住宅小区，城市公共娱乐公园、民俗村都存在大量的健身设备。同时也存在各种如"过山车""碰碰车""摩天轮""汽船"等需要大量投资的体育用品。这类用品与基本体育装备和基本设施相比，已经成为目前体育用品的重点竞争市场，其需求数量和增长速度已经超过其他体育用品，成为体育产业中目前集中竞争的新兴领域（见表4-1）。

（三）体育用品业的产业地位

体育用品业是体育产业中规模最大、市场化程度最高、发展最好的产业，其供需市场也最为成熟。发达国家体育产业的发展历程表明，体育用品市场除先于其他体育市场启动和发展外，还能带动其他体育市场启动和发展，并形成良性互动。业界普遍认为，我国体育用品业在今后相当长的时期内都将保持高速增长。理由是我国发展体育用品制造业具有成本优势，生产技术水平不断提高城市化进程的加速和国家体育基础设施的快速发展奥运争光和全民健身两个计划的实施国际、国内体育用品市场发展的巨大潜力。

我国的体育用品业经历了从计划经济到市场经济，从自产自销到成为世界加工厂的发展历程。随着我国沿海发展战略的实施，接受了发达国家和地区因劳动力、能源和环保等问题对体育用品生产的国际转移，大量三资企业的参与为我国体育用品业在材料、设备、技术、营销等方面提升了档次，大大加快了国产体育用品的升级换代，使我国的体育用品业在总量和品质上均获得了长足的发展，既较好地满足了国内市场需求，又参与了国际市场竞争。

（四）体育用品业的产业特性

体育用品业不仅具有文化资源的性状，而且具有产业资源的特性。现代体育所具有的精神影响和文化辐射功能，给体育用品制造业提供了得天独厚的发展机遇。国民生活质量的日益提高和人们对健康体魄的不断追求，为体育用品市场发展提供了广阔的空间。从这层意义上看，体育用品制造业是一个长期被看好的、名副其实的朝阳产业。主要的产业特性有：

1. 以品牌为主要附加值

在"品牌驾驭产品"的时代，体育用品已经高度同质化，人们在选择和使用体育用品时，越来越注重心理需求和精神感受，品牌已经逐渐成为与相同行业、相同产品区分的首要标准，并上升为体育用品企业的核心竞争力。随着传播网络的全球化，传播工具的现代化，每一项重大的体育比赛都会备受互联网、电视、广播、报刊等媒体的关注，任何一个地方的高端体育竞赛都会通过不同的媒介迅速传遍世界各地。品牌体育用品也借此被世人所了解和关注。因此，与其他行业相比，体育用品以品牌为主要附加值的产业特性明显高于一般消费品，品牌效应更为突出，与其他行业关联度较高。体育用品制造业涉及多个行业领域，体育用品涉及化工、航空、电子、机械等行业，与游戏、玩具、旅游、休闲、教育、娱乐等行业密切关联。

2. 直接受重大体育赛事推动

重大体育赛事直接推动体育用品业发展主要表现在以下两个方面。

首先，每一次重大赛事都会激发人们巨大的体育热情，居民的体育消费观念也会随着重大赛事的举办而增强，从而刺激体育用品市场的消费需求。

其次，每一次重大赛事都会催生一批品牌体育用品，这些体育用品都会借助于现代媒体被世人所迅速认识并接受。

3. 折射地区经济文化发展水平

随着社会、经济和文化的不断发展，市场需求结构的变化，必然要求对产业结构进行调整。体育用品消费是体育物质产品消费，虽不是人们必需的生存消费，但却是人们追求生活质量的健康消费。西方发达国家的体育用品业十分发达，这与其人们追求健康的生活方式和生活质量有重要关系。尚未解决温饱问题的国家或地区，体育用品市场的需求不可能旺盛，从而影响体育用品业的发展速度和水平，这表明体育用品业的发展状况可以折射地区经济文化的发展水平。

二、我国体育用品对外贸易发展历史阶段

纵览我国体育用品对外贸易发展历史，由于其所处的国家社会经济大环境呈现出明显的阶段性特征，由此我国体育用品对外贸易发展也可以划分为不同的阶段与时期。迄今为止，体育用品对外贸易在我国大致经历了以下三个发展阶段。

（一）通过外资、台资、港资带动并以"三来一补"为主的起步阶段

1978年，我国开始改革开放，其中实施外向型经济发展战略成为改革开放的重要内容。为有效发挥我国所具有的劳动力、土地等初级生产要素成本比较优势，我国积极发展加工贸易，例如，在1978年国务院颁布了《开展对外加工装配业务试行办法》，其后相关的政策文本陆续出台。在这样的政策环境激励下，我国开始吸引外商来华投资建立加工厂从事体育用品加工贸易，由此拉开了我国体育用品对外贸易的序幕。其后在1985年、1986年，美国的Converse以及英国的Reebok也开始在泉州建立外资加工工厂，贴牌生产Con-Verse以及Reebok品牌运动鞋。至1998年，Adidas、PUMA等其他世界知名运动品牌也纷纷在华建立独资或合资加工厂贴牌生产运动鞋帽等产品。

另外，在20世纪80年代第三次全球国际产业转移浪潮中，东亚四小龙将体育用品制造等劳动密集型产业逐步转移至中国大陆地区。东部沿海地区的广东、福建以及浙江等省凭借优越的地理区位优势、产业承接政策优势以及民营中小企业灵活多变的经营机制优势等率先承接了这轮体育用品制造产业国际转移，积极发展体育用品加工贸易。需要指出的是外资、台资、港资企业中的中小企业以及国内民营企业由于受到企业生产、加工、组装以及资本、经营能力等软硬条件的限制，其加工贸易的形式主要是来料加工、来样制作、来件装配和补偿贸易（简称"三来一补"），特别是来料加工，即采购商提供全部原材料、辅料、零部件、元器件、配套件和包装物料，必要时还提供加工所需的设备，承接企业按采购商的质量标准、规格形式、交货期限等要求进行加工装配，成品交采购商销售，承接企业依据合同收取工缴费作为企业所得，采购商所提供的加工设备，承接企业一般用工缴费偿还。

（二）加入世贸组织体育用品加工贸易快速发展阶段

在2001年我国加入了世界贸易组织（World Trade Organization，WTO），标志着我国对外开放以及外向型经济发展战略向全面、纵深发展，其发展的驱动力也由政策激励转向了制度激励，包括体育用品在内的我国对外贸易更加注重向国际规则靠近，市场开放程度也日益扩大。由此，我国体育用品加工贸易也开始呈现出快速发展的局面。

据联合国《贸易与发展报告2002》数据，在我国21个大类出口产品中，体育用品类产品无论占我国出口总额的比例和世界贸易中的同类产品所占比例均占第一位，在这一阶

段我国发展壮大成为全球规模最大的体育用品制造大国，其产值规模占据了世界体育用品制造产业 65％以上的份额。

需要指出的是，在这一阶段我国体育用品加工贸易发展尤为迅猛，例如，在 2003 年我国体育用品加工贸易出口额占当年出口总额的 56.80％，其中一些大类体育用品加工贸易比例超过 70％（见表 4-2）。体育用品加工贸易作为我国体育用品对外贸易的主要类型，对于我国体育用品制造产业发展、促进地方经济发展、吸纳社会就业等做出了极为重要的贡献。

此外，在这一阶段伴随着企业加工能力的提升以及资本积累达到一定程度，我国体育用品加工贸易由来料加工开始快速地向进料加工转变。体育用品进料加工贸易是指承接企业向采购商指定的国家、企业或自主购买原材料、辅料、零部件、元器件、配套件和包装物料，必要时还包括加工所需的设备，承接企业按采购商的质量标准、规格形式、交货期限等要求利用企业自身生产条件（自行加工）或交由企业内部独立核算下属单位或企业外单位进行加工装配（委托加工），外销出口成品获得利润，委托加工企业则获得加工费。从企业所得的角度来看，进料加工的企业所得大于来料加工的企业所得。

根据《中国海关统计年鉴》有关数据，在 2007 年进料加工贸易额占当年整个体育用品对外贸易总额的 55.53％。我国体育用品加工贸易由来料加工为主转向进料加工为主，标志着我国体育用品加工贸易在快速发展的同时也呈现出多样化发展的格局。

表 4-2　2003 年我国体育用品出口贸易方式 / 亿美元

贸易方式	总出口金额 / 亿美元	占比 /%	体育用品出口金额	占比 /%
总值	4387.7	100.00	78.18	100.00
一般贸易	1820.3	41.52	29.85	38.18
加工贸易	2418.5	55.17	44.41	56.80
其他贸易	144.9	3.31	4.92	6.29

（三）体育用品加工贸易面临危机逐步转型升级阶段

2008 年，国际金融危机爆发使得我国体育用品加工贸易快速发展的态势戛然而止，由此在积极应对国际金融危机所造成的负面影响之际，我国体育用品加工贸易开始审视自身在过去快速发展中所存在的但并未解决的一系列问题。

伴随着我国劳动力数量进入由过剩转至稀缺的"刘易斯拐点"，劳动力的社保、公积金等社会保障性支出列入《劳动法》并进行强制执行以及因通货膨胀率所引发的物价上涨，导致体育用品加工贸易企业用人成本大幅提升。2008 年国际金融危机后东部沿海地区土地出让的政策性扶持逐渐回归到市场机制运作，导致工业用地成本也在逐年上升。此外，我国以进料加工为主的体育用品加工贸易资源投入的消耗水平远高于美、德、日等体育用品制造强国，因而对国际市场上的棉花、橡胶、石油、化纤等原材料依赖较大，国际金融危机之后这些原材料在国内与国际市场均进入价格上涨的快速通道，资源瓶颈问题逐渐凸显。

体育用品加工贸易配套能力得到一定提升。在对外贸易理论中，国内配套率是一个反映加工贸易配套能力的关键指标。自2009年以来，得益于我国体育用品制造企业生产技术及研发能力的提升，国家对于提升加工贸易配套能力颁布实施了诸多的产业政策，导致大量的体育用品生产加工所需的中间产品的外资、台资、港资、内资企业涌现，我国体育用品加工贸易特别是进料加工贸易的国内配套能力逐年提升。

体育用品加工贸易增加值有所提升。自2014年以来，我国体育用品加工贸易增加值处于稳步上升区间，特别是进料加工贸易的增值率的增加幅度更为明显。

体育用品加工贸易的国际产业转移成为趋势。目前，我国体育用品制造产业内的安踏、匹克等核心企业开始向越南等东盟国家进行国际产业转移，即在当地建设生产工厂从而充分利用当地的劳动力成本比较优势，并在这些市场潜在需求量大的当地市场销售产品，实现产销一体化。

体育用品一般贸易积极尝试探索。李宁自2001年就开始向海外市场进行一般贸易，在2010—2017年李宁旗下的LI-NING、红双喜的海外销售额占企业总销售额比率为1.4%、1.9%、1.7%、1.7%、1.6%、1.6%、1.7%、1.8%，产品种类较为齐全、销售市场分布较为广阔（见表4-3）。安踏自2002年就开始国际化经营，以自主品牌形式进行一般贸易（见表4-4）。在2011年安踏海外市场销售额为1.04亿元，占企业总营业额的1.2%。2018年安踏开始计划系统、全面拓展海外市场，预计至2025年，海外销售额将提升至企业总营业额的20%（见表4-3）。

表4-3　李宁产品一般贸易的海外市场及主销品类分布一览表

大洲	国家	主销品类
亚洲	新加坡、韩国、日本、印度	羽毛球、乒乓球
北美洲	美国、加拿大	篮球
南美洲	巴西	足球、体育服饰
欧洲	西班牙、法国、比利时、意大利、希腊、保加利亚、捷克	体育服饰、篮球、跑步
大洋洲	澳大利亚、新西兰	体育服饰、跑步

表4-4　安踏产品一般贸易的海外市场及主销品类分布一览表

大洲	国家	主销
亚洲	新加坡、越南、泰国、印度尼西亚、马来西亚	篮球、跑步
北美洲	美国、加拿大	篮球
南美洲	巴西、阿根廷	跑步、体育服饰
欧洲	匈牙利、俄罗斯	篮球、跑步

三、体育用品对外贸易大国与对外贸易强国的理论

近年来由于我国过分依赖出口导向型对外贸易模式，已陷入"比较优势陷阱"（Comparative Advantage Ttrap）（见图4-1），事实上已形成一种"倒逼机制"，驱使我国由对外

贸易大国向对外贸易强国转变演进。

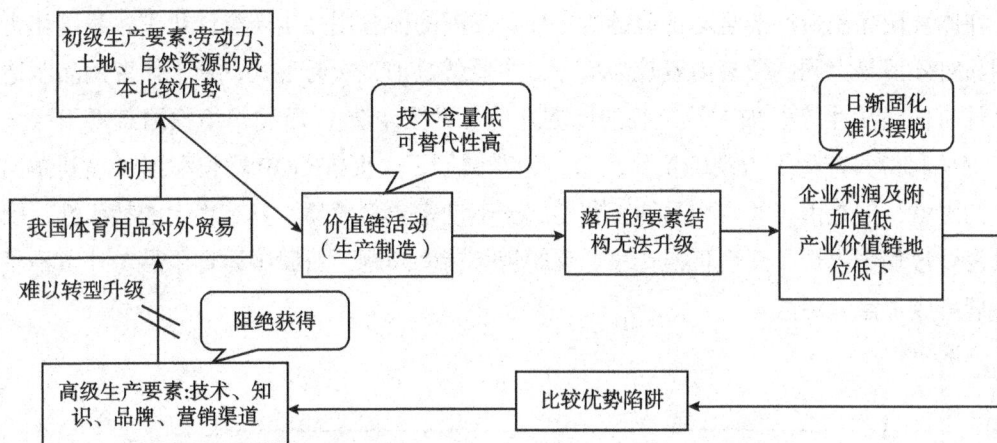

图 4-1　我国体育用品对外贸易比较优势陷阱

（一）体育用品对外贸易大国的概念及特征

1. 体育用品对外贸易大国的概念

体育用品对外贸易大国是对外贸易大国概念在体育用品领域的扩展。对外贸易大国是指在国际贸易中具有较大进出口贸易总额以及市场份额，处于世界前列并具有一定影响力的国家。由此，可以认为体育用品对外贸易大国是指在体育用品国际贸易中具有较大进出口贸易总额以及市场份额，处于世界前列并具有一定竞争力和影响力的国家。早在 20 世纪 90 年代末，我国就已成为体育用品对外贸易大国。世界体育用品联合会曾于 1998 年委托专业咨询顾问公司对世界体育用品产业发展状况进行调查，其结果表明我国作为承接世界体育用品生产订单的基地，已经发展成为名副其实的世界体育用品制造大国。依据联合国贸发会议所颁布的《贸易与发展报告 2002》有关数据，在 21 世纪初我国出口的体育用品类产品总额比例已经占世界体育用品贸易总额的首位。

2. 体育用品对外贸易大国的特征

（1）贸易主体特征

自 20 世纪 80 年代以来，体育用品产业全球分工的深化与拓展路径围绕产业内分工、产品内分工即要素分工开始构建并围绕体育用品制造产业全球价值链进行国际产业转移，发达经济体通过各种战略积极维持或提升自身在体育用品制造产业全球价值链中的地位，Nike、Adidas 等跨国公司因其自身所拥有的领先同业的研发实力、资本实力以及品牌运营能力等成为建构、主导和治理体育用品制造产业全球价值链的"系统集成者"或称"链主"，我国作为体育用品对外贸易大国则是体育用品制造产业全球价值链中的主要生产者，被 Nike、Adidas 等"系统集成者"或"链主"所支配和治理，实际处于从属和被动的地位。

（2）贸易内容特征

在体育用品制造产业全球价值链所主导、支配的体育用品生产全球化中，我国作为体育用品对外贸易大国的贸易内容较为单一，主要就是加工贸易形式，处于体育用品制造产业全球价值链中生产、加工及组装的低端环节（见图4-2）。历经多年我国获得了巨大的加工贸易利得并产生了可观的贸易剩余，为我国创汇、促进 GDP 增长和国民福利做出了巨大的贡献，但是由于体育用品加工贸易属于劳动密集型贸易，具有很大的替代性，因而在其发展过程中出现了恶性价格竞争、反倾销等诸多问题，对我国体育用品对外贸易可持续发展形成了巨大挑战。

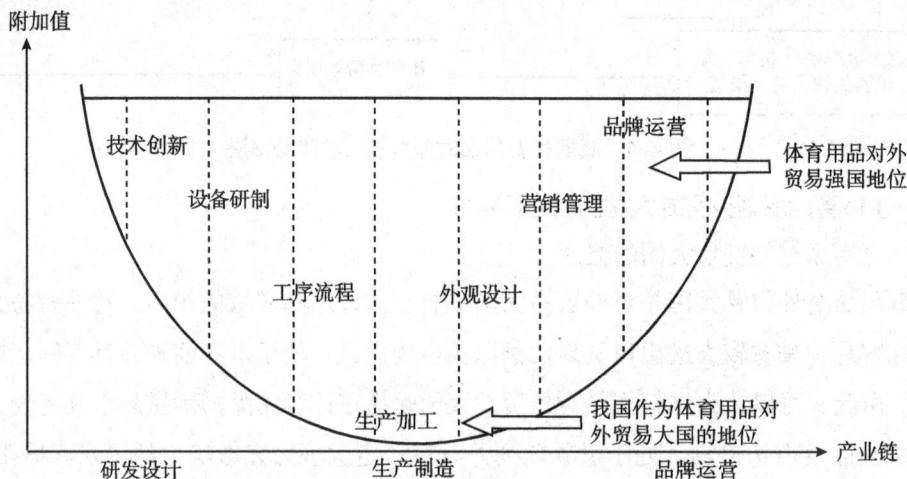

图 4-2 体育用品制造产业全球价值链

（3）贸易利的特征

全球价值链也被看成是"市场实力链"或"利得分配链"，长期处于组装制造低端环节的我国体育用品代工企业因环节附加价值率低，导致企业利润率低薄，资本积累速度缓慢，进而难以对企业的设计、研发、品牌与营销等核心能力构建提供必需的资金支持，并因加工贸易驱动的经济发展模式、跨国公司俘获性价值链治理以及全球范围内代工企业不断涌现，其结局必然是企业乃至整个产业的"低端锁定"（见图4-3）。

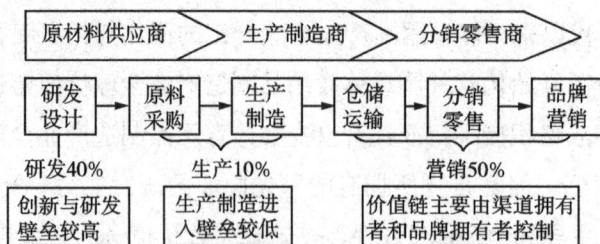

图 4-3 体育用品制造产业全球价值链附加值构成

（二）体育用品对外贸易强国的概念及特征

1. 体育用品对外贸易强国的概念

基于不同的理论视角以及对现实状况的理解范式不同，中外学界对于对外贸易强国并没有达成统一的认识和明确的界定概念（见表 4-5）。对于这些对外贸易强国的概念进行审视发现，对外贸易强国这一概念不仅涉及对外贸易数量及规模方面内容，还涉及一系列的贸易质量内容，是贸易数量和贸易质量的有机统一。

表 4-5 中外学术界对外贸易强国概念

序号	理论视角	概念表述	学者
1	竞争优势理论	对外贸易强国是指拥有较多比较优势产品和规模并且具有巨大国家竞争优势的国家	Porter
2	战略性贸易政策理论	对外贸易强国是指能够主导国际贸易政策的制定和在国际政策制定或协调机构中拥有充分而有效地代理或投票权，能够实现国内政策与国际贸易政策的一致的国家	Sopihe
3	生产要素禀赋理论、增加值贸易理论	对外贸易强国是指出口商品和服务中高级生产要素含量高，以价值型贸易为主体，能在国际贸易中获得主要利益的国家或经济实体高效的贸易能力的国家	陈飞翔、吴琅
4	竞争力理论	对外贸易强国是指拥有充裕的贸易资产，并且能将潜在的贸易资产转变为现实的、高效的贸易能力的国家	周惠
5	大国经济理论	对外贸易强国指那些在国际贸易中无论是贸易规模还是贸易质量，对世界经济增长的贡献名列前茅，已经或者将对世界经济发展产生重大影响的国家	袁阳丽
6	全球价值链理论	对外贸易强国是那些在国际分工上处于价值链高端，拥有众多自主品牌且综合实力强大的跨国公司，其服务业国际竞争力强，拥有良好的贸易条件并可从国际贸易中获得足够贸易利益的国家	莫兰琼
7	竞争力理论、大国经济理论	对外贸易强国是那些拥有名列世界前列的贸易规模、较强的国际竞争力、高效益的贸易质量的国家，而且这些国家拥有国际市场上重要产品定价权和经贸规则话语权及主导权的国家	李钢

2. 体育用品对外贸易强国的特征

对外贸易强国的特征中外学界有不同的理解和认识（见表 4-6）。针对我国体育用品对外贸易的实际情况，综合诸多学者观点，并对多位体育用品、国际贸易领域的专家进行咨询。

表 4-6 外贸易强国的特征中外学界有不同的理解

序号	概念表述	学者
1	贸易发展水平很高，具有可持续发展能力，同时也拥有巨大的国际市场影响力	Feenstra
2	能够主导国际贸易政策的制定和在国际政策制定或协调机构中拥有充分而有效的代理或投票权，能够实现国内政策与国际贸易政策的一致	Sopie
3	贸易规模很大，具有拉动本国经济和世界经济增长的机制，在研发、品牌等方面占有优势，掌握利益分配的决定权	赵晋平
4	产品附加值高、产品品牌认知度高、企业应对市场风险能力较强、处于产业价值链高端	陈泽星
5	进出口规模大，在全球贸易中的影响力强；拥有一批掌握关键技术、知识产权、销售渠道和著名品牌的出口商品；出口企业拥有较强的国际竞争力，掌握国际定价权；拥有一批能够整合全球资源、主导全球价值链的全球公司；能够参与国际经贸规则制定，甚至主导国际经贸规则变迁	桑百川

序号	概念表述	学者
6	拥有强大制造业基础、完善的市场经济体制、良好的国际品牌形象、贸易平衡化、国际话语权高	袁阳丽

（1）依托体育用品制造产业全球价值链发展并实施治理

在宏观层面上，体育用品对外贸易强国依托体育用品制造产业全球价值链形成在体育用品对外贸易体制、合作机制、国际经贸规则与标准中的主导话语权，从而调节并形成不同国家及地区的有效竞争与合作。体育用品制造产业全球价值链分工依据所处环节不同，存在主导和支配地位，即处于高端环节的体育对外贸易强国作为治理者通过贸易规则制定与实施对作为其订单代工者的发展经济体与新兴经济体进行治理并支配价值分配，由此产生了主导和支配地位的体育用品国际贸易收益分配关系。

在宏观层面，体育用品制造产业全球价值链在本质上是一种体育用品制造产业产品内水平分工生产网络体系。在这一水平分工生产网络体系中，体育用品对外贸易强国主要从事附加值率高、差异性大、不可替代性强的产品研发、产品设计、品牌营销、渠道拓展等生产环节分工。由于资产专用性逐步转化为资产通用性、劳动横向差异越来越小，体育用品制造产业全球价值链中的生产、加工和组装等环节具有"进入壁垒低"的特征，而品牌、营销等高端环节却因劳动横向差异越来越大、专业化知识重要性日益加强以及高端生产要素的需求不断加大，导致具有"进入壁垒高"的特征，也就是说在体育用品制造产业全球价值链低端涌入了大量的发展经济体，而在其高端则仅有少数的发达经济体即体育用品对外贸易强国。

在微观层面上，体育用品对外贸易强国的特征是拥有生产技术、管理经验、产业标准、品牌、国际营销网络以及市场竞争制度等异质性及专业化高的高级生产要素并以此为基础参与体育用品国际分工合作。体育用品国际分工合作中的利益分配以生产要素的稀缺性来决定，高级生产要素的相对稀缺性决定了其拥有国家在体育用品国际分工合作中获得较高的收益，低级生产要素的相对充裕决定了其拥有国家在体育用品国际分工合作获得较低的收益。体育用品对外贸强国的特征之一是贸易利得较高，那么从微观层面上必然是要求体育用品对外贸强国以高级生产要素参与体育用品国际分工合作。

（2）创新能力强

创新对于体育用品对外贸易强国而言是形成核心竞争力和市场竞争优势的根本性动力。专利是创新的载体和具体表现，当今美国、德国等体育用品对外贸易强国的相关专利特别是无法取代或购入的关键技术的核心专利数量和质量在国际上遥遥领先。

（3）主导国际经贸规则与标准

美国、德国等体育用品对外贸易强国往往利用自身在这些国际组织中的话语权，主导国际经贸规则与标准制定，为自身的体育用品对外贸易谋求利益，特别是当体育用品对外贸易市场竞争日益激烈，关税等常规贸易壁垒日益受到抵制及效用下降之际，国际经贸规则与标准往往能充当隐形的贸易壁垒发挥巨大的效能。国际市场竞争已经进入标准竞争的时代，通过制定和实施标准提高产品竞争力、遏制竞争对手、规范产品外包体系已经成为体育用品对外贸易强国重要的市场竞争手段和价值链治理方式。

（4）拥有国际知名品牌

作为体育用品对外贸易强国的美国、德国等拥有 Nike、Adidas 等一批世界顶级品牌，这些品牌在体育用品国际市场竞争中属于高度稀缺资源和核心竞争力，能将中国等发展中国家的体育用品制造企业及产业嵌入体育用品。

（5）拥有良好的原产国形象

作为体育用品对外贸易强国的美国、德国因其拥有众多国际知名品牌因而在国际市场上具有良好的原产国形象。与之形成对比的是，既往承接欧美体育用品国际产业转移并大量出口体育用品至国际市场的韩国，以及目前的中国由于产品缺乏科技含量、设计美感、品牌营销战略以及产品质量不佳，同时又主要是实施价格竞争，加之不注重知识产权保护，因而在国际市场上原产国形象较差。

（6）拥有行业领先企业

就价值链而言，不论 Nike、Adidas 等行业领先企业是在本地还是产业转移至目的地，其发展往往能够带动本地或产业转移目的地的中小企业进行生产配套与协作，进而能够发掘本地以及产业转移目的地的产业基础优势，形成产业价值链，创造出更多的附加值。

（三）体育用品对外贸易大国与对外贸易强国的区分

随着体育用品制造产业全球价值链所承载的体育用品产业内分工以及产品内分工的规模不断扩大，通过提升对外贸易中的"质"进而提升自身在体育用品国际贸易中的整体地位，成为参与体育用品国际贸易的一国（地区）新的发展目标追求。

四、中国体育用品国际贸易总体特征分析

近年来，随着改革开放和入世的发展，我国综合实力显著增强，经济发展水平迅速提高，而对外贸易在这一过程中发挥着至关重要的作用。根据中国海关总署公布的统计数据显示，2021 年中国国际货物进出口贸易总额为 6050295 百万美元，比 2009 年中国国际货物进出口贸易总额翻了 1.24 番。中国是体育用品贸易大国，中国体育用品进出口贸易额也随着中国经济总体形势的调整而不断变化。表 4-7 和图 4-4 分别展示了 2008—2021 年中国体育用品进出口贸易情况及体育用品进出口贸易额占中国国际货物进出口总额比重情况。

表 4-7　2008—2021 年中国体育用品进出口贸易情况 / 亿美元

年份	进出口总额	出口额	进口额	贸易顺差
2008	343.81	332.56	11.25	321.31
2009	271.79	261.88	9.91	251.97
2010	281.52	271.43	10.09	261.34

年份	进出口总额	出口额	进口额	贸易顺差
2011	333.78	318.41	15.37	303.04
2012	332.15	316.46	15.69	300.77
2013	327.01	311.51	15.50	296.01
2014	346.21	326.11	20.10	306.01
2015	358.43	341.92	16.51	325.41
2016	338.84	321.99	16.85	305.14
2017	374.78	357.66	17.12	340.54
2018	384.71	366.78	17.93	348.85
2019	381.65	358.90	22.75	336.15
2020	431.74	408.61	23.13	385.48
2021	603.34	573.10	30.24	542.86

通过表4-7可以发现，近年来，中国体育用品对外贸易市场发展态势良好，特别是在出口方面，体育用品出口对于体育用品整体对外贸易的提升带来了积极的促进作用。总体来看，中国体育用品国际贸易出口额、进口额以及进出口总额都呈现出快速增长的趋势，2021年中国体育用品国际贸易出口额、进口额以及进出口总额都达到峰值，较2009年分别增长了119%、205%、122%，这也从侧面反映了中国作为世界体育用品贸易大国的地位。除了体育用品进出口贸易额的变化外，研究还发现，2008—2021年的14年间，中国体育用品贸易一直呈现出口额大于进口额的顺差态势，并且呈现出顺差扩大的趋势。2021年中国体育用品贸易顺差为542.86亿美元，较2009年增长了115%，同时2021年也是体育用品贸易顺差增长最快的一年，较上一年增速超过16%。

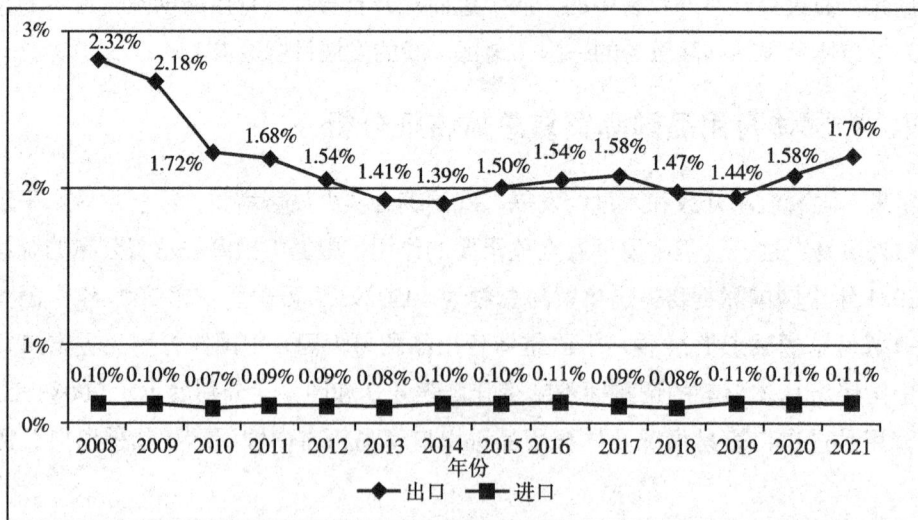

图4-4 中国体育用品进出口额占中国国际货物进出口总额比重情况

通过图4-4可以发现，我国体育用品贸易在出口方面具有巨大的发展潜力，其在我国国际货物出口总额的比重在2014年达到最低点（1.39%）之后便不断攀升，虽然2021年中国体育用品出口规模达到最大，但是在中国国际货物出口总额中所占的比重却还有上升的空间。总体来说，2014—2021年中国体育用品出口在国际货物贸易出口总额中占比有所增加，并且表现出持续上升的发展趋势。反观中国体育用品进口额占中国国际货物进口总额的比重，可以看到该比重数值变化微弱，且一直维持在较低的水平。这也可以说明目前中国体育用品进出口规模不对等，贸易顺差过大，处于一种非平衡的贸易格局。

第二节　体育用品进出口贸易的发展特征

一、工贸易是我国体育用品对外贸易的主要形式

体育用品加工贸易虽然具有自身特点，但在事实上与体育用品一般贸易差异极少。就国际分工发展新趋势来看，体育用品一般贸易和体育用品加工贸易的界限已模糊。在经济全球化的背景下，体育用品制造产业全球价值链成为体育用品制造产业全球治理及分工的主导形式，体育用品对外贸易的本质已经演化为全球各个国家／地区依托自身资源禀赋参与体育用品全球化生产过程及环节的外在表现。

体育用品一般贸易的形成需要一个国家／地区直接或间接的大量进口原材料、生产设施设备以及生产技术等中间产品，因此在本质上也是属于加工贸易，换言之体育用品一般贸易在广义上也是一种加工贸易，两者之间的本质区分在于海关统计意义上的区别，但是从体育用品制造产业全球价值链分工的视角看，体育用品一般贸易和体育用品加工贸易在经济上的界限不存在明显的区分。进一步分析，可以发现在体育用品制造产业已由产业间分工（Inter-industry Specialization）转变为产品内分工（Intra-product Specialization）的国际分工背景下，Nike、Adidas等跨国公司在全球范围内进行生产布局、充分利用各个国家／地区的资源禀赋和要素优势，构建起全球生产网络，将生产、制造、组装等环节外包给中国等发展中国家／地区，自身则从事产品设计、营销、品牌等高附加值环节，或者通过对外投资由自身的子公司来进行生产，从而使体育用品一般贸易过程中形成了比例越来越高的中间产品贸易，从对外贸易角度来看，这种由产品内的垂直专业化分工引致的中间产品贸易在本质上属于加工贸易。

换言之，在经济全球化以及全球价值链分工深入发展的现实情境下，传统的对外贸易规则已经不能适应当今国际分工体系的巨大变化，新的对外贸易及投资规则正逐渐形成并发挥作用，从而适应体育用品制造产业全球价值链分工的新形势，体育用品一般贸易与体育用品加工贸易的区分日益模糊正是适应这一新形势的必然结果。

二、由加工贸易向一般贸易转化加快

体育用品加工贸易与体育用品一般贸易有着紧密联系。体育用品加工贸易作为融入体

育用品制造产业全球价值链分工的主要形式，对于中国等发展中国家／地区而言，不仅能够在承接完成 Nike、Adidas 等跨国公司外包订单过程中通过模仿获得技术外溢效应（Technology Spillover），还能够通过 Nike、Adidas 等跨国公司为提升生产效率而给予的生产指导及帮助而获取主动的技术外溢效应，从而促进产业技术进步。从已有的国际经验来看，20 世纪 60—70 年代中国台湾地区、韩国等通过承接欧美日发达国家生产、制造、组装等体育用品制造产业全球价值链低端环节外包订单发展体育用品加工贸易，实施一种逆向工业化的发展路径，逐渐由体育用品制造产业全球价值链低端环节向中高端环节攀升，从而实现了产业整体转型升级。而在国内较早承接体育用品国际产业转移的海西地区、珠三角以及长三角地区，一批体育用品加工贸易企业通过引进、模仿、消化、吸收国外先进生产技术，进而进行二次创新乃至自主创新从而逐渐发展形成了企业自身的研发实力甚至培育了一批自主品牌，由体育用品加工贸易企业转型成为体育用品一般贸易企业。

（一）体育用品制造业服务化转型的学理解构

1. 制造业服务化转型的概念界定

制造业服务化最早由 Vandermerwe 和 Rada 于 1988 年提出，是指从事制造活动的企业为提高产业链增值效益，通过延伸产品设计、流通等服务环节的方式，将生产活动与服务活动结合起来，以满足消费者不断增长的服务消费需求的新型发展模式，其目的在于拓展制造业的服务价值链，实现以生产为中心向以服务为中心的思维转变。

近年来，国内部分学者在服务化理论研究的基础上，将服务化成功地运用到企业的生产方式变革上，认为制造业服务化是在现代信息技术支撑下，制造企业对接生产性服务活动，推动制造模式由单纯的生产性制造向服务型制造演变的过程。其中，制造业服务化转型的特征可概括为以下两点：一是非生产环节的服务外包，即制造企业将部分具有高度服务化性质的业态环节外包给生产性服务企业，以达到精细分工、节省生产时间的目的，如生产咨询、信息处理和产品设计等，这能够让企业将资源集中在核心生产业务。二是新兴技术投入赋能产品供给以客户实际需求为导向，允许消费者参与产品价值共创，如制造企业利用大数据、人工智能、工业互联网等技术，进行精量化柔性生产、个性化定制与共享制造，使整个生产要素、生产工具、生产平台等生产组织结构更具服务化特征，最终形成服务型制造模式。

2. 体育用品制造业服务化转型的内涵阐释

2015 年，国务院办公厅颁发了《中国制造 2025》，首次将发展生产性服务业和推行服务型制造定为重点工作。此后，体育学界对其进行了初步研究，但尚未形成全面且权威的共识。如刘志勇等认为体育用品制造业服务化是全球体育价值链分工、体育消费变革和信息技术变迁环境下体育制造业与体育服务业融合发展的一种新型经济形态，能够催生体育信息、体育金融等体育生产性服务，且具备工业经济与互联网平台经济的共同特性；赵少聪等基于"微笑曲线"理论，将其视为体育制造企业为扩大非生产性服务业态的产出价值，将要素资源投入集中在上下游研发设计、营销等环节的活动过程，以实现产业价值链的高级化；李碧珍等基于要素投入及产出视角，认为体育用品制造业服务化包括了知识、技术、管理、制度等服务性要素投入和体育实物产品附属剩余服务价值产出两大阶段过程，是体育用品制造业开展服务型制造的重要手段。

综合上述阐释，体育用品制造业服务化转型可概述为：在体育产业供给侧结构性改革和体育消费扩容升级背景之下，体育用品制造业为适应外部经济环境变化，以产业跨界融合为抓手，通过整合体育服务业的优势资源而进行的全产业链价值创造的系列经济活动，其本质上是体育用品制造业在技术、业态、市场3个层面与体育服务业深度融合的动态过程和必然结果（见图4-5）。

在技术融合层面，体育服务业领域的软件平台技术、数字信息技术与体育先进智能制造技术相融合，能够赋能体育用品制造业推行个性化定制等制造新模式，进而助力产业动力变革。

在业态融合层面，体育用品制造业通过进行以服务为中心的业务重构，打造一批面向生产制造活动的体育生产性服务业态，能够延伸其产业链条。

在市场融合层面，体育用品制造业为满足客户多样化的消费需求而为其提供相应的产品和配套的体验式服务项目，有助于实物产品嵌入特色服务品牌，进而提高产品的价值产出。对此，这一转型旨在推动体育用品制造业实现生产力革新、产业链延伸以及产品价值提升，以形成"服务至上"的产业发展新理念、新模式。

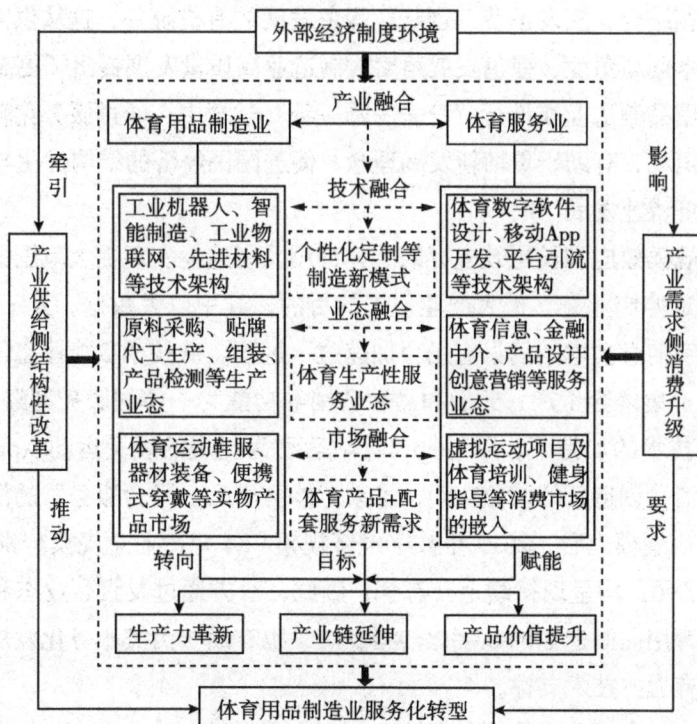

图4-5　产业融合视域下体育用品制造业服务化转型的内涵图

（二）体育用品制造业服务化转型的动力结构

围绕"经济环境变迁—产业变革—消费升级"的逻辑主线，从宏观、中观、微观3个层面，构建体育用品制造业服务化转型的动力结构（见图 4-6）。

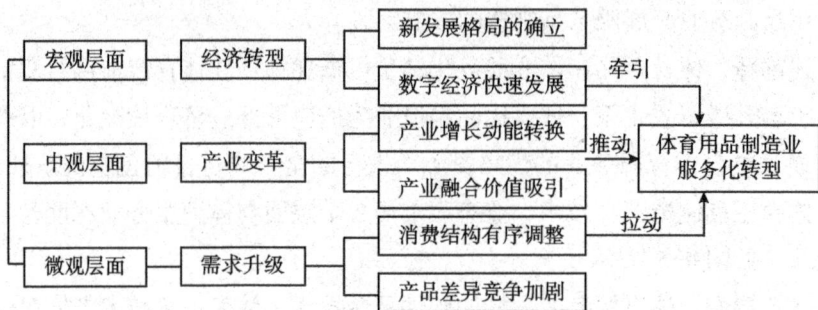

图 4-6　体育用品制造业服务化转型的动力结构图

1. 宏观层面：社会经济环境的外部牵引

（1）新发展格局的确立

"双循环"新发展格局的确立，将为体育用品制造业服务化及高质量发展提供战略指引。2020 年 5 月，中共中央政治局提出要以国内大循环为主体，以扩大内需为战略基点，建立国内国际市场平衡发展的新型市场格局。同年 10 月，党的十九届五中全会通过了《中共中央关于制定国民经济和社会发展第十四个五年规划和二零三五年远景目标的建议》，进一步明确了中国经济发展新格局，即以国内消费为核心，推动供给侧结构性改革与扩大内需战略相结合，实现消费、创新、绿色发展的有机统一，这从供需关系角度、资源配置角度、技术创新角度、绿色发展角度对制造业高质量发展提出了更高要求。

因此，体育用品制造业在推行"三去一降一补"过程中，通过服务化转型来摆脱对资源要素的依赖和消耗，有助于贯彻新发展理念，促进国民经济的结构优化与质量提升。

（2）数字经济快速发展

数字经济的规模效应和长尾效应有助于体育用品制造业实现更大范围的产业融合和业态创新，以达到延伸产业链、扩大产业规模的目的，其中以大数据、人工智能、5G 等为代表的新一代数字信息技术的场景应用会加速这一过程。从技术赋能业态创新上看，数字科技的应用加速了集内容生产、分配和品牌营销等功能为一体的服务型经济平台的发展，如在移动互联网技术的加持下，以 keep、咪咕运动为代表的线上运动 App 的开发，能够为传统体育用品消费创造新的体验空间，推动"体育用品＋平台服务"的深度融合。从数字经济与体育产业规模上看，2019 年数字经济规模和体育产业总规模分别达到了 38.8 万亿元和 29483.4 亿元，均呈现持续上升态势，因此，双方通过要素、业态和市场的深度交融不仅有利于体育用品制造业的数字化转型发展，也有助于为其服务化发展奠定良好的经济基础和提供强有力的技术支撑。

2. 宏观层面：体育产业变革的内部推动

（1）产业增长动能转换

经济结构向服务业倾斜是产业发展的必然规律，这与国民经济增长和消费升级紧密相关，当第三产业在国民经济中的比重达到 50 时，服务经济将成为经济发展的主要动力。

数据显示，2019 年我国第三产业增加值占 GDP 的比重达到 53.9，连续 5 年呈现稳步增长态势，同时，2020 年体育服务业在体育产业总产出规模占比也达到了 50.6，这意味着体育服务业成为目前体育产业发展的主要增长极。服务行业的快速发展在一定程度上源于社会生产方式、生活方式以及社会分层结构的演变。如今，在共享经济、电商经济、平台经济等现代服务经济迅猛发展以及社会中产阶级人口结构比重逐渐扩大的背景之下，服务经济发展所带来的新兴技术、创新性生产模式以及新兴消费群体能够为制造业实现服务转型提供动力支撑。

因此，体育用品制造业应顺应当前服务经济发展的大环境、大趋势，推动自身生产方式、运营组织方式和供给模式的服务化升级，以增强产业发展活力。

（2）产业融合价值吸引

当前，推动制造业与生产性服务业融合发展，助力产业链延伸、价值链攀升和产品结构高级化已成为制造行业转型升级的重要抓手，有助于产业实现创新驱动发展。体育用品制造业向服务业领域延伸的重要价值，主要体现在以下 3 点：第一，服务要素投入的价值。服务要素作为中间投入要素，通常具有技术、知识、信息、人力资本等高端要素密集特征，此类要素投入越密集，体育用品制造业全要素生产率提升效果就越明显；第二，业态创新的价值。体育用品制造业通过技术创新和技术转化，能够提高产业链各企业之间的信息流通和分工协作效率，推动建立体育用品线上新零售、智能物流和直播带货等新型服务业态；第三，服务产出的流通价值。体育用品制造业在与体育生产性服务业进行互动的过程中形成的产业链协同互惠关系，有助于知识的跨界共享和转移，并通过技术扩散效益，提升体育用品制造业整体创新与服务的能力。

3. 微观层面：体育消费升级的需求拉动

（1）消费结构有序调整

在新时代背景下，随着我国居民的消费偏好、方式的不断变化，推动体育消费扩容升级现已成为体育产业高质量发展的重大命题。体育消费升级的过程在内容上具体表现为消费结构的变迁，它能够反映出人们的体育消费能力和水平，也反映其参与体育消费的心理趋向。目前，体育消费结构逐渐由实物型消费向服务型、享受型消费转变，以服务产品为主导的体育消费增长所带来的"压迫感"，在一定程度上会加速体育实物产品的变革创新，使其更具有服务特性。这表现为"体育产品 + 服务功能"模式成为体育用品制造业满足当前体育服务需求不断扩大的适应性举措，这种以增强产品服务体验来调动客户消费积极性的商业模式，能够为企业带来附加效益。例如，户外运动品牌探路者为方便产品销售，利用微信小程序、抖音等新营销工具，并与天猫网购平台合作，搭建了厂家与消费者直接对接的宣传、互动、支付与售后平台，通过及时了解消费者需求信息来精确定位消费群体，推动生产的定制化。

（2）产品差异竞争加剧

体育用品制造业服务化转型是体育制造企业化解产品同质化生产与经营能力不足等问

题的重要手段。随着工业互联网、智能机器人技术的日益成熟以及人力成本的不断增加，以代工、贴牌生产等劳动密集型要素投入为特征的传统生产模式已难以为继，其技术研发和品牌营销等创新活动的长期缺位，诱发了产品严重同质化的问题。同时，由于我国体育用品制造业长期以外循环为主，早期依赖价值链低端分工而建立起来的产业链体系，也易诱发库存积压危机，因此需要以强化科技研发投入来缓解同类企业之间的恶性竞争。然而，我国体育用品制造企业大多为规模小、资金少的中小企业，其能够用于产品设计研发的资源却十分有限。数据显示，我国体育用品制造业中具有一定规模企业的科研经费投入平均仅为 0.25～0.27，即使作为健身器材的龙头企业英派斯，2019 年的研发强度也只为 7.82。因此，中小体育制造企业需要另辟蹊径，以差异化服务来提升产品价值及产品寿命，并通过与服务业的融合发展来创新供给渠道，以消解新型产品研发不足的困境。

（三）体育用品制造业服务化转型的内在逻辑

体育用品制造业服务化转型紧紧围绕着业态融合、技术创新、价值创造这一主线，并以强化新型服务业态建设、打造新型制造模式和确立服务转型目标作为其内在逻辑（见图 4-7）。

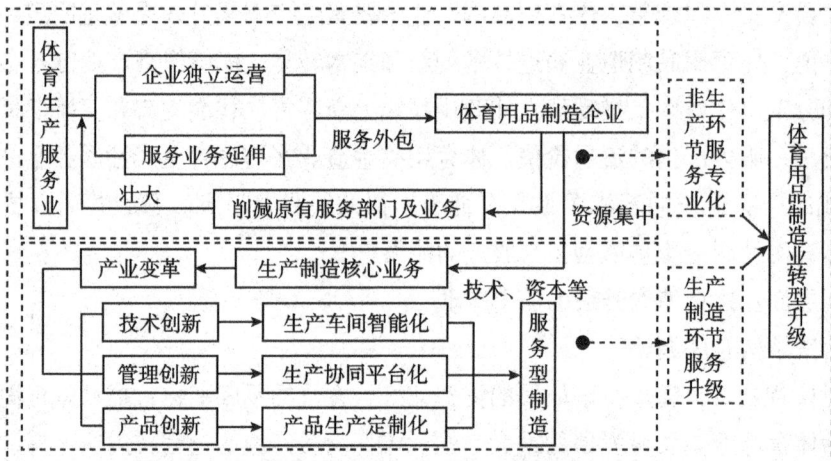

图 4-7　体育用品制造业服务化转型的内在逻辑图

1. 以生产性服务业态为支撑，夯实体育用品制造业转型基础

生产性服务业又可称为制造服务业，是指以信息化平台为服务工具，进而向产品生产过程和产品使用过程提供各种服务的新型产业形态。2021 年 3 月，国家发改委等发布了《关于加快推动制造服务业高质量发展的意见》，提出要发挥现代金融、信息咨询、ICT 设计服务等生产性服务业态的中间品作用，助力制造产业创新发展。因此，体育用品制造业要加快构建价值链高端的生产服务型部门和业务体系，满足体育用品制造业生产环节所需的服务外包需求，其中通过开展上游环节的体育产品信息咨询与设计研发、中游产品制造环节的质量控制与维护、下游产品流通环节的品牌营销等体育生产性服务活动，以此来提升体育用品制造业的生产效率和产品质量，进而为体育用品制造业服务化转型奠定坚实的基础。

2. 以服务型制造为生产模式，明确体育用品制造业转型方向

服务型制造是制造行业在服务化转型背景下对其生产方式的创新，是以个性化定制需求为导向的生产力变革过程，其具有技术驱动、用户反馈、按需匹配等特点。在2021年中国体育产业峰会上，国家体育总局副局长李颖川就曾提出十四五期间要推广柔性生产、共享制造等体育智能制造与服务型制造，打造一批体育用品制造与服务深度融合的龙头企业。如今，随着数字经济发展，新兴技术赋能体育服务型制造已逐步成为现实，其生产车间的智能化、生产协同的平台化和产品生产的定制化，对于提升生产效率的和产品质量具有重要意义。同时，服务型制造受到一定的主客体准入条件的限制，这要求体育制造企业拥有丰富的知识、技术等高端要素资本，并明确转型的目标市场。鉴于《体育产业统计分类（2019）》将体育用品制造划分为运动鞋服和器材装备制造两大类，体育制造供给端可以将其作为市场开发方向，推进服务型制造。

3. 以产业链价值提升为目标，推动体育用品制造业转型升级

全产业链价值提升作为制造业服务化转型的落脚点，反映了产业链供需结构、企业形态、市场竞合关系和价值分工体系的深刻调整。基于产业经济学中的产业链理论，可从以下4个维度构建体育用品制造业服务化转型的目标体系：

（1）供需链层面

通过发挥体育用品流通服务业态的中介作用，建设全国统一的体育智慧物流和新零售平台，进而提高体育用品制造行业精准供给效率。

（2）企业链层面

通过打造体育服务型制造骨干企业来强化主体建设，有利于营造良性竞争的产业生态环境，加速形成示范效应。

（3）空间链层面

随着地区间产品竞争逐渐过渡到产品服务领域，要求各地区应根据自身特色条件来优化产业分工布局，实现市场互补，如长三角地区的上海市可利用科技、人才等优势来打造体育金融、体育信息等业态，而江苏、浙江等地则可依托发达的制造业基础来推行体育服务型制造。

（4）价值链层面

随着体育用品制造业服务化转型越加强调产品价值与服务价值的有机融合，以整体提升产业链附加值的经济范式，也将推动体育用品制造业加速构建以品牌创新为主导、先进制造为支撑的现代产业体系。

三、内生型的福建发展模式具有勃勃生气

福建省是我国体育用品制造业的发达省份之一，其下辖的石狮、莆田、晋江、泉州、长泰、永州等地形成了高度聚集的体育鞋服及器材制造产业集群，同时拥有特步、安踏、361°、贵人鸟、匹克、爱乐、舒华等众多体育用品制造企业及其品牌。因此，以福建省

为研究案例，探讨体育用品制造服务化转型的应用实践具有较强的现实意义。

（一）转型基础：体育生产性服务业态初现

体育生产性服务业作为体育用品制造业向服务业领域延伸而形成的新型产业形态，是福建省体育用品制造业服务化转型的表现形式之一。目前，福建省部分体育用品制造领域的龙头企业将生产性服务业态从制造产业链中剥离出来，并以服务外包的形式来为核心生产制造环节提供专业化指导和技术服务。例如，为缩短产品直达消费者的时间，实现"direct to consumers"战略，2018年安踏体育集团通过整合科技研发、物流运输、检验检测等业务资源，成立了安踏物流信息科技有限公司，该公司利用其自身在互联网、人工智能等领域的技术优势，依托"生产基地＋物联网物流"模式，建成了安踏晋江智能仓配一体化园区。园区通过升级线上线下一体化仓配网络和对消费大数据进行分析，实现了库存的精确分配，同时，以自动化技术及AGV设备的广泛应用提升了产品发货效率，为提高安踏体育物流递送的快速反应能力做出了突出贡献。2020年，安踏晋江智能仓配一体化园区在投入运行不到一年的时间里即成功入选福建省级物流示范园区。这种设立独立全资子公司或部门，进而为母公司及其行业提供专业化生产性服务的应用实践，有助于吸引其他体育用品制造企业延长研发、采购、存储、运营、销售、售后等生产性服务链条，并提高其资源要素的投入比重。

（二）转型模式：体育服务型制造经验丰富

从政策经验上看，2016年福建省体育局印发了关于《福建省体育产业发展"十三五"规划》的通知，率先提出了要将体育制造业的服务环节实现分离，设立独立法人企业，并向第三方提供专业化服务，通过培育一批主辅分离的生产服务型企业，推动体育用品业制造实现服务型制造。2019年，福建省体育局发布《关于促进体育产业高质量发展的若干措施》，进一步支持体育用品制造业推行"制造＋服务"模式，借以延伸产业链，提升价值链，形成产业示范效应。

从产业变革经验上看，福建省体育用品制造业服务化转型先后经历了"产品＋服务功能延伸""产品差异化供给""产品服务功能一体化""产品智能制造""品牌经营＋制造外包"五大阶段，反映了体育用品制造业以产品制造为主到以品牌服务为主的产业演进趋势。

从企业发展经验上看，福建省部分体育用品制造企业通过利用服务型制造模式，加速了产品个性化供给和品牌营销方式的变革，推动了生产与流通环节的信息化、智能化革命。例如，2019年，特步与微软小冰、阿里合作推出微信小程序AIG，客户与机器人助手小冰进行互动后，系统软件能够根据客户喜好自动将数据传回智能生产车间，在定制化生产完成后经由天猫特步旗舰店将产品送达消费者手中，不仅增强了客户的消费体验，还降低了企业运营成本。

（三）转型目标：体育产业链转型成效显著

从供需层面上看，随着互联网平台资源整合与信息共享的优势日益显现，一批以线上信息咨询交易为主营业务的"专精特新"企业的崛起，为供应链内其他企业提供了商务合作的新渠道。以福建一品嘉云供应链协同平台为例，该平台基于SCM供应链信息管理系统，为泉州、晋江等地的体育鞋服产业链上下游企业提供研发、销售、租赁以及软件服务，有效规避了由供需链信息断裂所带来的市场盲目竞争，这对于福建省形成以核心体育生产性服务企业为主导的供应链协同创新生态圈具有重要参考价值。

从企业层面上看，以福建泉州为例，作为全国鞋业中心和首批国家级服务型制造示范城市，截至2020年年底，其市级层面服务型制造示范企业数量已达到100个，其中省级示范平台为21个，国家级示范平台4个，而省级示范企业也达到了30个，且多为体育用品制造企业。

从空间层面上看，2017年福建省发布《体育用品制造业发展行动计划》，提出强化福州、泉州、晋江等沿海地区的体育品牌建设和对外贸易，并在福建西部地区建设智慧体育用品制造基地等利好措施。从价值层面上看，福建省坚持推进体育品牌价值提升工程，以技术创新优化服务品质，如安踏体育打造同安ID定制智造工厂、厦门特步运营中心建设运动科技实验室、匹克布局态极科技和3D打印业务、舒华体育打造健身器材＋智能软件服务等。

四、外生型的东莞发展模式

关联效应弱化所谓广东东莞模式是指我国香港特别行政区、台湾地区的体育用品贸易商与制造商在具有地理区位优势的广东东莞等地建立体育用品进料加工贸易工厂，采用贴牌方式完成Nike等国际采购商的发包订单。该模式的主要特点如下：

（一）企业主要来自香港特别行政区、台湾地区以及部分欧美发达国家

一是在改革开放初期至20世纪90年代中期，香港特别行政区的体育用品贸易商利用其地理优势、网络优势、信息优势成为中国大陆与国际市场之间的转口贸易商。起先这些香港特别行政区的体育用品贸易商主要依托东莞的中资或三资体育用品制造企业进行"两头在外"的来料加工贸易，后来为有效控制生产、及时交货以及获取更多利益，开始在东莞建立独资企业，转变为获利更为丰厚的进料加工贸易，以贴牌形式承接国际订单。

二是自20世纪六七十年代大陆就开始承接欧美日体育用品国际转移的中国台湾地区，因逐渐丧失劳动力数量及成本比较优势，自20世纪90年代中期以后，开始大规模地在中国大陆的东莞等地建立工厂，承接台湾地区的体育用品制造产业转移。

三是Adidas、Puma等跨国公司在我国直接投资建立生产工厂。

（二）管理规范、技术先进、规模巨大

上述企业一般采用国际先进的生产流水线以及生产技术工艺，形成了标准化、模块化

和柔性生产，同时依据 Nike 等国际品牌商的发包要求和 Adidas 等总公司要求实施企业资源计划等进行现代化管理，企业产值规模巨大，例如，裕元工业 2018 年报营收总计达到 96.95 亿美元，同比上涨 6.29%。

（三）本地根植性不强

上述企业往往本地根植性不足，生产配套基本不需要本土企业参与，也就是产生所谓的飞地效应，故难以产生知识外溢等效应促进内资企业发展。由此，东莞模式可以认为是较为纯粹的、寻求成本洼地的体育用品加工贸易（见表 4-8）。

表 4-8 福建晋江模式与广东东莞模式比较一览表

类别	性质	特点	趋势
福建晋江模式	体育用品加工贸易的内生性发展模式	1. 以产业集群的组织形式进行体育用品进料加工贸易	1. 将企业性质由民族企业转化为外商投资企业
		2. 贸工一体化	2. 部分企业产品研发、营销网络构建、品牌建设等价值增值较高环节跃升
		3. 内外贸一体化	
		4. 以本土民营企业为主，规模小，技术管理较为落后	3. 向体育用品一般贸易转型发展
广东东莞模式	体育用品加工贸易的外生性发展模式	1. 以外资、台资、港资企业为主	1. 因飞地效应进行产业转移
		2. 管理规范、技术先进、规模巨大	2. 由单纯的代工向高端制造商演进

五、我国体育用品对外贸易发展趋势

针对当前我国体育用品对外贸易特别是加工贸易面临着"贫困化增长"的困境以及为实现《"十四五"体育发展规划》所提出的推动体育产业高质量发展的目标，我国体育用品对外贸易需要攀升至体育用品制造产业全球价值链中的研发设计、品牌营销等两端高附加值环节实现转型升级。在"双循环发展新格局"背景下，我国体育用品对外贸易企业需要关注庞大的国内市场需求，积极发展国内贸易，从而构建形成国内体育用品制造产业价值链，进而形成体育用品制造产业价值链新的国际治理格局并获得的价值链利益增值。当前我国体育用品对外贸易的主要产业组织形式是劳动密集型体育用品制造产业集群。党的十九大报告提出要"培育若干世界级先进制造业集群"。为此我国需要大力培育世界级先进体育用品制造产业集群，从而支撑我国体育用品对外贸易可持续发展和高质量发展，珠三角、长三角、海西等三大发展较为成熟、条件较为优越的体育用品制造产业集群同时也是体育用品对外贸易基地需要率先实践世界级先进体育用品制造产业集群培育工作。目前人类社会已经发展演进至数字经济时代，其特征是数据信息及知识成为一种关键性生产要素深刻影响人类社会生产活动。数字化、智能化、服务化将极大赋能我国体育用品对外贸易的创新模式、商业内容模式、对外贸易模式动态创新演化，从而促进我国体育用品对外贸易新竞争优势的形成。

第三节 体育用品洲际分布特征

中国体育用品对外贸易主要集中于北美洲、欧洲和亚洲，并且呈现持续增长趋势，尤其是与亚洲的贸易往来发展速度更快。相反，我国与拉丁美洲、大洋洲、非洲的进出口总额增长趋势也均不明显。总体而言，近年来，我国体育用品对外贸易进出口总额的洲际分布特征主要表现为"层级结构非常明显，两极分化日趋严重"。

一、体育用品进出口贸易市场集中度非常高

2015—2020 年，中国与美国的体育用品贸易往来最为活跃，进出口总额累计 1386.64 亿元，占比高达 33.81%，远远高于排名第二位的日本。排名位于 2～12 的国家依次是日本（6.04%）、德国（4.91%）、英国（4.20%）、加拿大（3.18%）、荷兰（3.17%）、法国（2.85%）、澳大利亚（2.57%）、西班牙（2.54%）、韩国（2.40%）、墨西哥（2.18%）和俄罗斯（2.09%），这 11 个国家与我国的体育用品进出口总额占比均大于 2%，处于第 13～20 位的国家是印度（1.48%）、比利时（1.47%）、泰国（1.41%）、意大利（1.40%）、巴西（1.30%）、马来西亚（1.14%）、越南（1.05%）和波兰（1.02%），进出口总额占比都大于 1%。这 20 个国家与中国的体育用品进出口总额累计 3288.27 亿元，占比高达 80.18%，而其余 220 个国家（地区）与我国的进出口总额仅 812.59 亿元，占比还不到 20%，全球不到 10% 的国家却拥有超过 80% 的进出口总额占比。

由此可见，美国是我国体育用品对外贸易的主导市场，日本、德国、英国、加拿大、荷兰、法国、西班牙等国家也是重要贸易伙伴，但全球体育用品进出口贸易的市场集中度非常高。另外，近 6 年间，中国已和世界六大洲 233 个国家（地区）发生了体育用品进出口贸易往来，全球覆盖率达 97.08%，并且与北美洲、拉丁美洲、大洋洲各国的贸易发生率为 100%，说明我国体育用品对外贸易发展的全球市场覆盖率进一步扩大。就不同洲际的国家（地区）分布而言，在北美洲，美国、加拿大是我国体育用品对外贸易的主要市场，进出口总额累计 1516.95 亿元，占比近 100%；在欧洲，德国、英国、荷兰、法国、西班牙、俄罗斯、比利时、意大利、波兰及瑞典是中国体育用品对外贸易的重要伙伴，其与我国的进出口总额累计 1009.11 亿元，占比高达 85.67%；在亚洲，中国与日本、韩国、印度、泰国、马来西亚、越南、沙特阿拉伯、阿联酋、新加坡、土耳其、印度尼西亚 11 国的体育用品对外贸易占主导，进出口总额累计 724.27 亿元，占比为 79.77%；在拉丁美洲，墨西哥、巴西、智利、阿根廷、哥伦比亚和秘鲁是我国体育用品对外贸易的主要市

场，进出口总额累计 235.50 亿元，占比达 83.68%；在大洋洲，澳大利亚、新西兰是中国最为重要的两大体育用品贸易伙伴，进出口总额累计 120.96 亿元，占比高达 98.28%；在非洲，南非、埃及、阿尔及利亚、摩洛哥、尼日利亚、加纳、肯尼亚和利比亚是我国体育用品对外贸易的主要市场，进出口总额累计 67.54 亿元，占比 72.19%。

经比较发现，中国与欧洲、亚洲、拉丁美洲、非洲国家体育用品进出口贸易额的市场分布相对更加均衡，而在北美洲和大洋洲国家间分布的两极分化则非常突出。

二、体育用品进口市场主要集中于日本、美国和泰国

2015—2020 年，中国已从 107 个国家（地区）进口体育用品贸易额 139.10 亿元，但是与我国发生进口贸易往来的国家（地区）还不到全球一半，全球市场覆盖率仅 44.58%，说明国内体育用品进口贸易的国际市场空间有待进一步开发。近 6 年以来，中国主要是从日本、美国和泰国进口体育用品，进口额累计 84.07 亿元，占比 60.44%，表明这 3 个国家是我国体育用品进口贸易的主要输出国。向国内出口体育用品贸易额超过 1 亿元的还有 18 个国家，如越南、意大利、巴基斯坦、德国、匈牙利、韩国、加拿大、法国、瑞典、捷克、朝鲜等，进口额累计 47.70 亿元，占比 34.29%。然而，其余 219 个国家（地区）则形成鲜明反差，向中国输出的体育用品贸易额累计 7.33 亿元，占比仅 5.27%，说明我国体育用品进口贸易的全球市场分布也极不均衡。体育用品出口贸易的全球市场覆盖率高，但抗风险能力薄弱。近 6 年来，中国向美国出口的体育用品贸易额累计 1356.50 亿元，占比达 34.24%，超过出口贸易规模的 1/3。其次是日本、德国和英国，出口至这 3 个国家的体育用品贸易额依次为 206.12 亿元、196.50 亿元、170.73 亿元，占 5.20%、4.96% 和 4.31%，拥有国内体育用品出口贸易近 15% 的市场份额。出口额占比高于 1% 的国家还包括荷兰、加拿大、法国、澳大利亚、西班牙、韩国、墨西哥、俄罗斯、印度、比利时、巴西、意大利、马来西亚、泰国和波兰，中国向这 15 个国家出口的体育用品贸易额累计 1208.91 亿元，市场份额占比达 30.51%。比较而言，我国 79.23% 的体育用品出口贸易额集中分布于 19 个国家，而 20.77% 的出口贸易额却广泛分布于 221 个国家（地区），中国体育用品出口贸易的国家（地区）市场份额及占比表现迥异，全球各大出口贸易市场的地位和作用存在非常明显的差距。

由此可见，目前美国是我国体育用品出口贸易最重要的目标市场，体育用品出口贸易目的地过于集中，容易受到主要出口目的地政治环境、市场需求、技术标准等方面的影响，使我国体育用品出口贸易面临巨大风险。

第五章 我国体育用品对外贸易的影响因素

第一节 国内宏观经济政策

中国专门针对体育用品出口贸易的相关政策尚不完善，同时行业管理不规范也制约了体育用品产业的进一步发展。目前中国的体育行业协会还没有完整成熟的行业管理标准，而且近年来如中国足协、篮协等多项协会的负面新闻层出不穷，使人们不禁担忧这样的行业协会能否给中国的体育用品出口提供良好的服务和进行有效的管理。由于政策制定得不完善，缺乏对体育用品制造业良好的制度设计，造成了大量低水平的重复建设，使我国体育用品的出口只能一直走在低端道路上。国内企业要出口产品必须经过政府批准，只有一小部分的国有大中型企业能获得进出口自营权（包括少数科研机构），多数企业都不能直接出口。由于外贸经营权由政府行政审批，体育用品企业能否进入国际市场完全由政府控制，因此，在缺乏市场竞争和筛选、淘汰机制的情况下，将不可避免地导致外贸效率低下。面临这样不灵活的监管，我国的体育用品企业就很难自由灵活地根据国际市场情况来生产符合市场需求的产品。

一、财政政策促进体育产业发展的工具选择

财政政策工具是政府用于服务实现既定财政政策目标，实施的一系列财政手段。财政政策促进体育产业发展的主要工具有财政资金的直接补贴、建立产业发展引导资金、财政贴息、参股参股、税收优惠等。

（一）直接补贴

财政直接补贴是指对体育企业直接进行财政拨款的方式进行的资金补贴，直接补贴是财政政策促进体育产业发展的最主要的工具。政府对某一产业的发展进行财政补贴也是国际其他国家的最常使用的财政工具。虽然有些发达国家实行所谓的"自由市场经济"，但是仍然可以窥见其直接为了引导某一领域和某一产业的发展，而采取财政直接投入资金的方式来影响产业发展的方向。财政直接补贴，可以采取补贴给企业的方式，也可以补贴给消费端。财政补贴支持体育产业发展，是政府直接从财政资金中拿出相应的财政支出用于扶持体育企业或项目，也是公共支出的私人化行为，其直接受益者是体育企业。

财政补贴政策工具效应主要在于补贴对象和补贴环节的选择，财政补贴政策实施的目

标是实现补贴效用的最大化。在体育产业发展的初期,采取体育产业的直接补贴,可以有效地有效地拉动体育产业的发展。但是,随着体育产业的深入发展,市场竞争秩序不断形成,体育产业的直接补贴则往往会在一定程度上影响市场竞争的公平。要用好财政直接补贴,就必须明确分配方式、分配对象和分配时间,才能够对体育产业发展起到引导和促进作用。

财政直接补贴的优点在于灵活性和针对性:一是灵活性。财政直接补贴可以采取最为直接的方式,直接拨款给企业,可以最便捷的方式惠及体育企业,使其享受到财政资金的补助。二是针对性。财政直接补贴具有较强的方向性,可以选择亟须补贴的体育企业,给予其财政补贴。通过财政的干预,对体育产业的发展起到调节作用,有助于稳定体育产品和服务的供求关系,维护生产经营者或消费者的利益,有助于优化体育产品的资源配置,改善供给与需求结构。

财政直接补贴的缺点在于短期性和收入分配的调节具有逆向性:一是短期性。财政直接补贴只能在短期内起到激励与调节的作用,如果长期使用财政直接补贴将对市场经济运行起到较强的干预作用,影响市场经济秩序,造成不正当竞争,加剧市场风险。虽然通过财政补贴帮助接受补贴的企业减少了成本,增强了资金的流动性,但是也容易造成影响市场主体的公平竞争的均衡,在一定程度上削弱了市场本身的优胜劣汰和调节作用。直接补贴这种无偿性的支出行为有可能改变受益对象的预算约束条件,使其效率降低,导致影响体育市场的价格,是政府直接干预微观市场经济的重要体现。二是收入分配调节的逆向性。在财政直接补贴政策实施中,往往效益越好的企业,越容易符合补贴条件,导致直接补贴资金造成的"累大户"情况的存在。

(二)产业发展引导

资金体育产业引导资金是地方政府出台的扶持体育产业发展的财政政策工具。设立体育产业引导专项资金的根本目的是引导体育产业发展,通过产业发展引导资金的介入,优化体育产业的产业要素和产业资源配置,对社会资本起到吸引和撬动的作用。体育产业发展引导资金来自地方政府财政预算资金、地方体育彩票公益金等,也有一些地方政府在其他政府基金中设立专项体育产业发展引导资金,用于支持体育产业发展。

国务院办公厅于2010年发布的《关于加强发展体育产业的指导意见》中,首次提出了通过建立体育产业发展引导资金,扶持体育产业的健康发展。体育产业发展引导资金来源决定了其公共资金的属性,体育产业引导资金不是私人投资,而是一种财政的调节和引导行为,需要履行严格的项目筛选和评估决策程序。体育产业发展引导资金的"引导"作用,体现在为初创企业提供引导资金,起到对产业发展的扶持作用。当前我国许多省市都建立了体育产业发展引导资金,旨在对体育产业进行孵化。然而,设立体育产业发展引导资金并不是意味着对市场进行大包大揽,而是发挥市场在资源配置中决定性作用的基础上,通过科学的配置机制,引导健全体育市场体系,增加全社会体育产品的供给。

体育产业发展引导资金的优点在于带动性和导向性。一是带动性。通过体育产业发展引导资金的作用，符合引导资金申报要求的体育市场主体通过"评审、立项、结项"获得相应的资金支持后，能够在体育产业发展引导资金的带动下，使企业加大项目的投资力度，达到吸纳社会资本的目标。二是导向性。体育产业发展引导资金建立的目的在于对体育产业的发展方向进行引导。体育产业发展引导资金的建立，采取政府引导、市场运作的方式，有助于体育产业转型升级和结构调整，消除低端产业的重复性发展和项目的低效建设，提高产业运作效率，也使得体育产业能够向政府所期待的弥补体育公共服务的领域发展，解决体育企业的资金不足问题，树立体育企业的投资信心。

体育产业发展引导资金存在的缺点在于门槛高、行政成本高、项目选择难度大。一是门槛高。产业引导资金的普惠性往往不强，只针对某一领域、某一方向的体育产业，并且由于引导资金的项目营利性的较少，加上申报的门槛较高，使得体育产业发展引导资金对普惠性的群众体育项目扶持不足。二是行政成本高。体育产业发展引导资金的项目申报、审核、资金落实、后期监管等方面，需要投入大量的人力物力。三是项目选择难度较大。体育产业发展引导资金的使用难点在于项目的选择，当某一地区所有项目均不符合产业引导资金的使用方向时，如何选择合适的项目，给予引资资金扶持，成为一大难题。

（三）财政贴息

财政贴息是指在体育企业融资过程中，通过财政担保，给予企业融资支持，降低企业的融资成本，增强企业的资金流动性，为体育企业的成长壮大提供资金。由于我国体育产业刚刚起步，体育消费市场发育并不成熟，体育项目的投资面临着风险投资周期长、投资不确定性风险较大，使一些初创企业没有信心进入新领域。而通过财政担保，或者由财政补贴利息，则使得体育企业能够增强投资信心。作为财政贴息这种财政政策，与直接补贴相比，不是一次性的投入，使得财政收入较为困难的地方政府能够减轻财政支出压力。同时还可以利用金融作用，为企业产业可持续发展的条件。财政贴息工具的优点在于灵活多样、带动性强。一是灵活多样。财政贴息工具较为灵活，财政贴息可以依托于体育产业发展引导资金，也可以使用本级或申请上级财政资金。二是带动性强。财政贴息通常更广泛地服务于中小微体育企业，能够解决中小微企业贷款门槛高、缺少有效质押物等问题，使得更多的体育企业获得信贷资金支持。财政贴息工具的缺点在于信用要求高、资金使用监管难。一是信用要求高。在现实中，由于申报财政贴息项目的体育中小企业往往信用信息不健全，缺少完善的信息披露机制，体育产业的财政贴息风险、担保、保险体系均不完善，项目申报的过程过于烦琐，无形中增加了财政贴息的难度。受限于财政贴息对于企业信用信息的依赖，使得财政贴息工具对于中小微体育企业惠及面不足，对体育企业的扶持作用较为有限。二是资金使用监管难。在财政贴息工具的支持下，体育企业获得贷款后，其资金使用情况政府无法进行有效的监管。在企业无法偿还本金的情况下，为政府财政也带来较大的风险。

（四）参股渗股

从财政支持体育产业看，体育产业融资政策工具应用范围不断扩大。比如，公共体育场馆及设施的PPP模式，政府财政担保的体育大型赛事的银企合作模式，政府牵头企业参与的体育产业担保基金等。近年来，随着体育产业的发展，其财政支持政策也不断地多样化。通过参股渗股的方式，可以有效地有效地使政府缓解财政预算压力，分化财政风险，提高财政资金效率。在政府培育的体育产业发展中，以财政资金参股渗股的方式，达到支持企业做大做强的目标。通过参股渗股的方式，可以使得政府财政手段与企业市场手段的有效融合，对解决体育企业在体育产品及服务供给过程中融资问题，尤其是数量众多的中小型体育企业"融资难、融资贵"问题具有重要的意义。

参股渗股财政工具的优点在于杠杆效应和融资增信。一是杠杆效应。通过政府财政资金的参股参股，有助于带动社会资本的参与。在体育企业项目的体育场馆设施建设、用地，以及其他项目建设条件上为体育企业的发展和壮大提供政府支持，更容易使得体育企业参与到公共体育服务领域投资。二是融资增信。在参股参股的基础上，实现企业和政府合作，共同建立运营公司，政府在体育企业投资的项目中占有一定的股份，有助于构建企业和政府的利益共同体，实现利益共享、风险共担的机制。

与此同时，参股渗股也具有一定的缺点，主要表现在影响市场公平、成本转嫁等方面。一是影响市场公平。财政资金的参股渗股有可能造成基于特许经营的行业垄断，对公平的市场竞争环境造成负面影响。财政资金的参股参股形成的公私合作，形成的复杂交易结构，降低运营的效率。二是成本转嫁。在体育公共产品领域的参股渗股容易造成公众使用公共体育产品和服务的成本提高。在体育公共产品完全由政府投资的背景下，基于非营利性和不按全成本核算定价的特征，公众使用体育公共产品所需支付的费用较低，而财政资金的参股渗股形成的原有体育公共产品的"公私合作"，则容易造成产品供给成本的转嫁，使得公众不得不付出更多的费用才能享受到体育公共产品和服务。

（五）税收优惠

税收优惠政策，是促进体育产业发展的财政工具之一。通过税收的优惠，政府减免体育企业相应的税金，减轻了企业的负担，使企业可以在市场竞争中轻装上阵，获得发展的先机。税收优惠包括税基式优惠（免征额、费用扣除、盈亏互抵）、税率式优惠、税额式优惠（税收抵免、减免税）、递延式优惠（加速折旧、分期纳税）等方式。税收优惠的政策作用虽然不是直接给予企业资金补贴，但是通过税收优惠，也是相当于对体育企业间接的资金支持。

从财政支持体育产业发展来看，税收激励主要是政府对体育企业相关税基及税率调整激励企业开发高科技体育产品，推进产品升级、产业结构优化，实现体育产品及服务有效供给。目前，政府体育产业税收激励方式主要有企业科技开发费用计入成本减少税基、税率优惠等。从税收公平原则看，税收激励的措施减少了政府应收税金，相应也减少了政府可以提供公众公共产品及公共服务的支出，公众公共利益相应受到损失；公众应该获得的收益是更多的体育产品和服务消费选择和价格上的优惠，如果不能达到这个目的，税收激励的政策效应是比较低。

税收优惠的优点在于可以为体育企业提供持续性的税收减免支持，帮助节约体育企业的经营成本。相对于其他财政政策工具的直接性特点，税收优惠具有灵活性、时效性、有助于增强财政补助的可接受性、低行政费用等特征。一是灵活性，主要表现在税收优惠的形式和数额更加多样；二是时效性，体现在当纳税人履行纳税义务时可直接从应纳税款中自动兑现，减少资金的周转时间；三是有助于增强财政补助的可接受性，相对于直接补贴，税收手段更加隐蔽，更容易使得企业心安理得地接受；四是行政费用低。税收优惠省去了财政拨款的周转时间，可以直接与税款征收相结合完成。

但是税收优惠政策也存在一定的缺点，主要体现在较强的隐蔽性、效果短期性、收入分配调节逆向性、税收漏洞风险性等方面。一是较强的隐蔽性。税收优惠相对于直接财政补贴，更不容易被预算所约束。二是效果短期性。税收优惠一般适于在短期内使用，长期使用必定会在资源配置和收入分配上产生了较大的扭曲。三是对收入分配的调节具有逆向性。容易造成收入越高的企业，从税收优惠中获利越多的状况。四是税收漏洞的风险。由于税收优惠的隐蔽性，使得更容易存在被纳税人滥用的风险，使得税收优惠成为避税工具。

二、财政政策对体育产业高质量发展的影响

通过对需求理论进行研究，可以得到政府财政政策支持体育发展的必要性，达到开发体育市场，满足体育消费的需求。根据供给侧理论，由于经济增长与有效需求的矛盾，使得财政政策的介入有助于解决微观主体的生产积极性和市场配置资源的效率问题。

（一）财政政策促进体育产业需求的作用机理

根据需求侧管理理论，通过政府的投资可以对社会消费者的需求起到拉动作用，通过政府投资可以完善相应的基础设施和公共产品，满足社会需求，解决经济低迷的问题，提高经济增长速度。财政政策促进体育产业高质量发展需求的作用机理主要体现降低消费成本和调整消费结构上。一方面，降低消费成本。通过财政直接补贴、贴息、产业引导资金、参股参股、税收优惠等相关财政政策，使消费者在消费端降低了消费门槛，有助于增强消费动力、提高消费水平，使消费者有能力进行体育消费。另一方面，促进消费结构的调整。通过财政资金的调节作用，可以引导消费者的消费热点和消费领域，使得体育消费更符合宏观经济调控的要求。同时，财政政策的实施有助于达到开发体育市场的目标。由于企业投资的有限性，在某些体育场馆、大型公益性体育设施等建设过程中，仅仅依靠企业和市场的资源配置往往无法满足全社会的消费需求，而通过政府财政资金的介入，可以促进体育公共服务均等化为政策目标，使更多的人有机会、有条件参与体育锻炼和健身活动，形成有效的体育消费需求。

财政政策促进体育产业高质量发展需求的作用机理如图5-1所示。

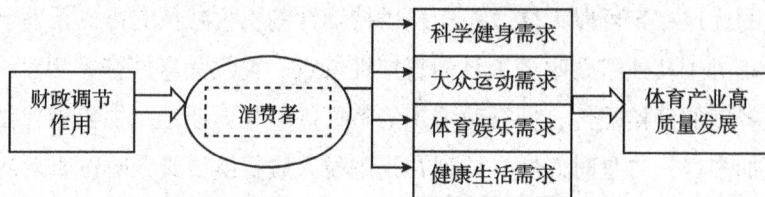

图5-1 财政政策促进体育产业需求的作用机理

从具体消费内容上看，财政政策促进体育产业需求主要体现在科学健身需求、大众运动需求、体育娱乐需求、健康生活需求等方面。

1. 科学健身需求

财政投入全民健身运动中，丰富了全民健身场馆和设施。在财政政策的支持下，通过全民健身、雪炭工程、公共体育场馆开放、体育公园和社区体育场等方面的投入，有助于满足大众科学健身的需求。各类健身馆、健康课堂、健身App、体育教练等需求不断提高，健身运动更加精准化，由此也带动了健身器材、用品等消费需求的增长。

2. 大众运动需求

传统的体育消费需求更偏向于竞技相关的体育项目，是一种小众运动需求。而在财政资金的促进和引导作用下，降低了体育运动的消费门槛，使更多的人可以参与到体育运动中来，推动了小众体育运动向大众体育运动的转变。通过财政投入，达到消费回补的作用，带动健身休闲消费、竞赛观赏消费等消费形式。根据《2017年中国居民消费发展报告》，除了传统的乒乓球、羽毛球，以及足篮排三大球运动外，马拉松运动、山地户外运动、冰雪运动、水上运动、汽摩和航空运动、体育旅游等已成为新的体育消费热点。

3. 体育娱乐需求

随着消费水平的升级，财政资金对体育产业的支持，还有助于扩大体育娱乐消费需求。有助于促进传统的竞技体育不断向竞赛化和表演化转变，并拉动体育娱乐周边的广告业、新媒体、传播等其他产业发展。体育财政资金的投入，拉动传统消费从"生存型"消费向"发展型"消费转变，使得消费者在体育赛事直播、体育资讯、体育电影等方面的消费需求得到满足。

4. 健康生活需求

财政政策的作用，有助于促进人们生活方式的转变，实现体育消费需求与健康生活需求相结合，使人们愿意在定向运动、户外徒步、体育旅游等增加消费，养成健康的生活方式。例如，2017年，国家9个部委发布《关于支持社会力量举办马拉松、自行车等大型群众性体育赛事行动方案》，提出为举办体育赛事的企业给予融资支持。通过财政贴息工具的运用，满足大众参与群众性体育赛事，形成健康的生活和运动方式的需求。

（二）财政政策促进体育产业供给的作用机理

财政政策促进体育产业高质量发展的供给作用机理主要体现在体育产品和服务的成本、结构、渠道、质量等方面。在财政政策的引导作用下，更容易使市场主体产生更多的生产动力，体育产业的财政直接补贴、产业引导资金、贷款贴息、参股参股、税收优惠等相关政策，有助于降低企业的生产成本，提高体育产品的边际收益，进一步达到优化体育市场营商环境的目标，促进体育市场主体投资行为更加活跃（见图5-2）。

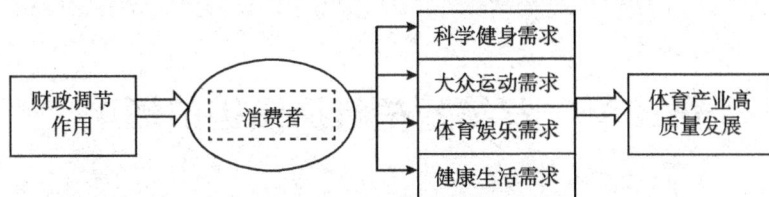

图5-2　财政政策促进体育产业供给的作用机理

财政政策促进体育产业供给作用机理具体体现在体育产业供给的降低成本、优化结构、拓展渠道、提高质量方面。

1. 有助于体育企业降低成本

通过财政政策的作用，降低企业的生产成本、流通成本、销售成本等，使得企业能够产出更多的企业产品和服务，有助于扩大供给规模。如根据《国务院办公厅关于促进全民健身和体育消费推动体育产业高质量发展的意见》中，强化了平台建设的支持，提出了由政府财政出资，建立中国体育产业投资基金，并强化企业的融资服务。为企业获得更多的财政资金支持，降低成本提供重大的政策利好。

2. 有助于优化体育市场主体结构

通过财政政策的资金引导作用，有助于企业改进产品和服务供给的结构和方向，促使企业生产更多的符合财政政策的体育产品和服务，从而达到产品结构调整和产业结构调整的目标。长期以来，我国体育产业过于注重制造业的发展，在一定程度上造成了体育产品的产能过剩，甚至是一些体育产业的重复性建设，而通过财政政策的调节作用，可以改善和优化体育产品供给现状。财政政策对体育产业的介入，支持体育市场有效供求，对体育产业结构调整和产业升级的项目给予财政扶持，使社会资本起到拉动作用，引导更多的社会资本进入体育产业结构调整的投资方向，达到产业转型升级的目标，促进我国体育产业发展水平的整体提升，实现体育产业的高质量发展。

3. 有助于拓展体育产品和服务的供给渠道

财政政策的调节作用，使得体育产品和服务拥有更丰富的供给渠道。如通过财政政策作用下，承办的大型体育赛事，建设体育公园、体育场馆、健身步道、自行车道、球类、冰雪运动场地等，虽然有的没有直接将资金补助给体育企业，却使体育服务业企业的产品和服务有了供给的平台和渠道，有助于优化体育产品和服务的供应链，增强体育产品和服务销售渠道的广度与深度。

4. 有助于提高体育产品和服务的质量

在财政政策补贴下，促进更多的公共体育设施向公众免费或者低收费开放，推广各类民族、民间传统体育运动项目，使其更贴近地域特色和群众实际，有助于打造群众身边的体育运动平台，推动公共体育服务质量的提升。同时，在体育企业方面，财政政策有助于为体育企业生产和供给能力提高提供条件，减轻企业税收负担和增加企业新产品研发的财政补贴，使企业能够加强产品质量的提升，从而提高体育产品和服务的供给水平。

第二节　贸易壁垒与反倾销的影响

在我国体育用品出口海外时，不得不面对的一个重要问题就是自身进入市场时相对于当地市场已存在的企业需要承担更多的成本，所有这一切在进入市场时所遇到的不利情况，我们将其称为进入壁垒。进入壁垒的存在，一方面是由于对目标市场的法律法规以及销售初期的不适应等客观原因导致，另一方面是体育用品出口企业自身在设计、生产、营销这些方面的不足，使进入壁垒显得更为高大。

一、绝对成本壁垒

绝对成本壁垒，体现的是新进入企业与已存在企业在生产成本方面相比存在着明显的不足。已存在的企业通过之前的生产经营对各个相关资源的占有以及生产必备要素的准备都要更充分，同时新进入企业由于刚刚投入新的行业中，其机器设备、特有技术和相关的管理人员，研发人员等费用往往要高于已存在企业的平均成本，而且新进入企业对营销渠道的培养也是从无到有，其费用成本必要高于已存在企业。我国体育用品企业若是想通过在当地加开新店来进行零售出口营销，则还要承受当地的房租等更多成本，但绝对成本壁垒不只是对于中国的体育用品出口企业，而是对任何国家的出口企业都是存在的。

（一）人民币汇率

一个国家的金融环境是否稳定，可以通过该国货币的汇率得到充分反应，一国货币汇率的上下涨幅将会对一国的进出口贸易产生不可忽略的影响。近年来，人民币在国际货币市场上不断升值，对于中国的体育产业来说，这意味着体育用品出口到国际市场上的价格是上涨的，国外的买家购买同样的中国产品比以往需要更多资金。到此时，一些外国卖家或客户可能会选择其他国家价格更低的产品，那么中国的出口企业则会受到一定的负面影响。

具体来说，人民币汇率变动对我国体育用品业的影响可以从两个方面来进行论述。一是我国体育用品企业的国际竞争力，人民币汇率的变动都对其产生较为直接的影响。从较短周期来看，汇率水平的升高或降低会直接对货币的购买力变动造成影响，进而使我国体育用品的出口价格发生相应的变化；从较长周期来看，国际市场上相关产品需求的变化将会直接导致体育用品出口价格水平的波动，同时对中国在全球市场上体育用品所占的份额有一定的反作用力。从2005年开始，中国对人民币汇率所执行的制度不断地进行改革，人民币在国际货币市场上也一直呈现着升值的趋势，受此影响，中国的体育用品的价格也相对上涨，这也进一步削弱了我国体育用品企业调控价格的能力。人民币在国际货币市场上升值以前，中国体育用品出口到国际市场上具有较大的价格优势，也因此占据了很多的国际市场份额，但是这一优势已经由于人民币的升值趋势一去不复返。从整体的角度来看，人民币不断升值的趋势，直接影响中国体育用品的价格优势，进一步导致出口竞争力不断地被削弱。二是从人民币汇率对国内体育用品出口企业发展情况及就业情况的影响来看。由于各国相关市场需求的不断增加，我国体育用品出口额始终处于高速发展的道路，国家体育用品业整体产量也有很大幅度的增长。近年来，由于人民币表现强劲，处于升值趋势，中国体育用品的出口价格也相对以往有所上升，使其在国际市场上的价格竞争力被削弱，对这一行业造成打击，体育用品生产企业减少生产量，产量的日益下降直接导致企业的经营管理出现问题，面临着出现损失甚至损失不断扩大的局面。很多相关企业为了解决这一问题，开始通过裁员来削减支出，这使中国体育用品行业就业水平的不断降低，部分中小企业面临这一危机，由于缺乏充足的资金储备，很难继续稳定的经营下去，因此处于濒临破产的局面。通过上述论述，可以知道人民币汇率对我国体育用品出口贸易有着重要的意义，能对我国体育用品的出口产生直接影响，也因此，在复杂多变的国际金融环境中，保持人民币汇率的稳定也显得十分重要。

（二）人均支出

近年来，随着中国国内经济的不断发展，国民收入与社会福利水平得以持续提高，居民对生活品质的要求也不断地提高。根据波特的国家竞争力模型，国内挑剔的消费者需求会促进该产业的发展。国内的许多制造企业为了满足居民日益提高的消费需求，在这段时期内突破创新，通过引进国外的先进技术或者改良现有的生产方法，生产出多种多样的高品质产品。与此同时，企业的不断发展会使其在国际市场上的竞争力日趋上涨，在国际市场上占有一定的市场份额。

除此之外，如果居民的日常消费需求在国内市场上得不到满足的话，他们会把注意力转向国际市场上，购买越来越多的外国产品，这也进一步造成了相关产业进口不断增加的局面，国内的生产厂家为了应对这一情况，会通过引进国外的技术并且通过拥有丰富而廉价的劳动力资源在国内进行生产。当国内的这些产业生产的产品过多，国内市场达到饱和，已经处于供大于求时，会引起国内的生产商向其他国家进行出口。

由此可以看出，一国居民对于消费的需求会直接影响到国内产业及市场的发展。消费者对于产品的品质要求越高，对生产商来说起到了刺激作用，生产者必须不断地更新技术，提高生产效率及经营管理的水平，否则在市场上的影响力会越来越弱，最终面临被淘汰的威胁。我国目前的体育产业正在逐步走向科技创新的道路，越来越多的高科技、高技术的体育产品相继出现，合理竞争，促进发展才是这一产业不断进步的重点。目前来说，中国的体育产业虽然处于高速发展的时期，但在科研投入与技术水平尤其是核心技术上距离发达国家还是有着不小的差距，国内品牌的知名度及实力与国际一线品牌相比还存在较为明显的距离。对于体育用品生产企业来说，利用廉价的劳动力资源走低端产品的路线只能在企业初期用来积累资本、学习先进的技术，最终还是需要科技与核心技术的支持，否则在向上竞争的过程中终将面临淘汰。因此，在我国国民收入日益提高，消费需求日益增长的背景下，体育产业更应该抓住这样一个机会，得到充足的发展。

（三）政府体育事业支出

政府支出，另外也被称作财政支出，它是指国家财政系统将其在全国范围内所集合的资本进行分配及使用，用来进行全国各地的各项经济建设以及文体娱教、贸易、公共建设等各种事业的发展。财政支出的项目主要有15项，其中主要包括基本建设支出、企业挖潜改造资金等。

国内产品出口到国际市场上受到众多因素的影响，在这些因素中，跟政府支出有关的因素包括固定资产投资、人力资本投资以及国家转移性支出等。通过一些简单的公式来对政府购买性支出与转移性支出对一国产品出口贸易的影响进行定性分析。

首先，在政府购买性支出中，会对一国出口贸易有重要的正向效应的部分主要包括科技三项费用、企业流动资金等。但是除此之外，购买性支出的其他部分如果增加，则会对一国的出口贸易产生明显的反向效应，会导致一国某些产品的出口迎来明显地减少。计算一国的 GDP 有多种方法，其中通过支出法来计算的话，那么 GDP=C+I+G+EX-IM，这一公式可以变形为 EX=GDP－C－G－I+IM，又有储蓄函数 S=GDP－C－G，联立起来可以得到 EX=S－I+IM。以上的公式能够明显地表明，一国政府如果增加本国的购买性支出，那么会明显影响一国的储蓄水平，将会导致本国国内储蓄的减少，也因此会进一步导致本国出口产业的发展及出口额的缩减。

其次，在一国政府的转移性支出中，如果对出口产业提供补贴，则会刺激相关的出口企业加大生产力度，会进一步增加本国的出口产品供给，也因此对本国的出口产生正向效应。但是，政府一旦选择提高对本国公民的抚恤水平，增加社会福利费用，那么将引起以上公式中个人可支配收入的进一步增加，居民的收入一旦增加，那么则会引起一国的消费与储蓄增加，购买力的提高意味着更多的进口，出口相对便会减少，对本国的出口产生负效应。

对于体育用品来说，体育产业是近些年的发展热点，随着人民收入水平及生活质量的提高，消费水平也进一步上升，对体育用品的需求也随着增加。因此，政府部门对于相关产业也越来越重视，相关部门对体育产业采取了一系列的出口鼓励政策，对国内相关产业的发展提供了经济上、技术上、信息上等各方面的有效帮助。

二、规模经济壁垒

规模经济的壁垒，由于新进入企业只有在进入某一产业之后才能取得一定的市场份额，因此在未进入之前无法获得低成本的生产以及销售途径等规模效应。对于某些市场容量不断扩张的情况，其进入壁垒就有可能相对比较低。我国大部分体育用品企业当初多是从事单一性产品生产出口，然而若是想打开更广阔的市场空间，则必须扩展自身的业务范围，那最初拥有的规模经济优势在新进市场就已经不复存在。

（一）对外贸易总额

贸易壁垒对中国国际贸易发展的负面影响一直是相当明显的，几乎蔓延到我国所有类型的出口产业。每年因为贸易壁垒产生的损失高达几百亿美元，这一数字接近我国全年出口总额的 20%。近年来我国的出口产业遭受到了许多不公平的待遇，主要是限制准入的各种壁垒，即某些发达国家通过制定法律，设定一些十分苛刻的技术标准或者其他壁垒，我国很多产品达不到这些严苛的标准，进而不能进入这些市场参与竞争，从而保护了这些国家的某些产业的发展，但却使我国相关产业遭受很大的损失。除了市场准入这一限制外，欧美国家还会通过构建绿色壁垒如很高的环保标准、增加某些产业的进口关税以及采用许多反补贴措施，导致我国出口成本增加，很大程度上使相关产品在国际市场中的价格优势不复存在，直接影响其国际竞争力。

中国属于制造业大国，越来越多的商品贴上了中国制造的标签，而体育用品作为一种特殊的商品，其对外贸易也面临着许多问题。由于我国体育用品业产业链不成熟，大多数企业属于整条产业链的下端，从事的只是简单的加工贸易，出口的商品大多通过价格优势进行竞争，缺乏技术上的核心竞争力，而真正的核心技术被国外的发达国家所掌握，也因此在国际市场上遭受不公正的待遇，各发达国家通过设置技术壁垒、绿色壁垒等来对中国的体育用品出口进行限制。众多本土企业受此影响不得不放弃出口，仅仅专注于本土市场。而我国为了解决这些问题，政策上积极鼓励出口，同时与世界各国建立友好的贸易合作伙伴关系，在受到不公正待遇时积极向 WTO 等权威组织反映，用法律手段维护自己的合法权益。因此，保持良好的国际贸易环境对中国体育用品出口贸易的发展也显得必不可少。

（二）体育产业从业人数

产业规模是指一类产业或行业的产出规模或生产规模。这一概念产生的背景源于规模经济理论。根据规模经济理论可知，当一个国家或地区某一类产业规模较大，大到可以产生正向的外部经济效益，则产生规模经济，表现为企业的经营及生产成本降低，非常有利于该地区相关产业的发展。例如，美国的硅谷作为世界最重要的高新技术产业园区之一，拥有着众多的高科技公司、各大技术专利、生产原料及高水平人才。因此，在硅谷内部人才及各类资源可以更充分地流动，企业之间可以通力合作，这也进一步促进了相关产业的飞速发展。也正因如此，产业规模扩大带来的生产成本降低会提高该产业在国际市场上的竞争力，进而促进相关产品出口贸易的发展。

以前，作为新兴产业的体育用品业，我国在相关产业发展得并不成熟，产业规模较小，集聚效应较低，同时相关的专业人才非常少，也使各个企业只能独自发展，相互之间难以合作共赢，产生不了正向的外部经济效益。但近年来，随着国民经济的飞速发展，国家政策的大力支持，我国体育用品企业迎来了发展的新时代。从现如今我国体育用品出口的地域来看，大多出口企业集中分布在东南沿海地区，一方面是由于这些地区靠近海洋，交通便利，更容易出口到世界各地；另一方面则是这些地区经济发展水平较高，工人工资较高，能够吸引较多的从业者进行生产，拥有出口企业发展的物质资本。而正是由于这个发展趋势，东南沿海地区的体育用品出口企业开始拥有集聚效应，越来越多的企业在龙头企业的带领下开始走向合作共赢、共同发展的道路。而从长远来看，我国国土辽阔，物质资源和人力资源极其丰富，在中西部地区也存在相当多潜在的体育用品生产企业集聚中心。因此，国家应注重均衡发展，大力培养越来越多相关的人才，同时在政策上为相关产业的发展打开绿灯，为他们在广阔的国家土地上进行发展予以帮助与扶持。

三、产品差异化壁垒

产品差异化壁垒，一般来说，不同的品牌需要结合不同企业的产品的核心特点和新颖的设计来作为区分于其他产品的有力手段，从而让消费者容易识别和区分，以刺激消费者的购买欲。然而我国的体育用品企业大多数是从同质化的产品发展起来的，无法体现出自身的优势和特点，虽然最初利用贴牌加工来促进出口并不需要差异化，但是一旦建立了自己的品牌，没有差异化作为基石也就不能进一步推动企业出口的发展。体育用品企业差异化战略模型是对制定企业差异化战略的相关因素及其相互关系进行概括与分析。在构建其因素模型的基础上，对模型的相关因素进行详解。竞争者要素与消费者要素是体育用品企业制定差异化战略的两个重要外部影像因素，差异化要素、竞争者、消费者与差异化战略是一个统一体，相互联系，相互影响。

（一）模型的构建

要构建体育用品企业差异化战略模型，必须找到合适的差异化要素，体育用品企业差异化战略才能够顺利实施。必须从差异化战略的相关概念出发，以消费者、竞争者分析为导向，才是比较可行有效的实施途径。基于此思路，构建我国体育用品企业差异化战略的要素模型（见图5-3）。

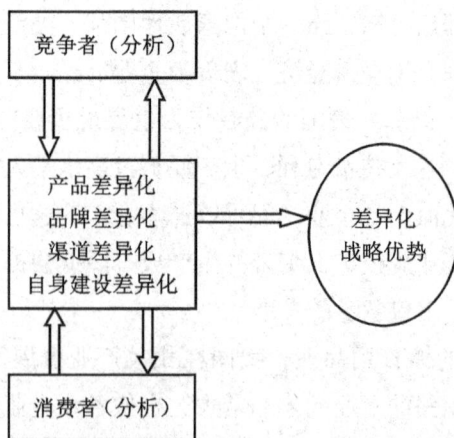

图5-3　我国体育用品企业差异化战略要素模型

（二）模型的要素分析

模型中包含了实施体育用品企业差异化的四个要素和两个相关主体，即产品差异化、品牌差异化、渠道差异化、自身建设差异化四个要素或基本形式，和竞争者与消费者这两个主体。下面对这四个要素与两个主体的相互关系，以及对实施企业差异化战略的影响进行逐一分析。

1. 竞争者导向、消费者导向与企业差异化

竞争者因素是差异化战略的比较对象，是构建企业差异化战略的重要思想源泉，消费者因素是企业差异化战略的最终实践对象，同样也是构建企业差异化战略的思想根源，满足消费者需求是企业差异化战略的最终目标。竞争者因素与消费者因素共同构成了影响企业差异化战略的外部主体。

在市场经济条件下，竞争存在于社会经济领域各个环节、各个层面。追求企业的自身利益最大化，是竞争得以产生存在和发展的内在根据。因此，企业间竞争的产生绝不是偶然的，是社会客观条件的产物，有其必然性，这种必然性决定了我们必须重视竞争者而不能忽视竞争者。使企业之间必然相互关注其战略行动，这种竞争关系影响着相互间的生存与发展，同时也在很大程度上决定着消费者的选择偏好与选择行为。

竞争者是企业制定战略时所需考虑的重要的外部环境因素，公司以竞争者为导向来制定和实施战略就是对竞争者高度重视的反映。因此，企业在制定和实施差异化战略时，竞争者因素是应该考虑的重要因素。

除了考虑竞争者这个重要因素外，消费者因素也是不可忽视的，市场需求是影响差异化战略的又一个重要因素。高科技在各个领域的迅速渗透，消费者消费观念和消费方式的变化，多样化、个性化、差别化的需求特征日益成为当今世界的主流，大众市场逐渐分化、重组而呈现个性化市场特征。对产品的品质、功能、外观、品种、等级、销售服务等也呈现不同的需求，这促使市场竞争逐渐演化为产品设计、工艺、功能、品牌、质量、服务特色为主要内容的产品差异化竞争，谁捕捉了迎合消费者产品差异化心理的先机，谁就赢得和占有了市场。

因此，顾客同样是产品差异战略不可忽视的重要因素。顾客需求是实施差异战略的重要源泉，差异化的优势最终要通过顾客来认可，并从这种认可中获得差异化优势，从而赢得差异化利润。

2. 体育用品企业差异化要素及相互关系

构建的体育用品差异化模型的核心是差异化要素，包括产品、品牌、渠道与自身建设。产品差异化是企业差异化战略的基本形式，而品牌要素则是产品、渠道、自身建设三个要素的综合，是最终实现企业差异化和差异化优势的表现形式。因此，品牌差异化是企业差异化竞争的高级形式，是现代企业经久不衰的必经之路，也是众多国内外企业所共同采用的差异化战略形式。

（1）产品差异化与品牌差异化时

有学者认为所谓产品差异化是指企业在所提供的产品上造成足以引起购买者偏好的特殊性，使购买者将它与其他企业提供的同类产品相区别，以达到在市场竞争中有力地位的目的。有学者认为所谓的产品差异化是指企业在形成该企业提供的产品实体的要素上，或在提供产品过程的诸条件上，同其他同类产品相比造成足以引诱买者的特殊性，以便买者将其同其他经营同类产品的企业相区别，并以此在争夺高超的竞争中占据有力地位。

虽然没有明确的、统一的定义，但纵观前人研究成果，可以把产品差异化暂且定义为在同产业内企业或个人提供的具有相同或相当类似的使用功能的同类产品的与众不同的特殊性。这种特殊性是人为的，是生产者根据市场需求导向并在考察竞争对手的基础上，在生产经营与服务过程中提供出来的。这种差异可以是面向高消费者阶层的，也可以面向中低消费者阶层，具体应以市场需求和企业资源能力为准绳。

在现代营销活动中，企业之间的品牌竞争在一定程度上就代表了整个产品层次的竞争。产品、渠道、自身建设等方面的差异都要体现在品牌形象的差异上，而且企业竞争优势在营销环节上最终要通过顾客的忠诚来实现，而顾客忠诚往往就是通过对品牌的认知偏好来建立的。产品属性差异、渠道差异等都能够被竞争对手模仿，但品牌差异化就难以模仿了。所以，品牌差异化是建立在产品差异、渠道差异等基础上的高级形式，它是企业差异化的最终途径。

（2）渠道差异化与企业自身建设差异化

在产品、价格，乃至广告日益同质化的今天，越来越多的企业发现，单凭产品的独有优势，已经很难在市场上赢得竞争的优势。在这种背景下，广大企业已经认识到，只有"渠道"的整合建设，才能产生市场差异化的竞争优势。因此，营销渠道便顺理成章地成为企业关注的焦点，并且还日渐成为企业克敌制胜的武器。所以，未来企业的竞争，不再是单纯产品的竞争，而更多的是营销渠道的竞争。企业生产出的产品通过怎样的途径到达零售终端，这就是渠道建设的问题。渠道是联系企业与终端消费者的纽带，企业之间能否保证一个渠道差异化，是直接影响企业盈利乃至企业前景的重大问题。

体育用品企业自身建设是体育用品企业的基础，体育用品企业是现代化企业，在企业管理模式中究竟采取何种模式，企业人才究竟是倾向哪种构成方式，如何建立企业自身的人力资源系统，体育用品企业该以何种思想作为自己的价值取向与奋斗目标，这些属于企业自身建设的问题，是所有差异化战略的基础，只有打好地基，高楼才能平地而起。

（三）体育用品企业差异化战略的最终目标

体育用品企业差异化战略的最终目标是要获得竞争优势，这是我们研究差异化战略的归宿。总之，在该模型中，通过对竞争者、消费者需求要素来形成差异化构思的分本，并通过产品差异化、渠道差异化、自身建设差异化，最终形成品牌差异化来实现差异化战略。这些差异化的不断形成，就会最终铸就我国体育用品企业的竞争优势。

第三节　国际出口环境突变风险增多

一、投资环境

体育用品出口退税是指在体育用品出口后，将在出口时收取的关税部分或全部退还给企业。我国实施出口退税政策后，体育用品出口国际市场上的竞争力得到了有效地提高。

首先，出口退税是实实在在地将现金退还给企业，这就减少了体育用品企业生产产品的投入，更好地帮助企业资金周转，企业生产和经营资金充裕，竞争力必然会上升，这样企业就能生产出质量、技术、服务更高层次的产品。

其次，这项政策使一些体育用品可以以不含税的价格进入国际市场中，与市场上需要缴税的同类产品具有明显的价格优势，实际上就是减少了产品的价格，价格一旦降低，体育用品出口优势就更明显，必然会提升出口竞争力。企业内部的管理和经营同样也是影响体育用品出口的重要因素，良好的企业经营管理能够在提高产品质量的同时不断降低成本，打造优质的品牌形象，强有力地占据市场份额，可以说，企业本身的经营管理越完善，体育产品出口状况越好。

二、金融环境

金融环境的稳定性通过美元与人民币置换的汇率可以充分折射出，汇率变化将影响进出口贸易。一旦汇率进行变动，意味着人民币的面值已经改变，无论是通过升值还是贬值，体育用品对国外进行出口，它们都将不可避免地与汇率接触，所以汇率的变化一定会对其产生影响。购买同样的产品比以往需要更多资金，实际上体育用品出口价格上涨，但其实表明人民币升值了。到此时，一些外国卖家或客户会选择其他国家相同的产品，这时出口竞争力与体育用品出口相继受到影响。

（一）人民币升值对体育用品出口商品竞争力的影响

我国体育用品行业在全球市场竞争力方面，人民币汇率的变动牵制着其变化。由短周期来分析，汇率的变化会影响货币购买力的变动，直接影响出口产品价格；那么从长周期进行分析，全球市场需求变化将导致体育用品出口价格变化，将对中国在国际市场体育用品份额有一定的反作用力。

首先，自2005年起，中国不断地不断地对汇率制度变革更新，人民币也持续呈现升值，中国的体育用品也被其所影响价格持续上涨，导致我国相关联的企业无法面对国际市场调价。

其次，近年来中国体育用品生产企业把加工业务作为主要出口体育用品贸易，中国的体育产业已经使用这种方法来降低产品的产量。其价格优势占据了大部分国际市场份额，但是人民币汇率变动带来的价格优势俨然成为过去式，所占的国际体育用品市场份额持续下降。纵观整体，人民币持续升值，中国体育用品出口竞争力优势继续下跌。另外，随着国内体育用品份额所占国际市场比重增大，人民币随之持续升值。

（二）人民币升值对体育用品出口企业及就业影响

从经济学角度剖析，经济市场中进出口贸易处于完全竞争的位置，其产业将受汇率变动的影响，但其行业的就业人群增减数都受到出口贸易变动的影响。因此，人民币汇率变动其正负都会牵制我国体育用品行业。依据研究阐述，由于国际市场的刺激，中国体育用品行业出口需要保持上涨趋势，我国体育用品行业的产量将会因此而上涨；反之则降低。造成体育用品公司生产数量相继递减，产量的下降企业营销受损，压力加大。多数企业解决此问题的方案，减少员工数量，迫使中国体育用品行业就业率降低，部分体育用品进出口公司都是中小企业，资金支持的匮乏，面临着人民币不断升值的压力，这些企业难以稳定运营，致使有些公司破产。

中国的一些体育用品公司因为人民币保持升值趋势，所以采取削减人员的经营方式，以缓解公司的压力，许多主要出口体育用品的企业同时因人民币升值而亏损，此现象也频繁出现。

三、贸易环境

在我国对外贸易发展中，贸易壁垒的负面影响一直十分显著的，基本涉及出口所有领域，每年损失的货物出口额约高达几百亿美元相当于全年出口总额的20%左右。造成这种损失的原因主要有：限制市场准入，即欧美等国家通过立法，制定苛刻技术标准和贸易保护，制定我国部分产品无法达到的标准，以至于我国产品无法进入这些国家的市场，从而对国内相关企业进行保护。比如我国纺织品、服装的出口，西方国家从1994年起相继立法禁止进口118种含偶氮染料的纺织品，达不到标准的产品将被全部扣留和销毁，迫使我国中断104种偶氮染料纺织品的出口；竞争力的影响，西方国家虽在市场准入方面不做直接设置限定，但通过制定绿色认证、增加相关关税及开展相关的反补贴措施，致使我国产品出口成本大幅增加，从而削弱我国产品在市场中的价格优势，削弱产品竞争力。

我国外贸企业必须为获取国外的绿色标志，支付大额费用。结果与前一种限制市场准入效果相一致，导致产品成本大幅度上升，丧失市场价格优势。体育用品产业通过吸引外资，首先能够给企业增加资金，相对减轻企业压力，为体育用品企业制造更先进更优质的产品提供物质和资金保障；其次，随着外资的引入，国外相对先进的技术和理念也会随之引入到企业中，为企业产品生产提供更为先进的技术指导，提升产品的科技量和质量。因此吸引外资能够提高和完善体育用品产业实力，产品品质也会随之提高，产品在国外市场上也就更加具有竞争力，从而提高我国体育用品的出口的优势。

20 世纪 80 年代，我国经过一段时间改革开放，创造了有利的国内外形势，加工贸易开始磅礴发展。加工贸易的异军突起的另一个主要原因是我国丰富劳动力资源。家庭联产承包责任制和国企改革解使得我国内开始有大量剩余劳动力，且当时国内人力成本低廉。特别适合劳动密集型的加工贸易发展。加工贸易可以充分发挥我国人力成本优势，降低产品造价，从而提高产品出口的竞争力。同时由于我国长期鼓励和执行加工贸易发展的多项优惠政策，也大力促进了中国加工贸易的发展。最终规模完整、设施完善的加工贸易工厂和各项优惠政策一起吸引了众多外商投资，进一步壮大加工贸易发展。

四、信息环境

（一）工业时代向信息时代的演变趋势分析

蒸汽机的发明和使用，使人类社会开始进入工业时代。20 世纪信息化、智能化、网络化的出现，引起了社会更加巨大的变革，促使社会生产方式发生了根本的变化，人类由工业时代迈向信息时代。

信息时代的以下主要特征与工业时代有着本质区别，二者在社会各维度上均有不同程度的差异。

首先，信息时代的基础是信息资源。与工业时代中物质资源是基础不同，信息时代的基础是信息资源。信息资源是现代经济发展的重要手段，表现为虚拟性和数字性特征。在人类社会发展的过程中，信息资源的出现可谓是人类历史发展中的一次飞跃性的进步，这一转变是人类社会在其历史发展进程中的质变。

其次，信息时代的手段是信息技术。知识经济在信息时代中扮演着重要角色，它将物质资源和信息资源紧密地联结在一起，发挥着重要作用。物质技术在信息时代若想发挥社会作用，必须要通过信息技术手段来实现。

另外，信息时代的本质是创新。创新精神在每一个时代都是需要的，但是在信息时代，创新成了时代鲜明的本质，体现在外界环境的变化速度加快，人类对精神世界追求的速度也是空前迫切。

在工业时代向信息时代的转变过程中，经济环境面临着巨大的变革，特别是在经济层面上：信息产业化成本全球经济发展的大势，经济发展的产业结构正发生着重大的转变，种种现象表面，信息经济有取代实体经济成为经济发展最核心的力量，由此引发的产业结构革命随之到来。

在工业时代，制造业的兴旺引起了社会结构和分工的重大变化，无论是从财富创造还是社会文明进步方面做出的贡献都是空前的，但是有一个不可避免的前提，就是工业时代的财务来源往往是依靠自然物质的转化，从长远角度来看，这种发展模式不是可持续的。反观信息时代，信息资源和信息技术成为发展的基础，由此衍生出的信息产业与工业时代的产业是有本质性区别的。在信息时代，创意和科技产业成为主流，基于信息技术的现代服务业成为重要的支撑产业，另外，一系列的信息服务产业正在疯狂地崛起。在互联网及其他诸多信息技术的帮助下，全球经济呈现出显著的虚拟化、网络化、扁平化、自动化、智能化、柔性化的特征。并且值得关注的是，每一个企业在信息时代都是一个相对独立而又相互连接的商业生态体系，这就意味着产业边界越来越模糊，合作形式越来越丰富，商业模式越来越多样，从而引发经济发展的革命性变革。

在生产方式上，国家正在由规模经济向非规模经济和聚合经济过渡。工业化社会是一个大规模的生产社会，规模经济概念是在进行经济思考和经济活动组织时起主导作用的概念。在这种概念指导下，生产力以单位投入所获得的产出为量度，这样就使生产系统及与其配套的其他系统变成的笨重、僵化系统而缺乏内在活力。因而，随着工业经济向信息经济的转化，许多工业化国家把信息经济看作摆脱困境的灵丹妙药，在生产方式上的必然逻辑结果是向非规模经济和聚合经济过渡。这样，公司企业的目标便不再是追求最大效率，而是对规模经济进行非规模化的考虑。核心是高技术能力与其他各种因素的组合作用，即追求聚合经济的效益。

在组织结构上由层次化向分子化结构演变，使外集权化成为当今世界组织结构改革的主导方向，并使企业组织国际化进一步成为趋势。与制造工业中的规模经济活动相适应，工业化组织结构逐步演变成一种程序化的组织形式，而信息时代的来临使得国家出现了与信息经济相适应的组织结构形式，这在企业水平上这就是所谓"分子结构"。

多目标社会效益和民主参与，正在成为企业和政府的重要价值观念。在当代，尽管利润和自我利益仍是至关重要的，但由于人类正在进入的时代是以信息和知识为基础的时代，最主要的资源是全社会可以共享的信息资源，工业时代提供的财富条件已经使社会将更高阶的关心推到了前面，人们的文化价值观念正在转向更强调社会资源、知识资源和政治资源的方向，所以在国家水平上，多目标的社会效益便成了政治家和企业家不得不认真对待并予以积极响应的问题，为了满足社会的上述要求，政府和企业认识到在新形势下要主动协调社会网络的各种不同的利害关系，使其成为一个整体，并要使企业与整个社会形成有机的配合。未来适应这种需要，企业传统上以利润为中心的原则正在向以社会和多目标为中心的新的原则变化。

（二）信息时代驱动经济发展创新

进入信息时代以来，信息经济和虚拟经济成为经济发展的重要组成部分。以电子商务为代表的信息经济逐渐成为全新的经济模式。电子商务通常是指在全球各地广泛的商业贸易活动中，在网络环境下，基于浏览器或服务器的应用方式，买卖双方在不见面的情况下从事各种商贸活动，实现网上购物、网上交易和在线电子支付以及各种商务活动、交易活动、金融活动和相关综合服务活动的一种新型的商业运营模式。

电子商务根据主客体的不同，可以分为企业对企业、企业对顾客和顾客对顾客三种类型，有时也包括企业对政府在内。目前，企业对企业、企业对顾客这两种形式是电子商务的主要形式。企业对企业之间的电子商务在电子商务业务中占主导地位，约占电子商务总交易量的 90%。电子商务在供货、库存、运输、信息流通等方面大大提高了企业效率。对非生产领域的企业而言，电子商务活动基本可以覆盖整个企业的经营活动。通过电子商务，商贸企业可以更及时、更准确地获取顾客信息。

（三）信息时代驱动企业经营创新

人类进入信息时代，社会经济和科学技术都在飞速发展，信息时代迸发出的巨大能量正渗透着人类生活的各个领域，在这种形式下，企业的生存环境也发生着翻天覆地的变化。信息时代的来临对企业的管理、企业的供应链等皆有着巨大的冲击，传统的企业模式已经不能很好地适应信息时代的发展，因此，相应的新型企业模式应运而生。

随着信息时代的到来，企业的发展面临着诸多的压力和挑战，企业在管理内容、管理理念、管理目标、组织结构、管理方式、供应链管理等方面正在发生着重要的变迁，具体表现如下：

1. 从传统的科学管理到信息资源管理的演变

科学管理思想一直沿着一般管理、行政组织管理、行为管理、定量管理、目标管理和权变管理的轨迹发展，而面对信息时代全球经济和市场的影响，企业间剧烈的竞争态势，组织机，构扁平化的发展趋势以及在高新技术的推动下，信息资源成为企业发展的重要生产资料，信息技术和科学管理思想相结合的产物。

2. 企业管理理念的变化

信息时代中一个重要的特征就是外部环境处在一个高速变化的状态，若想适应这种复杂多变的环境，企业就必须创立全新的管理理念，也就是以创新为主导的理念。创新管理的产生符合信息时代的要求，是在经济、社会、技术均出现重大变革时而产生的。创新管理的实质在于通过学习和了解最新的信息技术和外部环境，不断地对企业的战略模式、融资模式、营销模式、盈利模式、运营模式、管理模式进行有效的创新，甚至可以认为创新理念是企业经营的核心基因。与此同时可以看出，学习在信息时代的重要性，企业只有通过不断地学习才能适应急速变化的社会环境，否则将会在不知不觉中被淘汰。

3. 企业管理目标模式的变化

在工业时代，企业管理目标的内涵是资本，生产的最终目的是创造尽可能多的剩余价值，而在获得剩余价值之后，进一步扩大生产规模从而获得更多的资本。也就是说，在工业时代资本是驱动企业进步的第一要素。而在信息时代，管理目标呈现出明显的多样性，企业在追资源价值最大化的同时，也将更多地考虑如何更好地与社会环境融合。如上文中提到的，每一个企业都是社会经济生态中的一个小生态，如果小生态脱离了社会经济生态则很难健康持续地发展。因此，信息时代企业的管理目标出现了理念管理、社会价值观念管理、可持续经济发展管理等诸多类型的管理目标。

4. 企业管理组织结构的变化

在工业时代，将生产环节拆分，使得生产者的工作出现分工，这是历史性的进步。在这种模式下，企业的组织结构往往体现出明确的层级性和稳定性。所谓层级性可以从两个维度理解，观察组织结构的纵向特征，有明确的上下级关系，且上级是管理者，下级是被管理者，二者之间的关系不会出现管理信息逆向流动的情况；观察组织结构的横向特征，平级的各生产部门之间，不存在紧密的协作联系，而是通过固定的流程按照时间顺利各自分别完成工作，最终提供的产品或服务具有明显的拼装特征。所谓稳定性可以理解为层级化的组织结构不会因为时间和环境的改变而改变，更不会因为某一个项目、某一个产品而调整组织结构。而在信息时代，由于连接成本的降低和连接方式的增多，为企业管理的高效性提供了极大的便利。由此产生出多种灵活的组织结构，以扁平化组织结构为代表的企业组织结构备受企业的青睐。对于扁平化组织结构的理解同样可以基于两个维度：一方面是层级的减少产生的物理层面的扁平化，另一方面是沟通环节的减产产生的精神层面的扁平化，前者有利于管理者的管理，后者利于被管理者对管理的反馈。

5. 企业管理方式的变化

工业时代的管理方式极为简单，集中的安全管理、制度管理、行政管理三个方面。造成这一现象的原因是在工业时代，人是工业化生产的一个环节，主要的工作是辅助机器进行生产，有时甚至就是工业化流水线的组成部分，所以企业关注的重点更多的是生产设备的运行情况。在信息时代下，以人为本的观念被深刻地提出，由于在掌握信息技术和获得各类知识变得更加便利，人的思想也越来越丰富，人与人之间在知识层面上的差距越来越小，竞争的核心也从过去的知识的竞争变化为能力的竞争。

6. 企业供应链管理的变化

供应链的管理源自工业时代，并一直延续到信息时代。但是在不同的时期，企业对供应链的理解也是存在巨大差异的。在工业时代，企业的供应链管理上更多的是体现出竞争的特性，也就是说，企业在面对上游企业是想方设法地降低成本而获取更多的原材料，在面对下游企业时，在不考虑下游企业能力的前提下尽一切可能提高销售价格和销售量，最终的目的就是利润最大化。在信息时代，企业的供应链管理强调的是合作，原因可以从以下两个方面去理解：一方面，在社会经济生态中，企业的竞争不再是企业与企业之间的竞争，而是供应链之间的竞争；另一方面，信息技术的发展使得企业可以快速获得复杂和多样的所在供应链的活动信息，并能够在第一时间准确快速的处理，这样一来供应链中各企业之间的信息变得更透明，容易建立信任机制。

（四）信息时代驱动商业模式创新

在信息时代下传统的商业模式已经不能满足企业的发展需求。受互联网以及高新技术的影响，如今的产业发展中，专业化的分工进一步深入，而各产业之间处于一种界限模糊，难分内外的环境之中。因此，信息时代的这些特征驱动着新的商业模式的发展。当今时代下的制造业，有着逐渐向信息产业和服务业融合的趋势。并且受到可持续发展战略的指导和影响，整个社会在发展的同时，对生态环境以及环保也更加关注。中国新环保法的实施对制造业的发展提出了更高要求。因此，综合来看，在信息时代下，当前中国的商业模式逐渐向着信息化、服务化和绿色化的趋势。

1. 商业模式信息化趋势

在工业时代，企业的商业模式相对单一，常有"渠道为王"的说法，也就是说销售渠道是企业获取利润的重要手段，也可以理解为企业的发展是依靠渠道驱动。借助销售渠道，企业可以将生产的产品或服务转移至消费者，这是工业时期企业价值创造的过程。随着信息技术的发展，企业的销售方面对传统渠道的依赖程度大大降低，原因是企业可以通过信息技术直接与潜在顾客建立联系，并且这一联系具有低成本、无时空限制、及时高效的特点。比如，近年来出现的O2O模式就是最好的代表：企业可以利用互联网平台，根据顾客发出的需求直接为顾客提供定制化的产品或服务。而随着大数据、云计算、物联网技术的迅猛发展，制造企业可以将这些技术充分地运用在生产经营的全过程之中，例如：建立信息共享服务机制、建立信息共享制造机制、建立信息共享管理机制等。此外，信息资源将成为极有价值的生产资料，会出现将信息资源作为商品的信息产业，诞生出如信息资源自营模式、信息资源租售模式、信息资源平台模式、信息资源仓储模式、信息资源众包模式等，这些商业模式将对制造业的发展产生重大的影响。

互联网技术的快速发展对制造业商业模式的冲击是巨大的，也是最为明显的。生产的智能化、自动化、柔性化、精准化有效地将生产制造和增值服务紧密联系，在价值链的各个环节上提升价值水平。信息化逐渐渗透进制造业之中，二者的融合诞生了诸多经典的商业模式，例如，供应链纵向一体化模式、垂直分离模式、大数据平台模式。

2. 商业模式服务化趋势

以往中国体育用品制造业一直是以生产体育用品为主，企业的服务性通常体现在商品的售后服务方面，并且体育用品的售后服务常常难以找到盈利的可能。另外，中国体育用品制造企业中大部分是从事代加工制造，处于价值链的最低端。近年来，随着时代的变革，服务业在国民经济的比重越来越高，而对于中国体育用品制造企业而言，一方面具有工业的属性，另一方面又具备体育服务的属性。作为中国体育产业重要的组成部分，中国体育用品制造业的产值占据了中国体育产业的七成以上，但需要关注的是，中国体育产业的价值开发工作尚处于极为初步的阶段，未来将有巨大的市场空间和市场规模，当中国体育产业尚未形成清晰的产业链时，中国体育用品制造企业应对自身重新定位，致力于提供更多的体育类服务，如体育赛事服务、体育教育服务、体育投资服务等，此类服务与制造体育用品相比，拥有更加广阔的市场前景。中国体育用品制造产业制造业可以通过内部推动和外部拉动实现服务化的转型，在向服务化转型过程中，商业模式需要经历三个阶段的演化：技术管理阶段、服务管理阶段、协同管理阶段。

3. 商业模式绿色化趋势

传统制造业在生产产品时，由于商业模式的陈旧，需要通过尽可能地扩大生产规模而换取更高的盈利可能，由此一来则会消耗过多的自然资源，并会对生态环境造成破坏。在信息时代，以智能化、自动化、信息化为特征的现代制造业将在生产的全过程中充分地兼顾环境因素和资源配置。打造绿色商业模式的根本目的是在获得经济效益和环境效益的双赢，实现经济发展的全面、协调、可持续。从成本角度来看，通过绿色商业模式的生产，不但可以避免原材料的浪费，其对减少自然资源的消耗同样作用明显。绿色商业模式创新是一种新型的商业经营方式，它是在企业内部和企业之间的一种非技术性的绿色创新模式，是处理产品或服务导向的研发活动、价值链、新组织模式、市场营销等的新方法。绿色商业模式创新能够激励制造业考虑整个产品生命周期的成本，从而减少能源或资源的使用和浪费，显著降低对环境影响。

随着互联网等各种信息技术的快速发展，信息化已经成为制造业必不可少的一部分。面对转型升级的巨大压力，许多制造业的核心业务也在不断地向服务方面转型。社会、企业、大众对于绿色环保的意识的不断增强，因此制造业为适应需求和实际情况，也在不断地融入绿色化的商业模式。整体来看，当今时代对企业的行业划分越来越模糊，企业的业务将不再局限于某一行业，混合经营越来越普遍，现代制造业的商业模式将更多地从整个产业链和平台的角度来设计，并充分考虑到企业的社会责任和国家的政策导向。

（五）信息时代中国体育用品制造企业价值网模型的构建

1. 信息时代企业价值网的特征

在信息时代下，互联网经济日渐蓬勃发展的现在，其连接一切共创共享的特征，打破了工业时代的各种界限，越来越多的商业形态受到互联网的冲击，产业的边界越来越模糊，产业之间的关联程度也越来越高，因此，传统的以价值链为主的商业模式逐渐不能满足信息时代企业的运作和发展，价值链理论的适用范围也越来越受到限制。随着互联网的快速发展，对企业传统模式的冲击不断加深，变革不断加剧。互联网不仅仅是一种信息技术，而逐渐演变成一种思维。互联网的兴起，带动着云计算、大数据等技术成为基础设施，企业和顾客之间能够更加便捷地互动沟通，顾客越来越多地参与到企业的价值链的各个环节之中，因此，为了提高信息时代下企业的竞争优势和改进其商业模式，新的价值网概念应运而生。

信息时代价值网具有以下特征：

（1）以顾客需求为核心

企业价值网中可以包含多个主体成员，但是最为关键的主体就是顾客，价值网的建立初衷和一切活动开展都是源于满足顾客的需求，实现顾客价值的最大化。在价值网中顾客不再仅是价值的终端接受者，是价值创造的发起者，与价值网中的其他主体共同创造价值。在价值网的价值创造逻辑中，顾客是价值流产生的源头，并将直接决定着价值的数量级。因此，企业通过价值网及时、准确、完整地获取顾客的真实需求，对企业明确竞争优势极为有利。

（2）以核心企业为中枢

在价值网体系中，领导企业是整个网络形成的主要动力，可以整合其他成员创造的价值，从而影响价值创造的方式和价值传递的机制。市场和顾客的需求信息是激活价值网的关键，领导企业要及时发现有关顾客的需求，并准确地反馈给生产厂商和供应商，从而使价值网里的每个参与者都能够贴近顾客。

（3）以数字信息为支撑

通过数字化的关系网络，价值网可以迅速协调网络内企业、顾客及供应商的各种活动，并且以最快的速度和最有效的方式满足网络各成员的需要和适应顾客的需要。价值网中的成员还可以通过建立网络关系来实现企业之间的资源共享，相互弥补各自资源的不足，进行优势互补。

（4）以能力互补为基础

价值网的整体竞争力来源于网络各个成员之间的协同配合，这种协同强调网络中的企业需集中精力和资源做好企业所擅长的业务工作。因此，具有核心能力的生产厂商和供应商是保证整个价值网正常运行的微观基础。

结合价值网的特征，相比以往的价值链而言，价值网更加关注如何为顾客创造更多的价值，改善和供应商的合作关系，提升网络中成员的整体价值观的提升；关注整个网络中各个成员的共同效率的提升；关注网络信息的流通，并且在价值网的模式下，核心企业通过向顾客提供定制化的服务及产品突出自身的优势，同时通过良好的业务流程设计，使网络中的成员都能在自身核心能力环境下进行低成本的运作，从而达到零成本。

2. 中国体育用品制造企业价值网模型的提出

中国体育用品制造企业已关联到信息服务、信息管理、电子商务，以及科技产业，展示与新的活力。同时，行业内企业之间的竞争呈多元化趋势，在品牌、市场定位、价格、产品、服务多个层面展开，中国体育用品制造企业的飞速发展使得体育用品消费市场从卖方市场转向买方市场，顾客在产业链中的地位提升，顾客需求成为推动行业产业链变迁的重要因素。市场环境及顾客需求的变化，使企业必须建立以满足顾客需求为目的的、灵活、高效的商业模式。

同时，要满足顾客日益多变的需求，仅依靠企业自身的努力是难以实现的，必须吸引更多具有互补资源和能力的新元素，使原有主体与新主体在相互认可的模式下共同合作，推动行业的良性发展。中国体育用品制造企业在信息时代需要不断利用新的技术和理念，实现产业升级，才能创造出具有更高价值潜力的产品。

在传统的价值链中，中国体育用品制造企业是价值创造的核心，供应商和金融机构提供物质生产支持和资金，不会直接参与价值的创造过程之中，即产品决定市场。随着信息时代的到来，中国体育用品制造企业对信息技术使用能力的提升，以拓展价值空间为目的的新商业模式与传统商业模式相比，更加强调合作关系。

第六章 我国体育产业与体育用品对外贸易的现实制约

第一节 体育用品出口贸易风险高

一、缺乏良好的制度环境

目前由于地方政府缺乏对体育用品制造业的横向和纵向整合的制度设计，体育用品制造业难以形成规模经济从而走向高端道路，造成了许多低水平的重复建设，导致我国体育用品的出口被锁定在低端道路上，产品的增值率低，差异性产品少，低价竞争现象严重。

（一）行政运行和机关运行费用较高

体育财政政策主要体现在财政对体育产业的财政投入方面，其财政投入更多的是公益性和事业性的。行政运行、一般行政管理、机关服务、运动项目管理、体育竞赛、体育训练、体育场馆、群众体育、体育交流合作是我国体育产业财政投入的重要方向，全民健身运动组织开展、体育场馆、体育设施等方面建设，以及比赛的举办、运动项目管理等是主要投入方向。从体育产业财政投入的内部情况看，我国体育场馆、运动项目管理、行政运行等占据了体育产业财政投入的主要权重。

（二）群众性体育领域体育产业财政投入较少

从现有的数据来看，对竞技体育的投入较多，而对群众性体育投入不足，仍然是我国体育产业财政投入面临的重要问题。

相对于美国、日本、英国等发达国家将大量的资金投入群众性体育项目的做法，我国体育财政投入更趋向于注重竞技体育的发展。国外的体育产业财政投入方向主要用于大众健身、体育场地设施、反兴奋剂、体育科学研究等方面。如澳大利亚和芬兰、新加坡等国家均设立了公益性的体育基金，用于促进公益性体育事业发展。日本主要通过体育基金和体育彩票公益金对群众性体育进行投入，对群众性体育的开展给予补贴。日本群众性体育补贴的来源主要有体育振兴基金、体育彩票公益金，补贴的项目主要有群众性体育比赛、全国或国际性的比赛、体育研究和培训、社区体育设施、综合型社区体育俱乐部建设等。发达国家的体育设施建设基本由政府投资来进行，日本中央政府对体育产业财政预算的内容主要包括"设施建设、活动开展、指导员培养、团体组织建设"等方面，其中大部分为"设施建设"方面的投入。

虽然近年来我国体育财政投入呈现出逐年增长的趋势，但是仍然存在结构不合理的问题。DEA纯技术效率用来反映制度性和结构性所带来的效率，纯技术效率水平越高，越表明结构性和制度性的因素带来的收益越好。日本主要通过体育基金和体育彩票公益金对群众性体育进行投入，对群众性体育的开展给予补贴。日本群众性体育补贴的来源主要有体育振兴基金、体育彩票公益金，补贴的项目主要有群众性体育比赛、全国或国际性的比赛、体育研究和培训、社区体育设施、综合型社区体育俱乐部建设等。发达国家的体育设施建设基本由政府投资来进行，日本中央政府对体育产业财政预算的内容主要包括"设施建设、活动开展、指导员培养、团体组织建设"等方面，其中63%为"设施建设"方面的投入。虽然近年来我国体育财政投入呈现出逐年增长的趋势，但是仍然存在结构不合理的问题。DEA纯技术效率用来反映制度性和结构性所带来的效率，纯技术效率水平越高，越表明结构性和制度性的因素带来的收益越好。

二、出口退税政策不够完善

我国的出口退税政策规定只是对一般贸易退税，对加工贸易不退税。同时，由于出口管理体制的不完善，体育用品出口骗税的案例又不断发生且相当严重，导致了我国体育用品的出口环境不理想，低价竞争的现象得不到有效制止，这不但影响了出口企业的经营利润，也损害了国家的整体利益。

（一）体育产业发展引导资金扶持力度不够

1. 体育产业发展引导资金规模总量较小

截至2020年，我国仅有15个省（直辖市）建立了体育产业发展引导资金，尚有16个省（直辖市）的体育产业发展引导资金处于空白。自2007年北京市率先建立体育产业发展引导资金以来，截至2019年年末，13年间累计投入体育产业发展引导资金190亿元，全国年均体育产业发展引导资金仅为14.6亿元。

2. 体育产业财政资金对企业扶持力度较小

为了弥补财政预算投入资金的不足，各地通过建立体育产业发展引导资金来推动体育产业的发展，但是目前额度规模仍然较小。如根据《南京市体育产业发展引导资金使用管理办法》，对体育产业园区、基地、生产流通领域的项目最高可给予项目业主不超过100万元资金扶持；对于赛事类项目，可以给予主办方不少于50万元资金扶持；对于其他企业类项目给予不超过30万元资金扶持。南京市2014—2019年市级体育产业发展引导资金投入额度仅为2700万元，但接受资助的单位个数达到了102个，平均每个受资助单位仅为33万元。南京市作为江苏省省会，体育产业较为发达的城市，在体育产业发展引导资金向企业投入方面尚且如此，其他省市的体育产业发展引导资金的额度也可窥见一斑。

3.体育产业发展引导资金对产业基地扶持力量不足

为了加快体育产业高质量发展，北京、山东等地建立了体育产业发展集聚区（基地），但是体育产业发展引导资金对集聚区的扶持力量有限，在山东省2018年实施产业引导的47个项目中，省级体育产业基地的项目仅占7个，占资助项目数量的14.89%，占项目总投资额度的26.15%。财政支出对体育产业基地的扶持力度不足，不利于产业基地发挥项目和产业引导的作用，不利于体育产业做大做强。

（二）参股渗股力度不足

参股渗股力度不足主要体现在：

1.政府与企业合作体育产业类PPP项目落地的较少

通过在全国PPP平台项目库进行检索调查发现，截至2020年年末已录入全国PPP平台项目库的体育产业类重点项目53个，涉及的省（自治区、直辖市）仅有北京、河北、山西、内蒙古、江苏、浙江、安徽、江西、山东、湖北、广东、广西、四川、贵州、云南、陕西、青海、宁夏等18个，尚有14个省份没有体育产业类项目被纳入全国PPP平台项目库。在现有的项目库中，还有43.4%的体育产业类PPP项目没有获得立项，处于前期规划阶段；有32.08%的体育产业类PPP项目没有落实社会资本方项目业主，从以上可以看出，纳入国家项目库中的体育产业类PPP项目得到落实和建设的项目较少。

2.社会资本与政府合作的积极性不高

除全国PPP平台项目库的项目外，通过互联网检索发现，有据可查的地方政府财政通过参股参股对体育产业开展扶持的项目较少。仅有江苏（江苏泰州体育公园项目）、浙江（浙江衢州市体育中心PPP项目）、河南（河南开封市体育中心PPP项目）、青海（西宁市瑞景河畔家园全民健身中心建设项目）等少数省份开展了政府与社会资本在体育产业领域的合作，参股渗股这一财政工具运用不足。通过调查发现，之所以参股渗股欠缺，体育产业的PPP项目建设不足，主要由于当前地方政府开展的政府与社会资本方合作的项目多为公益性项目，从上述江苏、浙江、河南、青海的案例就可以看出，大多为体育场馆、公园、全民健身中心等公益性的项目建设，PPP项目的盈利水平不高影响投资回报率，加上项目投资回报期较长，使得体育产业市场主体与政府进行PPP项目合作的积极性不高，财政通过参股参股促进体育产业发展较为乏力。

（三）税收优惠政策较少且缺少

针对性当前我国体育产业税收优惠政策存在税收优惠较少、忽视体育服务业、税收优惠内容针对性不强等问题。

1.与体育产业相关的税收优惠较少

目前体育产业的税收优惠，主要涉及增值税、所得税、房地产税、城镇土地使用税等，但是专门针对体育产业的较少。按照体育产业分类标准，在体育产业所涵盖的11类中，真正属于核心体育产业的税收优惠更多的是针对体育赛事，而且根据以往的税收优惠实例，都是一些临时性的针对大型赛事的税收优惠，随着赛事的结束就消失了。例如：

在 2020 年晋江第 18 届世界中学生运动会、三亚第 6 届亚洲沙滩运动会等体育赛事的举办中，对组委会的电视转播权销售分成收入、赞助计划分成收入、无形资产特许权收入、宣传推广费收入、销售门票收入等免征增值税。对比赛中直接使用的，国内不能生产或性能不能满足需要的消耗品免征关税、进口环节增值税、消费税。这些税收优惠政策随着比赛的结束也随之结束。

2. 税收优惠对象忽视体育服务业

随着体育产业的发展，体育服务业的结构占比不断扩大是一种趋势。因此，对体育服务业的税收优惠政策的实施，是促进体育产业高质量发展的重点。除了自 2016 年 1 月 1 日起企业拥有并运营的体育场馆，减半征收房产税和城镇土地使用税，以及 2019 年 10 月 1 日开始的"允许生活性服务业纳税人按照当期可抵扣进项税额加计 15%"以外，再没有其他的关于体育服务业相关的优惠政策。体育服务业中的体育娱乐业、健身业、传媒业等大多为交叉性的行业，对这些行业应实施怎样的税收优惠，缺少明确的规定。

3. 税收优惠内容针对性不强

在增值税、企业所得税、房产税、城镇土地使用税、车船使用税等方面，均对体育产业有所优惠。但是大多集中在体育竞赛举办、体育产品制造业等方面，对于新兴的体育创意、会展、休闲等产业上，税收优惠的政策并不明朗。在一些税种优惠享受过程中，体育企业门槛较多，审批流程较烦琐。与加拿大、美国、日本等发达国家对体育场馆基础设施建设、大众参与、体育产品制造业和生产等方面的税收政策，更多是建立在税前的税基优惠基础上而实施的税收抵免、盈亏相抵、税收扣除、加速折旧等间接优惠。与直接优惠相比，税前的间接优惠政策更有利于体育产业的成长和壮大，但是这种国外的税收优惠政策是建立在完善的财务制度基础上的，我国体育产业起步较晚，如何更广泛地将直接优惠和间接优惠相结合，成为需要探索的问题。税收优惠政策的实施，其目标是带动整体体育产业的发展，但是目前我国现有的税收优惠政策更多的是针对体育"事业"，而对体育"产业"类的优惠力度远不及体育"事业"的优惠政策。

三、财政对多元化体育投入的引导不足

（一）体育产业财政投入带动效率不高

首先，体育产业财政投入与高质量发展相关性不足。通过将体育产业财政投入作为解释变量，将地区生产总值、人口密度作为控制变量，将体育产业财政投入作为被解释变量。体育产业的财政预算投入与体育产业高质量发展的相关系数小于人均地区生产总值与体育产业发展质量指数的相关系数，说明体育产业财政投入明显不足。

其次，通过调查发现 2011—2019 年的全国体育产业规模效率平均值为 0.71，高于纯技术效率。全国的体育产业财政投入技术效率低于规模效率 0.113。说明要提高体育产业的效率，一方面，体育产业财政支出需要较大程度地扩大支出规模；另一方面，目前全国的体育产业财政投入技术效率相对较低，投入结构应进一步改进和优化，提高技术效率。

（二）体育产业财政资金对民间资本的撬动作用不强

首先，体育产业财政资金的投入结构不利于民间资本的引导。2001—2019 年，年均群众性体育支出比重仅为 25.16%，年均竞技体育支出比重为 74.84%。我国现有的体育产业财政资金大多投入公共体育场馆、竞技性体育赛事等领域，对体育企业的投入较少，没能够有效地刺激企业的投资需求。没有发挥出体育产业财政投入在体育产品和服务供给中降成本、调结构，拓展体育产品和服务的供给渠道，改进体育产品和服务的质量等方面的作用。

其次，体育产业财政资金在群众性体育和体育产业市场主体领域的带动不足。没有发挥出体育产业财政资金对市场主体建设的促进作用。如为了推动体育场馆向群众开放，增强体育场馆对群众性体育发展的带动作用，国家体育总局于 2018 年采取中央财政资金补助的大型体育场馆的方式，对全国 1277 个大型体育场馆进行财政补助，要求这些体育场免费或者低收费面向全社会开放，每周开放时间不少于 35 小时，全年开放时间不少于 330 天。2019 年，体育总局组织第三方专业机构对全国大型公共体育场馆免费或低收费开放工作进行了抽查评估，根据国家体育总局发布的《关于在 2019 年开放工作中存在突出问题的通报》，涉及河北（2 个）、内蒙古（2 个）、辽宁（1 个）、吉林（2 个）、黑龙江（5 个）、江西（1 个）、山东（4 个）、湖南（1 个）、广东（1 个）、广西（5 个）、海南（1 个）、云南（3 个）、贵州（2 个）、甘肃（2 个）、青海（3 个）、新疆（1 个）等省份的公共体育场馆享受政府财政补贴，却没有向居民完全开放。未向居民开放的主要存在的问题有：进行竞技体育训练、比赛使用、开放时间较短、收费标准过高等。又如，财政资金对规模在容纳 5 万人左右的体育馆，每年投入的运行资金在 200 万元左右，而这些资金仅占体育场馆常规运行费用的 50% 左右。发达国家为了解决公共体育场馆运营经费问题，通常采取广告冠名权、BOT、PPP 等自主运营模式，提高效益，减少政府财政负担。但通过对江西省 11 个地市体育中心的大型体育场馆进行调查发现，事业单位自主经营的占 28.6%；委托（托管）经营的占 22.2%；租赁的占 49.2%，只有 28.6% 是真正意义的自主经营。存在这些问题存在的原因在于一些大型体育场馆尚没有树立起市场化的理念，对财政资金仍然存在"等、靠、要"的思想，在政府资金的"兜底"作用下，体育场馆缺少自主经营的主动性。

最后，体育产业发展引导资金对中小企业扶持力度不够。现有的体育产业发展引导资金配置效率不高。目前，我国公益性的体育项目大多为政府财政投资，而地方财政对体育产业的引导和支持主要通过体育产业发展引导资金来进行。体育产业发展引导资金的设立初衷在于发挥引资资金的杠杆作用，引导体育产业做大做强。根据调查发现，我国体育产业发展引导资金的使用效率不高。体育产业引资资金通常直接对大型体育制造业企业实行补贴，而忽视中小型体育企业。如江苏省《关于组织申报 2018 年度省级体育产业发展专项资金项目的通知》将申报体育装备制造项目的企业要求为"注册资本 500 万元以上"。又如，在 2019 年南京市体育产业发展引导资金资助的 7 个项目中，有 5 个项目均为大型体育制造业项目（汤山华宁房车营地二期——江苏省体育产业基地、汽摩运动项目基地配套设施、运动防护材料研究中心、全自动智能羽毛球羽毛片检测生产线）。对于我国来说，从事体育产业的大多为中小企业，他们才是体育产业的市场的重要力量。这些大型的体育制造业企业本身实力就很强，直接财政补助于大型企业的方式，无疑在一定程度上造成对中小企业的不平等。由于体育产业的"准公共产品属性"，需要政府投入资金作为引导，撬动体育产业在公益性发展方面的投资。

四、体育产业财政支出缺少监督和评价

（一）体育产业财政支出缺少监督

1. 对体育产业财政资金安全缺少监督

当前一些地区对体育产业财政资金的安全性缺少监督，造成资金挪用的风险。主要表现为缺少严格的内部控制机制，造成体育产业财政支出的控制不严，没有发挥出预算的约束性作用。对上级的体育产业专项资金缺少审核把关，没有做到专款专用。在一些财政收入较少，自身造血能力不足的地区，由于缺少监督使得体育产业专项资金挪作他用。如根据山东省审计厅对 2013 年体育部门审计结果的通报显示，山东省及 8 个市、62 个县体育部门在体育彩票公益金 3447 万元使用中，对原有的用于全民健身运动开展，补助体育场馆，促进体育场馆对外开放，建设公共体育设施等资金用途进行变更，而是用于办公经费。根据江西省审计厅 2018 年度省级预算执行和其他财政收支审计查出问题，体育部门存在挤占挪用体育彩票公益金，单位财经制度执行不到位的问题。根据广东省审计厅 2019 年对省体育局部门预算执行和其他财政收支情况进行的审计结果，存在部分预算项目支出执行率偏低、专项资金信息缺少公开等问题。

2. 对体育产业财政资金使用缺少监督

作为为全社会提供公共服务和福利的体育公共财政，地方政府的使用随意性较强，具有较强的行政化色彩。具体表现为低端项目的重复化建设，以及产业布局不合理。一些地区在全民健身工程相关场馆建设中，对体育项目缺少可行性和必要性的研究，对体育项目所能够产生的社会效益缺少必要的评价，导致一些体育场馆、设施器材等项目建设后，使用率并不高。如根据《深圳市 2018 年度绩效审计工作报告》，深圳市的体育场馆利用效率不高，市体育中心、福田体育公园、大运中心、深圳湾体育中心 4 个体育中心的游泳馆绩效审计中，2017 年使用率最高的福田体育公园游泳馆平均入场 22.67 万人次，低于中国香港特区政府管理的游泳馆平均入场 32.5 万人次。又如，漳州市体育局在对漳州体育场馆利用率开展调查中发现，华阳体育馆羽毛球场场地使用率仅为 22.5%，远小于 50% 的国际平均水平。主要原因为项目建设前缺少必要的论证，对覆盖的人群特征没有深入的分析。虽然该体育场白天收费标准是夜间的一半，但是仍然在大部分时间处于闲置状态，还有一些公益性的体育项目在建设中，由于考虑到用地和拆迁等成本，不是将项目建在城市的中心，而是建设在城郊或地价相比便宜的偏远地区，也影响了体育项目效益的发挥，群

众体育服务的覆盖面不广。

（二）体育产业财政支出缺少绩效评价

1.绩效评价目标缺少实效性

在竞技体育方面，体育产业财政支出的绩效目标比较好确定，通常可以奖牌的获得数量或者专业运动员培养输出的数量作为依据。然而在群众性体育开展方面，往往除了以参与群众体育的人数作为目标外，很难在其他方面再找到能够定量评价体育产业财政支出绩效的目标。因此在现实中，对群众性体育财政支出的评价通常也只能是以定性评价为主。

2.绩效评价过程虚化

当前对体育产业财政支出的绩效评价属于一种典型的"事后评价"，"事中评价"处于空白，尚未形成完整的绩效评价体系。对体育产业财政支出的绩效评价重点在于预算执行情况。事后评价的特点决定了对体育产业财政支出的评价对预算执行的纠偏和预防的作用不足，仅是从资金合规、安全等角度进行评价，而对于体育产业财政支出领域的社会效益和经济效益没有形成完全的绩效评价体系。在评价主体方面，体育产业财政支出的绩效评价往往由财政部门牵头、体育部门配合，政府在绩效评价中既充当着"裁判员"，又充当着"运动员"的角色，在一定程度上影响了绩效评价的客观性。

3.绩效评价结果运用不足

长期以来，财政预算体制决定了我国体育产业财政支出实行的是增量式的财政预算，财政投入通常是呈现刚性增长的。对绩效评价的结果缺少运用，其评价成果并没有与下一年的财政支出相联系，使得绩效评价更趋向于流于形式。目前，国外将财政支出绩效评价结果与资金安排相联系已成为一种惯例。例如，新西兰的审计署将财政支出绩效评价结果上报至国会，将财政支出绩效评价结果作为下一年度财政拨款的参考；加拿大根据财政支出绩效评价结果，实行竞争性财政预算资源分配，以绩效评价得分的5%作为阈值，将不符合要求的部门进行缩减财政支出，以此来提升财政资金的使用绩效水平，国外的相关做法对我国具有较强的借鉴意义。

第二节　体育用品出口的产品结构不合理

一、我国体育用品制造业出口产业结构

制造业是我国经济的根基所在，也是推动经济发展提质增效升级的主战场。自改革开放以来，我国体育用品制造业随之发展壮大，2008年北京奥运会对体育用品制造业的发展起到了巨大的推动作用，并使我国最终成了体育用品制造业的中心。其中，运动鞋、运动器材等在我国体育用品制造业中最具规模，占到了总数的近75%。在总体制造业中，

我国的体育用品制造业以其强有力的竞争力和活力成为其中的拳头产业，为我国增加出口、提高制造业技术水平以及促进就业做出了极大的贡献。

从出口量上来看，我国体育用品制造业出口量已经占据世界出口总量的半壁江山。20世纪末，中国已经拥有全球65%以上的体育用品生产份额。北京奥运会的顺利举行使我国的体育产品出口总额在这一年有了一个小飞跃，即便是在金融危机的冲击下，我国的体育产业制造业出口量依然增速稳健。截至2020年，中国体育用品及设备逆势飞扬，出口金额达158.1亿美元，比2019年增长了41%。大到篮球架、小到田径比赛用的接力棒，都出口国外。

我国体育用品出口量自2011年起，增速开始逐渐放缓，甚至出现了负增长的趋势。这与部分市场容量的饱和、经济危机对其他国家的冲击以及目标国家出台了相关的贸易保护政策有关。出口产业结构是衡量一国贸易水平的重要因素，通过对该项指标的分析可以了解该国三大产业的发展状况、优势产业以及现有的对外贸易政策。从2003年我国体育用品出口总额来看，竞赛性自行车出口额8.66亿美元，占体育用品出口总额的23.11%，位居榜首。我国充足的橡胶及塑料资源也使得以该项资源导向型的产品优势明显。有关滑雪服装、用具等方面的体育产品生产数量较低，除了资源等方面的因素外，还可能与滑雪在我国的需求不高，大多数以租赁为主有关，因此没有生产动力。从生产出口体育用品的地域上来看，主要集中在东部较发达地区，占全国生产体育产品的97%以上（像是广州、福建等地区由于其优越的地理环境优势，占据沿海主要港口，进出口交通非常方便；浙江、江苏、上海等地区凭借其区域经济优势，进行大量生产；而山东、河北等地区拥有充足的廉价劳动力和自然资源，较低的生产成本使其成为体育产品的生产大户）。体育用品生产的结构也反映了我国的区域经济发展状况。而我国的体育产品出口活动涉及100多个国家和地区，主要贸易伙伴仍集中在美国、日本、德国等国家。

二、我国体育用品出口贸易竞争力

我国制造业在国际贸易中所占地位一直以来比较稳定，由于比较优势明显，表现出价格低廉、数量庞大等特点，这些优势既可以保证我国资源流动和人员就业之外，也保证了我国的制造业产品的需求量。

贸易竞争力，即各国在出口某类商品的相对竞争优势，体育用品的出口量在体育用品制造业中所占比重越来越大，这在一定程度上反映着我国体育用品制造业的发展程度。我国体育用品比较优势明显，首先，我国拥有丰富的资源，石油、钢铁、煤炭、水力、生物资源等储备丰富，种类多样；其次，我国现阶段作为一个发展中国家，产业结构目前仍以第一、第二产业为主，以北方部分省份高耗能、高污染的企业为代表，虽然面临能源开发进入萎缩期、急需促进产业结构升级，但是由于我国目前对工业制造业有很大的依赖，因此对体育用品制造业的包容性较大。

我国素来有"世界工厂"的称号，多个省份形成了大规模的生产园区，形成了集群生产的现象，由于这些体育用品制造商的聚集，从而在一定的区域内形成了规模效应，这使得我国体育用品制造业的成本进一步下降，加上我国对出口方的补贴、退税等促进政策，使得我国的体育用品在国际上更具有价格优势，仅福建就囊括了安踏、361°、匹克、鸿星尔克、特步、乔丹这六大运动品牌，而李宁及双星则被福建的邻居广东抢占。

除此之外，我国拥有大量的人力资源，充足的廉价劳动力，使我国可以以较低廉的成本开展大规模的人工生产，人力资源作为制造业中非常重要的一部分，源源不断的职位需求在解决了大量就业的同时，大量的劳动力也为我国的体育用品制造业创造了生机。另外，人民币汇率的下降也使我国的出口商品在国际上更具有价格优势和竞争力。我国体育用品出口规模总体稳定，但仍然存在出口商品内部发展不均衡的现象，球类、器材机械等商品的竞争力相比之下不足，雪上运动的器材生产更是呈现出数量较低的现状。促进各种体育用品的出口份额保持均衡，能为体育用品制造业的健康有序发展提供保障。同时，保证各种体育用品的生产量除了能促进出口、增加外汇之外，还能提高我国体育产品的品牌在国际上的影响力和知名度，形成产业链条，有利于推动我国体育事业的全民化进程。

三、我国体育用品品牌影响力

由于国内品牌的受众定位不高，难以进入高端体育品牌的行列，这因此造成了我国的体育用品品牌的消费者忠诚度相对较低，很少会出现有新款出现需要排队哄抢的现象。

（一）体育用品产业品牌价值的构成

品牌价值是由品牌的成本价值、关系价值以及权力价值共同构成的。品牌成本价值是企业为加快品牌发展从而取得品牌收益而支付的成本，也是一种预付价值；而品牌的权力价值和关系价值则是品牌收益，如图6-1所示。

1. 品牌的成本价值

它是指企业对品牌的投入产生的价值，其中投入既包括货币形式的也包括非货币形式的投入。体育用品企业要打造自己的品牌或提高品牌产品的质量，需要投入大量的财力、物力与人力，如研发支出。同时，企业会通过赞助体育赛事，签约体育明星以及娱乐艺人，广告宣传等营销活动来提高自身的竞争力，这些都是品牌成本价值的来源。

2. 品牌的关系价值

这里的关系主要是指企业与消费者的关系，企业为吸引消费者，并与消费者建立一种长期稳定的关系，就需要投入一定的成本，而这部分投入也会为企业带来收益，投入这部分成本形成了成本价值，而投入成本带来的收益则形成品牌的关系价值。企业与消费者的这种关系的建立过程其实是一个既付出成本，又获得收益的过程。体育用品企业直接面对消费者，消费者的选择会对企业收益有所影响，所以存在品牌的关系价值。这也说明了我们考虑品牌价值时不能简单地从马克思主义劳动价值论分析，应该结合效用价值论综合研究。

3. 品牌的权力价值

即是指品牌通过使用相关权利而取得的价值。品牌的法律权利价值与品牌的市场权力价值是品牌权力价值的重要构成部分。而品牌权力价值主要是由品牌的市场权力价值组成的，体育用品产业品牌的发展离不开特定的市场环境，体育用品品牌市场权力价值是品牌对企业贡献的重要来源。

综上所述，体育用品产业的品牌价值构成因素就包括品牌的成本价值、关系价值以及权力价值。其中有品牌投入才有品牌收益，品牌权力价值与关系价值的实现都需要企业对品牌不断地投入成本。总之，衡量给品牌收益可以从企业财务状况入手，但是也需要结合品牌的市场表现以及与消费者的互动情况来综合分析。

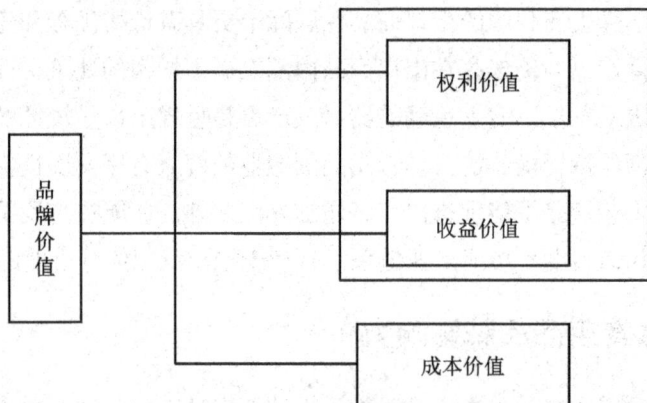

图 6-1 品牌价值构成图

（二）体育用品产业品牌价值的影响因素

品牌价值不是一成不变的，是会随着时间逐渐发生变化的，一般来说，企业的品牌投入越多，经营管理体系越完善，对品牌的发展越重视，品牌价值就会逐渐增加。

体育用品企业一直是处于特定的市场环境中的，所以它的品牌价值会受到所处市场环境特点的影响。本书主要从品牌领导力、品牌稳定性、品牌趋势、行销范围、品牌文化等七个方面出发来分析市场角度对于品牌的影响。

品牌领导力越强，在行业中越有话语权，品牌价值相对来说越高，行业中的龙头企业的品牌价值高就是这个道理，体育用品产业也符合这一特点。

品牌稳定性实际上是衡量企业应对市场变化的一种能力，是企业应对同行业企业竞争的能力。体育用品企业如果不能很好地应对行业内各企业的竞争，那么企业能力就会在行业中处于弱势地位，品牌价值随之被影响，其中体育用品产业的品牌稳定性主要表现在品牌的应对风险的能力以及品牌进入体育用品产业时间的长短。

市场性质是指行业的进出壁垒，若品牌所在行业的壁垒较高，如石油行业，行业大部分资源都掌握在少数企业手里，这些企业的品牌价值就比较高，体育用品产业的壁垒虽不像石油行业大，但是李宁、安踏、361°、特步等国内品牌仍是消费者的首选品牌，其他新兴品牌要想获得一定的市场地位还是比较困难的。

品牌趋势要求企业与社会发展趋势以及消费者需求相一致，一致性越高，品牌价值越高。例如，体育用品产业发展至今，体育用品已经不仅仅只是为了满足消费者的运动需求，更是与时尚潮流的元素有越来越多的结合与碰撞，如果体育用品品牌能够跟上这种产业趋势的变化，品牌价值就相对较高，品牌趋势主要表现在产品创新力方面。

品牌的行销范围就是说品牌的销售范围，销售范围越大，知名度越高，品牌价值自然越高。目前我国的体育用品品牌的国际影响力不足，还没有成为国际体育用品品牌，销售范围较之 nike、adidas 等国际品牌还是有一定的差距。

品牌文化是指体育用品品牌将体育精神与产品结合的能力，企业品牌与体育文化以及民族精神的结合与宣传工作做得越好，品牌的市场表现就越好，品牌价值越高。

品牌保护与支持就是说产业品牌的相关知识产权受到政府以及企业的保护情况，品牌申请的专利权越多，品牌受保护程度越大。同时也代表品牌获得的来自企业本身以及外部的各种支持，支持程度越高，品牌价值越高，我国政府多次提出各种政策来扶持体育用品产业发展。

仅仅考虑市场因素对消费者的影响是不够的，消费者的购买行为直接影响体育用品企业的品牌价值。消费者对品牌的认知是一个过程。

随着品牌的发展，它直接或者间接的宣传使消费者听说过或者知道这个品牌，比如知道安踏是卖体育用品的。这就是消费者对一个品牌的初始认知情况，也就是品牌认知。

随着消费者对这个品牌的熟悉程度的增加，可能看到这个品牌就能想到它的标志是什么样的、宣传口号的内容、品牌形象等。这个阶段其实就是品牌联想的形成。

之后可能消费者会购买这个运动品牌的产品，使用过程中肯定会有一些体验感受，如很舒适、很结实耐穿等，这实际上是对产品质量的认知过程。

如果产品质量好，一般会出现二次购买，这样消费者与品牌越来越频繁的互动过程就会使得消费者建立了对这个运动品牌的信任，也就是品牌忠诚度的体现。所以，品牌的关系价值可以大致从品牌认知、品牌联想、认知质量以及品牌忠诚度四个方面去量化（见图6-2）。

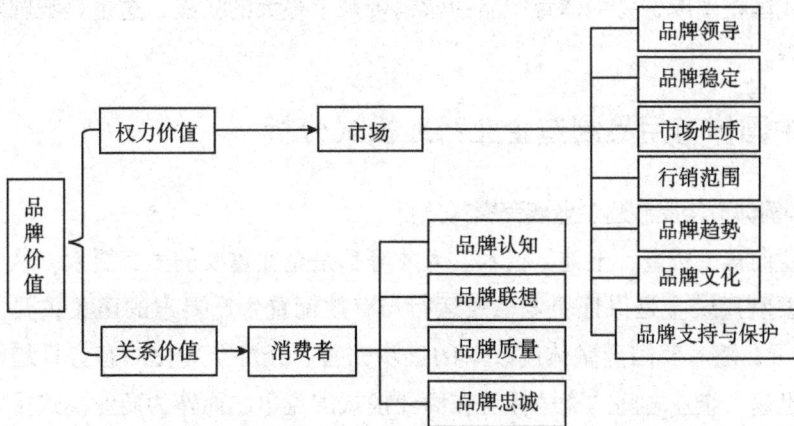

图6-2 品牌价值影响因素

第三节 体育用品出口的市场供求过于集中化

过高的体育用品出口集中度，不仅不利于开放程度和贸易发展在我国的可持续推动，同时，还会威胁到我国体育用品业的经济安全。特别是我国出口的体育产品主要是劳动密集型，出口增长又主要依赖量的扩张，以粗放增长为主。过高的国际市场集中度，减弱了我国体育用品出口经受国际经济风云变幻冲击的能力。

一、国际贸易中体育产品的营销经济环境分析

由于经济全球化与贸易全球化的现象越来越显著，因此在这种环境的背景之下，中国对外部的贸易发展越来越迅猛。而体育产品的销售也是如此，面对复杂多变的国际市场，如何在产品的激烈营销竞争中占有一席之地，如何加大开拓国际市场的力度，从而顺利开展出口营销，实现体育产品出口业绩的稳定增长，对于企业的长期发展而言，具有极为重要的意义。从整体情况来看，世界经济发展较为平稳，而国际贸易的增势仍保持持续扩张的趋势，在这种情况之下，国际市场需求比较旺盛，因此对于出口产品的需求也呈上升的态势。

中国的对外贸易是近年来世界贸易增长中的亮点，但是由于近年来一些外部因素的影响，中国外贸的发展速度可能会受到影响，而一些主要国家的汇率的变动和人民币升值的压力，也会让国际贸易中，我国体育产品的营销贸易条件变化表现得很不确定。在这种情况之下，对我国在国际贸易中体育产品的营销带来了很大的挑战，这也是我国对外贸易发展的重要障碍。

二、中国体育用品制造企业商业模式分析

（一）中国体育用品制造企业融资模式分析

对于企业而言，资金、土地、技术、人才等都是企业重要的生产要素。从资金的角度看，企业需要利用资金是保证企业稳定运行、有效配置生产要素至关重要的条件。在21世纪的今天，随着我国金融体制改革的逐步完善、经济全球化的态势日趋明显、信息技术的发展迅速，企业之间的竞争体现在商业模式的竞争，而作为商业模式重要的组成部分，企业的融资模式越来越受其企业家的重视。在一定条件下，企业之间竞争关键不是取决于人才、技术、管理，而是取决于融资的能力。

目前，在中国体育用品制造企业中不乏上市企业的身影，并且这些上市企业借助资本

市场的力量已成为行业的中流砥柱。但行业中绝大多数企业是管理水平低、生产规模小、创利能力弱的劳动密集型、低技术的中小型企业，这些企业无论是在其初创期，还是发展期，主要是依靠自我积累、自我筹资发展起来的，这种通过盈余来扩大再生产，由小到大，慢慢地滚雪球式的发展，这种发展方式已经为成长中的企业带来了巨大的威胁。

根据企业融资模式主体的不同，可以将融资模式分为内源融资模式和外源融资模式。本研究将从内源融资模式和外源融资模式两个方面分析中国体育用品制造企业融资模式的融资渠道、融资现状、现存问题。

（二）中国体育用品制造企业外源融资模式分析

1.外源融资渠道分析

根据企业外源融资的不同方式，企业外源融资可分为直接融资和间接融资两类。企业外源融资一方面受到企业自身财务状况制约，另一方面受到国家经济融资体制等的影响。随着企业生产规模的扩大，单纯依靠内源融资已很难满足企业的资金需求，外源融资则成为企业重要的融资渠道。

直接融资与间接融资相比，投融资双方拥有自由选择权。对筹资方来说，直接融资的筹资成本较低，对投资者来说可能获得较高的投资收益。但由于筹资方资信程度不同，造成了债权人承担的风险程度的不同，且部分直接金融资金具有不可逆性。

就中国体育用品制造企业而言，目前常见的直接融资渠道为股票融资、债券融资、商业信用融资、民间借贷。股票融资是指资金不通过金融中介机构，借助股票这一载体直接从资金盈余部门流向资金短缺部门，资金供给者作为所有者既享有对企业控制权的融资方式，股东有分享企业的利润的权利，同时又承担企业风险。根据在企业利润分红及剩余财产分配的权利不同，股票有普通股和优先股两种；债券融资在国际资本市场中，企业更青睐于债券融资，从融资额度角度来看，企业的债券融资额度往往是股票融资额度的5~10倍，造成这一结果的原因主要是在财务管理方面，债券融资相比较于股票融资而言具有诸多优点；民间借贷是指自然人、法人、其他组织之间及其相互之间，而非经金融监管部门批准设立的从事贷款业务的金融机构及其分支机构进行资金融通的行为；典当融资，指中小企业在短期资金需求从典当行获得资金的一种快速、便捷的融资方式。

中国的资本市场发展较晚，银行信贷融资和网络融资成了中国体育用品制造企业常见的间接融资方式；银行贷款，是指银行根据国家政策以一定的利率将资金贷放给资金需要者，并约定期限归还的一种经济行为，分为政策性银行贷款和商业银行贷款两类。网络融资是依托第三方网络融资平台，贷款人和出资人通过互联网在线完成融资业务。特点是贷款人和出资人均可以是个人或企业。主要的网络融资模式有网上银行融资模式、电商小贷、融资模式、P2P融资模式、众筹融资模式。

2.外融资现状分析

银行贷款、民间借贷、典当融资是中国体育用品制造企业最主要的融资模式。

银行贷款的优点有：获取资金的速度较快，企业向银行提出申请经审批签订贷款合同后，即可获得资金；种类多，多样的贷款种类可供企业酌情选择；费用较低，除按利率付息之外，没有额外的融资费用；灵活性强，贷款期内若企业出现经营问题，可以与金融机构申请增减借款数量，延长或缩短借款时间等。银行贷款的缺点有：融资规模小，与股票融资相比，无法一次性筹集大笔资金；主动性低，银行决定企业贷款的种类、数量、期限、使用渠道等，企业往往处于被动的状态；受政策影响大，央行的货币政策直接影响银行的信贷规模，从而影响企业的贷款。民间借贷和典当融资的优点在于：手续简便，一般只需考察房产证明及还贷能力等并签订合同即可；资金随需随借，一般仅需要 3~5 天甚至更短的时间即可获得所需资金；获取资金条件相对较低，资金使用效率较高。

随着信息技网络融资具有明显的优势：操作便捷效率高，融资全过程可在线完成，尤其是资信审批的网络化大大节约了融资的时间成本，将解决中小企业"短、频、快"的资金需求；有效弥补了中小企业抵押担保能力不足的缺陷，网络融资平台常引入第三方评级机构对贷款申请人进行信用等级评定，申请人则根据评级结果获得相应的融资额度；降低了中小企业的融资成本，网络融资减少了繁杂的融资环节、节约了时间成本、降低了履约成本。

融资难最主要的原因依次是利率水平高、融资渠道缺失、贷款效率低、缺乏担保。究其原因可以从以下两点解释：

其一，中小企业股票融资困难。中国资本市场处于起步阶段，在市场容量、交易规程、交易程序和方法、监管机制等方面尚存诸多的问题。对于中国体育用品制造企业来说，在市场主板方面，对企业进入的门槛要求很高，通过协议受让非流通股份控股上市企业、收购二级市场流通股份上市企业、逆向借壳等方式，上市难度大且财务风险高；中小板是最适合中国体育用品制造企业内企业上市的选择，但目前中国二板市场尚不健全；在创业板和新三板方面，二者的将主要扶持对象定位在高科技和新兴产业的企业，对劳动密集型企业和服务型企业设置了阻碍。

其二，中小企业债券融资困难。受债券发行政策的影响，我国目前实行"规模控制、集中管理、分级审批"的管理办法，基础设施建设类行业较适合发行企业债券；与商业银行贷款利率相比，资信度较高的政府债券和大企业、大金融机构债券的利率一般要低于同期贷款利率，而资信度较低的中小型企业债券的利率则可能要高于同期贷款利率。因此，银行贷款、民间借贷和典当融资则成了中国体育用品制造企业主要的融资模式。

网络融资具有操作便捷效率高、有效弥补了中小企业抵押担保能力不足的缺陷、降低了中小企业的融资成本的特点。针对这一问题，可以从以下几个方面理解。第一，网络融资相对于银行贷款、民间借贷、典当融资等外源性融资模式而言属于新兴产物，目前网络融资尚处于初步的发展阶段并未广泛普及。调查结果显示企业一方面认为融资渠道缺失是融资困难的重要因素，另一方面又未主动了解新兴的网络融资渠道，表明政府在金融体制改革和政策宣传上的力度依然不够，企业融资理念相对保守。第二，互联网安全长期以来都是网民关注的焦点问题，利用互联网进行诈骗钱财的案件屡见不鲜，因此会给网民造成某种思维惯性，认为网络金融的安全性没有传统金融的安全性高。第三，与银行借贷相比，某些网络融资渠道的融资利率确实相对较高。但从另一个角度来看，网络融资的时效性极强，以P2P网络融资平台为例，一般申请人从贷款申请到贷款获得仅需要经历3~5个工作日，这样一来，就节约了大量的时间成本，保证了企业资金链的相对充裕（见图6-3）。

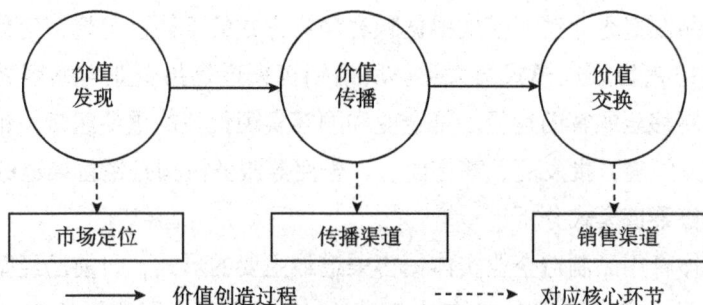

图6-3　企业市场营销的第三个阶段及对应核心环节

（三）中国体育用品制造企业营销模式分析

1. 中国体育用品制造企业传播模式分析

中国体育用品制造企业传播模式按照传播渠道的不同，可分为传统渠道传播模式和网络渠道传播模式。传播渠道有两层含义：一是指传递信息的手段，如电视、广播、报纸、杂志、互联网等媒体；二是指传递信息的机构，如电视台、电台、出版社、杂志社、网站等。一方面，作为传递信息的手段，传播媒介的技术支撑和发达程度决定了信息传播的实效性和多样性；另一方面，作为传递信息的机构，其政治背景、文化背景、经济背景、社会背景决定了信息传播的内容和倾向。

（1）传统媒体渠道模式分析

传统媒体渠道是相对于信息时代的网络媒体渠道而言的，传统的大众传播方式，即通过某种机械装置定期向社会公众发布信息或提供教育娱乐平台的媒体，主要包括报刊、户外、通信、广播、电视及自媒体以外的网络等传统意义上的媒体。对于中国体育用品行业来说在所有传统媒体渠道中，全国各大电视台的体育频道中是最为重要的广告投放渠道。

（2）网络媒体渠道模式分析

网络媒体渠道与传统的电视、报纸、广播等媒体一样，都是传播信息的渠道，是交流、传播信息的工具，信息载体。具有以下特点：传播范围最广、保留时间长、信息数据庞大、开放性强、操作方便简单、交互性沟通性强、成本低、效率高、强烈的感官性。

（3）体育资源渠道模式分析

体育资源渠道是体育用品品牌至关重要的传播渠道，其中主要包括体育明星、体育队、体育赛事三大方面。鉴于优质的体育资源非常稀缺，因此各大品牌在这一领域的竞争十分激烈。

受品牌影响力、收入规模等因素的限制，目前国际品牌长期占据国际最优质的体育资源，在奥运会、足球世界杯、NBA、欧洲足球五大联赛等世界顶级赛事的主赞助商也均为国际品牌。中国体育用品知名品牌在体育资源的开发上也开始发力，更多采用的是从国内资源入手，向国外资源逐步渗透的做法。对于中国体育用品制造企业的中小型企业来说，体育资源渠道资源则更加困难。

2. 中国体育用品制造企业销售模式分析

中国体育用品制造企业销售模式根据顾客购买方式的不同，可将销售渠道分为实体销售渠道模式和网络销售渠道模式两大类。所谓销售渠道是指企业与顾客之间建立交易关系，企业将产品转移至顾客的途径，是企业和顾客实现价值的重要纽带。销售渠道的起始端是企业，终端是顾客，批发商、零售商、广告商等服务机构是销售渠道的中间环节。

（1）实体销售渠道模式分析

门店是中国体育用品制造企业实体销售渠道最主要的形式，目前已经基本覆盖中国各级城市。数据显示，安踏集团 2021 年实现营收 493.3 亿元，同比增长 38.9%。自 2015 年收入突破 100 亿元以来，用 6 年时间增长已接近 500 亿元区间。相比之下，2021 年李宁集团、特步集团的营收分别为 225.7 亿元、100.1 亿元，同期安踏集团的收入约为李宁的 2.2 倍、特步的 5 倍。好的经销商资源已经被龙头企业占据，而且是排他性销售，这本身形成壁垒，规模和盈利效应是经销商网络最看重的。

（2）网络销售渠道模式分析

网络销售渠道基于互联网和形成的一种销售模式，与实体销售渠道相比，同样具备订货功能、结算功能和配送功能。而与实体销售渠道最大的不同，则是网络营销渠道中没有实体门店，所有的交易活动均在网上进行，从而可以有效降低交易成本，打破时空的扩大交易范围，而数字化的操作流程也大大提高了交易的效率，是目前常见的销售渠道。中国体育用品制造企业的网络营销渠道主要是第三方网络销售渠道和自主网络销售渠道，其中前者是最受企业所依赖的。

第三方网络销售渠道可分为两类：一类是综合性网上商城，如天猫、京东、一号店、唯品会等；另一类是体育用品专营性网上商城，如好可买、优购网等。

流量导入问题。企业自主网上商城面临的首要问题就是顾客流量的导入，现常见的流量导入措施有搜索引擎的竞价排名、购买门户网站的广告位、购买视频娱乐网站的广告位、发送邮件、购买社交网站的广告位等。值得关注的是，现阶段流量导入的成本费用较高，一般中小型企业是难以承受的。

缺乏完整的营销体系。一般而言，企业自主网络销售渠道建设投入偏低，营销团队相对弱势，则影响了营销体系的建设。

线上线下顾客冲突。常出现线下试穿线上购买的情况，导致损害实体店的利益。线上线下销售冲突。同一产品线上线下价格不统一，往往导致经销商利益受损。

值得关注的是，目前中国运动鞋服中低端品牌由中国品牌牢牢控制，高度同质化竞争从传统销售渠道延续到了网络销售渠道，一方面是品牌产品的趋同，另一方面是网络销售渠道常表现出同一款商品有成千上万家店铺售卖的竞争态势，导致竞争加剧，出现盲目竞争打"价格战"的现象。

匹克体育、361°、安踏体育、李宁等品牌通过赞助运动赛事、聘请运动员代言的形式进行形象宣传，试图给顾客以专业运动的形象。特步国际、中国动向以运动时尚为定位，相对清晰。阿迪达斯开创了奥运会和顶级体育赛事赞助的初级模式，后又开创金字塔型的中期模式，在视觉上与运动员、运动队和赛事紧密对接，走出领袖人物带动团队和赛事的效果，营销三大体系创新，将产品细分为运动表现系列、运动传统系列和运动时尚系列，这从根本上打破了运动服和运动鞋的划分，不同系列代表不同风格，深刻细分运动爱好者的消费心理。

在寡头垄断下，通过市场及价格差异化定位发掘细分领域机会。阿迪达斯与耐克凭借资本及上游赛事资源优势垄断了足球篮球等主要核心赛事相关的体育运动用品市场，但体育产业各细分领域近年来蓬勃发展，包括户外运动、跑步等细分领域寡头布局尚未完善。与此同时，阿迪达斯与耐克定位高端体育用品，考虑到中国消费水平参差不齐，中国体育用品企业可通过寻求差异化定位，发掘细分市场机会。

（四）中国体育用品制造企业运营模式分析

企业运营模式是指企业经营过程的计划、组织、实施和控制，也是企业价值创造活动的综合。经营过程是包括投入、转化、产出的价值创造的过程，运营管理的对象是基于生产系统的全过程，而运营管理的首要目标，是实现生产经营活动的规范化、组织化、流程化。

1.中国体育用品制造企业配货制模式分析

（1）配货制运营模式优劣势分析

配货制运营模式，就是企业通过预计生产，根据生产的品类和数量分配给下属的经销商或其他网点，而后企业支持营销。此种运营模式，在品牌经营初期，市场经营规模不大，品牌成熟度、顾客忠诚度都较低的情况下，企业为了尽快拓展市场，扩大市场份额，会更多地使用。

配货制运营模式的优势有以下四点：一是配货制运营模式有利于市场拓展。二是配货制运营模式有利于稳定销售网点。三是配货制运营模式有效管理加盟商市场，在货品分配上企业有绝对自主权，对配合度较高的加盟商能进行有效管理，前提是企业有足够多的畅销款。四是配货制运营模式有利于提升运营能力。低库存、流畅的资金链是其得天独厚的优势。

配货制运营模式的劣势有以下四点：一是配货制运营模式或将导致品牌企业无法准确确定订单数量。与订货制不同的是，品牌企业在采用配货制时往往愿意给经销商提供较高的，甚至是100%的库存回收率，这就为提升了品牌企业库存积压的风险。二是配货制运营模式要求品牌企业有极高的市场敏感度，否则或将面临库存积压风险。三是配货制运营模式对品牌企业补单能力要求高。四是配货制运营模式下品牌企业给予代理商的利润空间较低，在价格上市场竞争能力处于劣势地位。

（2）配货制运营模式现状分析

企业选择配货制运营模式的原因主要有三点：一是减缓经销商库存压力。与传统订货制相比，配货制减缓了经销商的库存压力。买断式的订货制往往会使经销商承受巨大库存压力。在市场环境低迷的情况下，品牌要重视经销商面临的库存压力。尤其是中小品牌，如果仅仅把库存压力转移至经销商，那么将面临着经销商流失以及资金回笼困难等危险。二是提高资金回笼的效率。把订货制改为配货制，企业是在走"现金流"路线，同时这也是对品牌自身的一种保护。在市场环境低迷的情况下，上游供应商不让品牌欠钱，品牌为使资金不断流，并且高效率地回笼资金，配货制就成为品牌回笼现金的高效模式。三是"明哲保身"的经营理念。相比订货制，配货制能及时把握市场销售情况，在货品分配上公司也拥有绝对自主权，品牌对库存总量以及货品生产及调配可以做到"胸中有数"。目前，越来越多的品牌已从过去"生产多少卖多少"的思想转变为"卖多少生产多少"的经营思想，这种"明哲保身"的经营思想其实也是避免行业洗牌时自身品牌遭淘汰。

配货制运营模式在实际操作中，由于供应链管理和物流管理的不足，同样面临着问题：一是库存风险仍然存在。配货制可以被看作一种小批量订货＋补单"的经营模式，品牌企业会把每种产品投入市场进行尝试性小规模售卖，然后确定哪种好卖再进行后续大量的补单。但这对于企业的生产能力要求会很高，企业需在短时间内生产出较大规模的产品，并且保证产品生产完毕后，能满足市场在特定时间内的需求。在实际操作中，品牌企业采用配货制模式很可能会出现采购、生产与配发延误问题，产品上市一旦不应季，反而会加重库存压力。另外，配货制下的品牌企业需要从供应商处大量备货，以满足后续的补单生产。当经销商提出多品类产品时，如何保证后续及时补单的一个重要的问题。二是物流配送机制有待完善。一般而言，在配送方式方面，企业在选择物流配送方式时则会遇到选择的困境：企业自有物流配送成本低，但配送能力有限，而小批量的货物通过第三方物流配送成本会大幅度提高。在配送对象方面，配送的标准难以衡量，若单纯按照订单提交的时间顺序配送，有可能导致拥有更大需求的经销商遭受严重的损失，若根据订单量的大小安排配送顺序，则又有失公平。三是宏观调控能力较弱。订货制就可以实现较大规模的货品调动，达到市场需求平衡。相比较而言，由于物流配送能力的局限性，配货制对于货品总体宏观调控的能力较弱。

2. 中国体育用品制造企业订货制模式分析

（1）订货制运营模式优劣势分析

订货制运营模式，是目前中国体育用品制造业运用最广泛也是最成熟的运营模式之一。它所体现的是一种真正的平等互利的原则，是品牌经营者与加盟商之间相互依存、互惠合作的一种双赢模式。加盟商与品牌经营者各展所长，运用各自优势共同面对市场，利用优势互补，达到共同盈利的目的。订货制管理方式操作系统简单易行，生产计划性强，但对加盟商的专业化程度要求高。市场终端管理水平提高后，企业只需做好市场维护管理和配套服务，剩余的人力可用于市场拓展和巡查，市场调研与分析。品牌企业的市场管理系统有一个顾客服务中心、一个统计分析部门、一个仓储配货中心就完全可以胜任了。

订货制运营模式的优势有以下三点：一是订货制运营模式减轻了工作负担，品牌可以在市场拓展、企划宣传方面做更多有益的工作。与此同时，折扣方面也有更大幅度的让利空间，从而改善加盟商所面临的商场扣点高、利润空间窄小的困难局面。加盟商选择商场的机会更大，也能达到品牌进行形象宣传的目的。二是订货制运营模式能为品牌赢得时间。三是订货制运营模式有利于企业掌控生产与库存总量，为品牌企业舒缓库存压力。订货制运营模式的缺点有以下三点：一是订货制运营模式的远期销售预测准确度低，产销脱节造成库存。二是订货制运营模式的期货交货期的偏差易造成库存积压。三是订货制运营模式会由于订货选款的组成结构不合理造成库存积压。

（2）订货制运营模式优劣势分析

目前，中国运动鞋服类制造企业的订货会模式主要表现为以下几种：

集中订货：传统的期货模式。总部邀请分公司、经销商、加盟商集中订货，再根据顾客订单分批分次出货。

单季订货：四个季节单独订货，实力雄厚的品牌可采取该模式。

分省份区域订货：指沿海与内地分段、南北分区、部分发达省份单独的订货模式，目的在于节省经销商的订货时间，提高订货的效率。该模式更适合二三线品牌，在不造成研发、生产、物流脱节的情况下，能有效地提高订货的精准度。

期货订货：是指在未来可知的时间内进行某种交易的先行订货。品牌成熟，公关运营能力强，企业内部体系运营良好，代理商经营管理素质较强的企业，基本采取100%的全期货订货方式，同时结合电子商务的新手法，进行新品发布或新品推荐。企业采取期货订货能满足多种层面的需求：首先，解决企业整个供应链问题，减少因盲目下单而导致的库存问题，降低企业品牌运营风险。其次，提升总公司、代理商分公司运营管理能力。企业要做好期货订货，必须要做好多方面的数据准备：往年销售数据分析，现有终端网点数量，公司运营能力以及区域市场分布等。通过期货订货会，整合上下游供应链，使总公司、分公司、代理商的运营管理能力得到进一步提升。最后，从期货订货会的数据可以反馈公司的整体运营思路和方向调整。但是对于产品定位模糊，代理商不成熟的新品牌，正常情况下新产品上市一年之后才能真正摸索出产品在市场上的表现，所以有半期货或现货方式出现：期货、现货、半期货的比值为3:3:4，实行机动订货。

可见，在实践中企业订货制运营模式的主要问题有以下两点：

一方面，企业生产与顾客需求的信息不对等。企业最大的问题是生产与需求信息不对称导致订货不科学。所谓科学订货，是指产品生产和销售相持平，产品销售周转率高，没有库存等。但就目前而言，行业内还没有一家能真正做到零库存而且库存量每年都在增加，科学订货只是停留在理想化的状态。

订货会现场签约的顾客多，结束后打款要货的顾客少等问题，主要是渠道管理不善遗留下来的症状，如仓库管理及客群管理等问题，同时还涉及科学订货的问题。企业不能一味地表面要求经销商增加订货，而必须根据经销商的实际销售信息来指导订货。同时要求企业必须对经销商有个科学的营销指导，只有经销商生意模式成功了，企业才有长效的盈利机会。

另一方面，企业生产与经销商销售能力信息不对等。目前，订货会最常见的误区是为订货而订货，企业一味追求高额的订货量，对经销商的销售能力关注不足，对经销商的数量管理不佳，并且忽视产品渗透力的本质问题，也就是产品整体价值的构建。产品的整体价值在于如何打包售卖给经销商，并指导其把产品售卖给顾客。作为经销商而言，为了向企业索取更低的折扣价格，则会出现虚报销售额从而换取更高折扣的做法。此外，很多企业为了达到快速提升订货量，在没有充分了解市场需求和销售信息的情况下向经销商允诺了很多优惠政策，最终导致整个行业的竞争愈加白热化，行业竞争混乱化。

三、国产体育产品营销与世界品牌的差距

（一）营销策略单一，广告效果不佳

我国体育产品营销策略在国际贸易的中表现得较为单一，所做的广告多是通过名人效应来进行宣传，引发市场的关注，以期达到消费者对于企业品牌形象的关注，这种营销策略可以起到一定的效果，但是并不能让体育品牌与企业之间建立有效的内在联系。这样造成的后果就是让品牌的推广变得乏力，让产品的营销在国际贸易中表现平平。另外，由于名人广告的千篇一律，因此广告并不能彰显出自己独立的个性，更不能有效建立与目标群体的沟通，这个过程就让体育产品的广告效果表现不佳，从而造成国际贸易中体育产品的营销效果达不到预期的目标。而体育产品在国际贸易中取得成功的世界品牌，往往通过成功的专业运动员来打造品牌，从而达到影响市场的目的。这个过程同时也是体育产品面向庞大消费群体展示品牌的过程，当然，产品也在这一过程中达到了很好的营销效果。

比如，关于耐克的飞腾乔丹的广告传播就是如此，耐克乔丹的广告内容，就是突出表现乔丹在投篮过程中在空中飞行的动用。这个广告的宣传语就是谁说男人不意味着飞翔，这个画面给观众留下了很深的印象，而且由于乔丹身上凝聚了超众的活力、希望，另外他的技术也确实非常高超，富于令人振奋的体育精神，因此，这个广告让全世界的青少年都为之心动，从而对产品产生了极大的兴趣。配合这个广告的效果，企业还做出了相应的营销举措，那就是在商店设立乔丹专柜，大屏幕上播放着一些经典的篮球比赛，吸引顾客的同时，也让顾客有了一种购买的欲望，而飞腾乔丹上市之后，很快在国际贸易中取得了骄人的成绩。

（二）体育产品生产技术落后，抵抗国际市场风险能力差

对于国内的大多数体育产品而言，都处于模仿阶段，缺乏专业的体育产品运动领域的研究与作为。在我国的大多数体育产品的生产企业中，"重产品，轻研发"的现象表现极

为明显，在这种情况之下，大多数的企业没有自己的研发队伍，从而缺乏对于体育产品自主知识产权，而且不能把传统的体育产品进行连续不断的升级换代，在这种情况之下，就造成了对于国外市场信息掌握与未来走向的不准确判断，这对于产品在国际贸易中进行有效的营销活动是非常不利的，同时，企业自身抵抗市场风险的能力也很差。

（三）体育产品生产缺乏专业性和主导产品

在我国的体育用品的生产过程中，由于产品线过长，而且产品品牌又品种繁多，款式虽然种类特别多，但是式样却非常相似。比如运动的体育休闲鞋，很多的品牌都没有进行专业产品的划分，也就是说体育产品不具备专业性。从世界名牌来看，比如说耐克，就有慢跑鞋、篮球鞋和足球鞋等，另外还有延伸到运动服装以及所有的专业运动产品。除此之外，耐克公司还用系列产品来进行特色化决策，创造一些附属品牌，来进行品牌利益的重新界定。这样一来，就会带来整条产品线的推广。

第四节　我国体育用品企业自主创新能力较弱

一、科研投入较少，自主创新能力较弱

由于资金、信息、人才、意识等方面的原因，我国体育用品开发企业对产品技术研发的重视不够，专门的研发机构和人员不足，研发活动与项目较少，科技经费欠缺，新产品的产出和拥有的专利发明数所占的比重较少。

第一，逐步下滑的毛利润率，对我国体育用品的创新力投入产生较大影响。

在 GVC 各环节投入多少的要素及由此形成的 GVC 治理模式直接影响着获取附加值能力的多少。跨国体育用品巨头因高端要素（研发、设计、品牌营销）而处于垄断支配地位，从而获取体育用品价值链中收益最为丰厚的环节；并通过利用发展中国家内部不同地位集群内企业间的产品价格上竞争，来压榨代工企业利润空间。

我国体育用品制造产业集群投入多为制造性要素，进而获得微薄的 OEM 代工收入。众所周知，产业集群的竞争优势核心在于低廉成本和不断创新。然而，当下我国体育用品产业集群大都以低成本优势为契机的简单"扎堆聚集"，而不是以"自主创新"为基础的"核心突破"，多数集群内体育用品企业没有自主创新效力，存在"创新匮乏"的隐患。因此，嵌入 GVC 后我国体育用品制造集群总体利润趋向不断地下降，不足以实施"大规模"自主创新投入、研发、品牌营销管理等关键性节点，限制了提升体育用品制造产业集群的自主创新活动。

第二，片段化陷阱加大了体育用品制造产业集群创新的风险。

片段化陷阱是指因企业的文化内涵、制度管理水平等方面差异与认知开拓海外目标体

育市场之间存在隔阂，导致无法准确地捕捉目标体育市场特殊消费取向与需求。体育用品"中国制造"大多主要开拓海外目标市场，其提升自主创新力需要体育用品企业本身能够准确地捕捉到海外目标市场消费取向，进入 GVC 高附加值环节，改善体育用品 GVC 中的定位。

然而，嵌入 GVC 后我国体育用品代工产业与海外目标市场间存在不同程度的认知隔阂，如果我国体育用品代工产业越过发包方——跨国体育用品公司，既直接开拓海外目标市场，又可能面临更大的不确定性市场波动，提升了体育用品代工产业的风险。

第三，体育用品本土关联产业碎片化，极大地限制了体育用品产业集群内创新模式的构建。

体育用品产业集群自主创新动力的提升，不仅需要集群内体育用品企业增加研发投入，不断获取体育用品创新知识技术，同时也需要本土体育用品关联产业（包括基础制造业和生产性服务业等）对其提供相关技术设备、研发设计人才和品牌管理渠道等大力支持，共同形成集成化创新体系。然而，我国体育用品本土关联"产业碎片化"导致嵌入GVC 后，为了符合跨国体育用品公司的技术等级要求和产品标准，被迫引进国外相关的机器设备和部分关键性技术来制造产品，以满足跨国体育用品公司的订单需求。

当我国体育用品产业集群向 GVC 高端环节攀升时，这种发展模式对体育用品本土高端制造服务业具有"排挤效应"，使其逐步丧失掉自主发展的空间及其超越的契机，进而阻碍体育用品本土关联产业创新模式的提升。

第四，同业市场竞争的加剧，严重影响体育用品产业集群创新的获利空间。

我国大多数体育用品产业集群都处于 GVC 的生产制造低端环节，由于体育用品行业进入门槛较低，又不能有效阻止恶性竞争如"价格战"的发生，造成体育用品集群内产业资本积累降低，创新投入的花费难以获得相应的回报。

与此同时，由于近几年人民币升值、劳动力成本攀升、产业政策调整等多重不利的影响，我国体育用品产业集群要素价格低廉的"比较优势"正逐渐丧失。加上不断涌现的低成本优势后发国家（老挝、菲律宾和印度等）的不断跟进。结果，我国体育用品产业集群面临的国际竞争环境日益恶化，占据国际体育用品市场份额也不断缩小，其创新投入带来的获利空间不断缩小，也是造成阻碍提升自主创新能力的因素。

二、企业人才缺乏，激励与约束机制不完善

无论是自主创新能力的提升，还是品牌的塑造和培养，都需要体育用品行业的人才的支撑。目前，我国体育用品企业在人才方面的主要问题是：

第一，大多数企业就业人员文化程度不高。

第二，高端人才极度欠缺。高中级技术职称的人员不多。

第三，我国体育用品企业缺乏与高等院校及科研机构的联系与合作。纵观目前的体育用品生产企业，很少有与高等院校及科研机构合作的事项，从而制约了体育用品出口的质

量、层次和发展。另外，大多数的体育用品企业内部都没有明确制定职工资格的鉴定、晋升的途径、奖励的措施等。激励与约束机制的不完善直接地制约了企业人才的发展，从而影响到体育用品企业的出口规模和可持续发展。

（一）体育用品制造业的人力资源管理的概念

体育用品制造业的人力资源管理指对于体育用品制造业利用科学的管理方法，对体育用品制造业的人力资源进行的有计划、有组织、统一指挥、集中控制和全面协调等一系列的活动，最终实现体育用品制造业所制定的总体发展目标的一种组织行为。

（二）体育用品制造业人力资源管理水平低下的表现

1. 人员结构上的不公平，高素质的人才流失严重

我国体育用品制造业企业人员的组织结构大多数呈现出三个较为显著的特点：一是从事生产工作的工人；二是就职操作工作的员工；三是公司的管理人员相对来说偏多，而另一方面熟悉操作技能的工人、高级技能专业人才、高素质的管理人才缺乏，企业的员工缺乏创新的能力和创新的精神，只是一味地听从管理人员的指挥，没有去真正地思考其指令的正确性和是否真正有利于改善及提高工作效率，完全没有自己的想法，即使有想法也不敢提出来，担心会对自己的工作带来麻烦，养成了他们只知一味地服从、服从、再服从的观念。做好自己的本职工作，拿自己该拿的工资，不该管的不管等一系列的想法成为他们共同的观念，更不用说有一个创新的精神了。

2. 专业的意识强，但管理的意识薄弱

在体育用品制造业行业专业人才可谓是人才济济，但管理人才缺乏。除公司的决策者外，大多数管理人员有专业第一，管理次要的思想，对于制造业行业来说，除了具有专业的技术知识型人才以外，没有体育用品制造业类专业的管理人才对公司发展也会有很大程度上的影响。有时候可以说是致命的，公司有各种各样的人才，但实际上没有对他们的能力表示认可，力没用在刀刃上，没有专业的管理者对他们进行管理和分配，就像没有将军的士兵一样，不知道哪一种工作适合自己，如果有一些专业的管理人才对他们进行管理，更能让他们在身体发展和心理发展两个方面都能得到提高，因此要么将管理意识灌输给专业人士，要么启用专业的管理型人才，如果要是懂技术又懂管理的人才更好，可能实现起来会有一个过程。

现如今，我国体育用品制造业基本上是贴牌生产，缺乏品牌的自主创新能力，而且科技含量不高，因此我国体育用品制造业要想冲破这一阻碍，最主要且最关键要解决的问题是创新，而要解决这一瓶颈首先要处理的是人才的问题。另外，无论是体育产业还是体育事业，或者是国家经济、社会的发展转型的发展战略中，创新能力的培育及人力资源管理这两点都应被重点提及。

3. 重视人才引进，弱化人才开发

在大多数体育用品制造业、智力企业、科技企业之中，总觉得人力资源不足，而其实不然，多数公司只重视了人力资源的引进却又不注重人才的培养与开发。一般而言，每个

企业对人才的需求的数量大多数集中于熟悉的能手，但到了发展阶段对于公司来说不培养专业的人才，不注重专业人力资源的开发，因此人力资源的成本就会随之加重。从激励机制方面而言，员工的能力、水平有无提升的可能也是知识型员工考虑的主要问题之一。体育用品制造业一直以来在人力资源管理方面的专职人员方面就缺乏，甚至没有人力资源这个专业的部门，这对人力资源的开发、引进无疑都是极为不利的，这种现状无论是对老板的理想还是公司的发展都是不相对称的。

（三）影响体育用品制造业人力资源管理水平低下的因素

1. 体育用品制造业人力资源的供求和需要不平衡

在体育用品制造业中从事核心工作的生产工人和操作人员在频繁地更换，而实际上为了保证产品的质量和效率，熟练工人的需求量在一定程度上是有一定比例的，然而熟悉操作技能的工人和高级技能的专业人才及高素质的管理人员在制造业行业的分配比例并没有达到标准，其中有些可能是分配不均衡，也有可能有些职位是空缺的。

2. 缺乏创新性的专业管理人才

缺乏既懂人力资源的管理又懂技术的专业人才，或是整体素质不高，专业管理人员较少，专业管理知识储备不够，专业的管理方面经验不足，缺乏系统的专业的培训。制造业的人力资源是一项非常独特的工作，对自身的素质还有领悟能力及学习能力等方面的要求都很严格，而在这些综合因素中，有很多是不能通过正规教育所获得的。一位优秀的人力资源管理师不是光靠一个"人力资源管理师"证书，也不是靠理论培养出来的，而需要有非常丰富的工作经验，单单依靠数据处理、原理、技术的培训等造就的人力资源管理工作者，无异于纸上谈兵。制造业企业通常是缺失专业人力资源管理人才，照搬原来的管理方式，没有自己的一套创新性的管理体系。没有根据制造业这个行业的特殊性注入一些新兴的管理元素，没有根据实际的情况因地制宜、因人而异地制造出一套新的管理方案。

3. 没有制订年度的人力资源计划

在大多数体育用品制造业企业或是其他的企业中在人力资源的开发和培养上都会犯同样的错误，人力资源管理部门只是根据公司的人才招聘计划挑选出了公司所需要的人才，而没有根据各个岗位的需求对他们进行一个定期的培训；对公司的人才的储备系统，没有一个详细的方案；对各个专业的人才方面没有进行定期的培养和开发；没有与各部门、员工之间保持充分的沟通；没有做出一份切实可行的人力资源计划。

第五节　我国体育用品出口面临着不公平的贸易环境

随着我国体育用品在国际市场上份额的扩大和在国际贸易中地位的提升，中国相当数量的体育用品频繁遭遇国外的贸易壁垒。因我国未对体育用品所遭受的贸易救济措施进行单独统计，而是把它们归并到轻工、化工、纺织等行业中，故完整地涉及体育用品的反倾销、反补贴、保障措施的案件难以统计。体育用品业遭受的贸易救济措施零散地分布于进出口公平局等信息网站和各类书籍的介绍中。由于我国出口的体育用品仍以劳动密集型产品为主，产品附加值低，存在明显的成本优势和价格优势，体育用品出口的快速发展与相关国家利益的冲突，加上规则上的不平等和国际贸易保护主义的蔓延，以及我国体育用品制造业和行业协会在应对贸易摩擦的作用未得到充分发挥。我国体育用品出口面临着严峻而复杂的公平贸易形势。

一、中国体育品牌与国际品牌对比

经过世界金融危机之后，人们的整体购买开始下降。受金融危机的影响，消费者的观念及消费习惯发生较大改变。中国的体育用品品牌相比其他国家的名牌产品具有价格优势，性价比高，所以在进行跨国贸易的时候，自然受到消费市场追捧。

由于世界金融危机的出现，国外的产品订单大幅度下降，为了避免或者尽量减少中国体育产品跨国贸易中遭受损失，国外的许多体育用品企业都开始迅速调整策略，让国内市场的份额得到扩大，同时，还将增加销售网点，以提高产品在国外的销售业绩。另外，由于中国的体育用品企业，大多是采用企业本身参与到产业链的全过程，无论是产品的研发设计，还是原材料的采购生产，又或者是物流和销售，这些都是一体化来完成的。在体育产品的整个价值链的过程中，每一个环节利润都要由企业自身参与进公平，这样更加有利于提高产品的利润空间。而对于国外的一些体育企业，比如说品牌耐克、阿迪，这些公司只负责产品研发设计、品牌管理，而名牌产品的生产零售等环节纷纷外包。从实质上讲，这些名牌公司仅仅占据产业链的高端片段，但附加值较高。在全球金融危机的打击之下，整个经济不景气，人们的购买力下降，所以我国体育跨国贸易中，中国的贸易产品还是占有一席之地的。

二、国产品牌的目标转化

一些国际知名品牌，比如说安踏体育用品有限公司，首席运营官赖世贤讲，由于发生了国际金融危机，所以商业的成本需要降低，而这就为有实力的体育用品企业提供了逆市扩张的契机。本土体育用品企业通过陆续在中国香港上市，使企业获得了足够的融资。当然，这样做的好处就是使本公司站上了更高的平台，让市场变得更广阔，向品牌国际化、资本国际化、人才国际化、研发国际化等一系列长远目标又迈进了一步。有实力的中国品牌开始向收购国外产业迈进。例如，安踏收购 ila，李宁收购乐图（otto），特步也表示，欲收购一个国外运动品牌，以获得品牌提升。在体育用品的跨国贸易中，如果由国产品牌来收购国际品牌，那么可以实现优势互补的作用。通常来讲，国际品牌走得通常都是高端品牌路线，故而在国际品牌效应、科技研发等方面有明显优势。但是对于国产品牌则不相同，因为国产品牌主要优势则集中在供应链管理以及终端销售等方面，收购后有利提升国产品牌的竞争力。这样一来，就会很快进入国际高端体育用品市场的日程。

近几年，出现了人民币汇率上升，出口退税率下调，削减了企业出口利润的经济形势，而新劳动法的颁布又促进了劳动力成本上升，原材料涨价。在这种时候，国内的体育产品企业如果靠低成本竞争的模式已经行不通。因此，国产体育品牌要想在跨国贸易中占有重要的地位，那么就必须实行产品升级和产业结构调整，增加研发设计投入。

三、品牌竞争力的差距

（一）我国体育用品品牌竞争力存在的主要差距

我因体育用品品牌国际知名度低、"注册度"低。近几年，我国体育用品品牌虽成长较快，但在国内一线城市和国际市场上知名度不高，消费者"注册度"较低，无论是李宁、安踏，还是匹克、361°、特步等，在国内二三线城市和中、低端市场竞争优势比较明显，但在高端市场，特别国际市场上难以与耐克、阿迪达斯、美津浓等国际知名品牌相匹敌。我国的体育用品产业在全球价值链分工中处于底层。由于缺少自主品牌，许多体育用品生产企业只能为国际知名体育用品品牌做贴牌生产。

我国体育用品企业比较注重商标的行政注册，而往往忽略品牌的消费者"注册"，特别是不重视品牌在他国消费者的知名度与"注册度"。耐克取得消费者注册方面的做法是巩固三大优势，构建三条通道。

品牌体育营销力度不够、创新不足。我国体育用品制造企业对其品牌定位不准，体育用品营销的方式和渠道缺乏创新，开展体育营销的力度及效果均不理想。无论是当代的全媒体广告，还是国际重大体育赛事赞助，抑或是体育明星代言均难觅我国体育用品品牌的身影。对比耐克、阿迪达斯等品牌在这方面的做法与取得的成效，差距较大。

体育用品品牌的文化内涵需要凝炼提升。我国体育用品品牌成长的特殊背景之一是很多企业有着贴牌生产的历史，加之我国体育用品制造企业的知识产权文化底蕴先天不足，导致我国一些体育用品品牌体育文化内涵不够丰富，体育精神养分不足。

体育用品制造企业竞争力较弱。体育用品品牌竞争力既是其企业竞争力的重要组成部分，又是企业竞争力的市场表现。企业竞争力的优劣决定和制约着品牌竞争力的强弱。我国体育用品品牌"群山无峰"，知名度不高，消费者"注册度"不强，品牌营销不畅，品牌体育文化内涵不够，品牌的科技含量不高等诸多方面的问题，究其根源，都与体育用品制造企业竞争力有着千丝万缕的联系。通览体育用品国际知名品牌的背后，拥有一个技术创新能力强、经营管理一流、知识产权资源和人才资源雄厚等具有很强企业竞争力的跨国公司作为靠山。

（二）体育用品品牌竞争力培育误区

由于我国体育用品品牌竞争力理论研究一定程度上滞后于品牌竞争的实践，加之我国体育用品产业兴起的历史背景与客观条件，导致了我国体育用品品牌培育方面出现认识上的一些偏差和实践中的误区。

体育用品品牌竞争力培育的"虚无论"。品牌是市场竞争的必然产物，其本质是消费者增加或者减少选择成本的结果。无疑，市场和消费者对品牌竞争的结果起着十分重要的作用。但是，由此认为品牌竞争力来源于流通领域，而不是生产领域，则是认识上的偏差，实践上可能导致品牌竞争力培育无能为力、无所作为。实际上，迈克尔·波特的企业竞争优势来源的偏差就在于他从企业外部，特别是从产业结构层面去分析企业竞争力，结果，他无法解答为什么处在同一产业结构的不同企业，其竞争力会有很大的差异。可以说仅从市场和消费者角度去寻找品牌竞争力的来源的做法与迈克尔·波特的局限性如出一辙，循此逻辑，品牌竞争力与企业主体的所作所为无关，而只要关注流通环节就可以了，市场和消费者可以自主左右品牌竞争的强弱，它们成为品牌的主宰，那么品牌的所属企业便只能"听天由命"。

体育用品品牌竞争力培育的"广告论"。广告对于体育用品品牌形象的塑造、品牌的传播、品牌知名度的提升作用无可替代，功不可没。但有的体育用品企业将其作用绝对化，认为只要广告投入大，广告做的范围广、广告做得响，品牌竞争力就随之而来。有的体育用品企业把大量的资金用于黄金时段密集广告投放上，但由于体育用品质量不高，给消费者造成品牌认知困境。许多品牌竞争实践反复提醒我们，靠广告打造品牌竞争力，若没有产品的高科技含量和质量保证，没有企业竞争力的全面提升，品牌优势可能会是"昙花一现"这样的案例不胜枚举。

第七章　我国体育产业与体育用品对外贸易的发展策略

第一节　搭建体育用品对外贸易促进平台

自《关于加快发展体育产业的指导意见》颁布实施以后，相关政策逐步出台。《关于加快发展体育产业促进体育消费的若干意见》提出引导知名体育企业（品牌）"走出去"，鼓励打造体育用品贸易平台；《体育产业发展"十三五"规划》指出提升体育用品业发展层级，引导体育用品业向服务业延伸，打造体育用品行业展示平台，形成全球产业链优势；《水上运动产业发展规划》提出培育具有国际竞争力的"专、精、特、新"水上运动装备（器具）品牌，满足全球市场多元化需求；《体育标准化管理办法》明确了赛事、产业、装备、层级等体育标准内容。目前，我国关于体育产业发展的顶层设计不断完善，但具体涉足体育用品对外贸易的还很少，且内容不够细化和全面，应该进一步加强针对我国体育用品对外贸易发展的顶层设计。推动体育用品与进出口贸易服务交易平台建设，支持企业参与国内外体育用品展会，通过全球各大体育用品展示平台促进企业走出去，增强我国体育用品企业的国际影响力。

一、树立品牌观念

（一）品牌观念的重要性

品牌意识和品牌观念是现代企业制定品牌战略、铸就强势品牌的坚实基础，也是引领企业在经济竞争中制胜的战略性意识。在经济全球化市场竞争条件下，没有品牌意识，没有把品牌看成影响企业长期竞争力的有价值的无形资产，这种观念和市场意识上的落后，往往比产品或服务质量落后更可怕。只有具备了品牌观念，才能按照品牌经营的要点来实施经营战略，才能在激烈的市场竞争中以吸引顾客心智为重点，实现企业的可持续发展。

要培养品牌展会，首要一点是要经营者树立牢固的品牌观念，认识到走品牌化的发展道路才是体博会快速发展的唯一途径。只有树立了这样的品牌观念，才会从展会主题立项、规划、组织管理等具体方面来实现体博会的品牌战略，才能不断提高体博会的品牌价值，提升体博会在参展商、专业观众和公众心目中的形象。正确的品牌观念会认识到品牌建设是一个长期的过程，只有具备这种认识，才能从长远规划，避免急功近利的短期行为。在德国，几乎没有一个展览会是短期行为，更没有展览公司企图通过办一两次展览会就能达到塑造品牌的目的。

要成为真正成功的品牌，企业必须具有品牌运营思维。仅仅具有成为某一行业或某一门类中最好企业的宏图壮志是远远不够的，同样，没有创新精神的产品和服务也根本不足以在消费者心中树立长期的、可持续发展的"优势地位"。品牌管理要求不仅仅在宣传上要有强烈的品牌意识，而是要在日常管理和运营的每一个环节都有强烈的品牌意识，也就是说需要创建一个品牌驱动的组织。

（二）创建一个品牌驱动的组织

战略就像是一部交响乐，领导者是指挥，需要所有演奏者各司其职，协调配合，才能演奏出优美的协奏曲。要实施品牌战略，也就需要创建一个品牌驱动的组织，而组织内部相关机构或部门密切配合，共同提高所提供产品或服务的品牌资产。落实到最后，还是取决于组织内部的工作人员。也就是说，创立品牌是每位工作人员的共同责任。如果观念不统一，就无法形成合力，不能使品牌资产最大化；如果体博会的工作人员自己对体博会的定位都没有准确的理解，就无法准确地向外界传递我们的信息；如果对品牌运营没有正确的认识，就无法采取正确的行动。如果每一个工作人员（包括员工、志愿者，以及相关服务机构的工作人员）都能具有品牌思维，对所做工作都先考虑是否符合体博会的品牌战略，那么，体博会的品牌资产将会迅速得到提升。

（三）品牌驱动思维的保障

组织品牌管理的良性循环是：强调一种独特文化的强有力、有远见的领导者—基于一致的价值观而被招聘的职员→把核心价值奉为圣经→一致的职员行为→资金持有者的一致购买—重复的品牌购买—市场信心显示了价值的适宜—随着再加强而循环。

为了将品牌战略传达到每个管理层级，使每名员工都具有品牌意识，就需要对员工进行品牌和营销的系统培训。同时，还要制定清晰、明确的品牌管理操作规范，形成员工自觉自律的行为准则，并定时进行绩效评估，结合规章制度和激励机制，发现问题，纠正错误，奖励先进，并根据新的品牌发展要求修正、补充、升级品牌管理规范。

要使员工具备品牌思维，就必须强化体博会品牌的内部传播。员工是外界了解体博会的"活广告"。对体博会品牌战略具有准确理解、注重个人形象并主动传播体博会品牌战略的员工将是体博会强化品牌的根基。品牌内部传播的成本要大大低于外部传播的成本，但是，由于内部品牌传播理念的缺失，很多企业都疏忽了这个环节，严重影响品牌形象的提升。要做好内部品牌传播，可以利用员工培训、内部媒体（如企业网站、宣传栏、会议室、走廊等）和内部活动（如例会、年终总结、新员工欢迎会、中秋聚会等）等多种方式来进行。

要竖立品牌驱动思维，不能单纯以效益论成败。品牌战略的要义在于可以牺牲眼前的、局部的利益来换取全局的、最终的胜利。如果只从眼前的某一届展会的财务状况来判断展会的成败，有时会影响长远的战略规划和布局。

二、制订品牌定位

品牌定位主要是解决体博会现在处于什么位置，要达到什么目标的问题。体博会是具有一定国际影响力的体育用品行业盛会。但是在体博会不断发展壮大的过程中，也一直伴随着艰辛的探索和抉择。究竟何去何从，还是要取决于体博会的品牌定位。

（一）最大的 VS 最好的

近年来，随着中国经济和体育事业的发展，体博会规模不断扩大，年第一届体博会展览面积已已经达到万平方米，参展企业近家，成为世界体育用品行业规模最大的展览之一，受到国内外业内人士的高度关注。按照常说的"做大做强"，可以说体博会已经"做大"了。不仅仅是规模的扩大，而且影响力也随着规模的扩大逐步扩大。这种规模的迅速扩大也就会吸引越来越多的人的关注，竞争对手也会针对性地出台更多措施、以更新的理念和更好的服务争夺客户资源当然，参展商、观众、媒体等相关参与各方对体博会的期待也就会更高，这就更需要把体博会"做强"。有竞争是好事。有竞争才能有更强的紧迫感和危机感，不断提高服务意识和工作水平，真正把体博会做到"更强"。尽管体博会目前可能不是"最好的"，但是这应该是目标，无论是和竞争对手相比还是和以往的体博会相比，体博会都应该是"更好的"。

（二）综合产业平台 VS 小型专业展会

按照展览内容划分，展览会可以分为综合展览和专业展览两类。综合展览指包括全行业或数个行业的展览会。专业展览指展示某一行业甚至某一项产品的展览会。相对于各行各业、名目众多的各种展览会来说，广交会可以说是综合展，而体博会则可以说是专业展览：但在体育行业内，包括运动服装、鞋帽、健身器材、球类、场馆设施等不同类别的夏季体博会可以说是综合展览，而专注于冬季和户外的冬季体博会、高尔夫球展、健身大会、场馆设施展、户外运动展、游艇及帆船博览会等则可以说是专业展览。

专业化是打造品牌展会的必由之路。专业化能够形成差异化，差异化可形成展会的竞争优势。专业化使展会运营机构在市场细分的基础上，更好地把握客户的需要，从而在招商招展、邀请买家和展览会组织及现场管理等过程中更加准确、有效。专业化需要展会运营机构建立科学的管理体系、不断提升展会的质量，提升展览的科技含量，要求拥有专业化的人才队伍、进行科学的管理、实行完善的操作规范、形成优秀的企业文化，也对公司的组织结构、学习能力、企业文化提出了更高要求。专业化要求展会专注于某一行业或某一市场的客户，努力把握行业或市场发展的脉搏，展示行业的最新成果，以新技术、新产品、新观念的不断推出，占据同类型展会的制高点。

近年来，国内外展览专业化程度不断提升，专业性展览会数量不断攀升，协会、企业办展以专业展为主，政府主导型展会也向专业化发展。除展览主题专业化外，展会分工、展览从业人员、观众邀请都在向专业化方向发展。

（三）固定展 VS 流动展

"体博会应该固定举办地和举办时间"。这是这些年来经常听到的给体博会的建议。当然，固定举办时间和地点无论对主办单位、参展商、观众还是媒体都有很多优势。就和节假日一样，相关的参与者都知道每年的某个时间要到某个城市参加体博会。一方面有助于形成品牌联想，另一方面也减少主办单位宣传投入和参与各方的搜索成本。同时，固定举办时间和地点也有助于企业进行长期规划，安排产品研发周期：企业也可以提前预订下一届或两届的展位面积和位置，展台装修可以重复利用，既节省成本，又符合循环经济的发展，同时也给主办单位减轻招展压力，可谓一举多得。

（四）自主品牌 VS 国际合作

自国家允许外资在中国境内设立独资会展公司以来，在华独自开展会展业务的外资会展公司并不多，外国会展公司更多地选择了与中国本土公司合作的方式来开拓中国会展市场。对此，国内会展业有两种观点。一种观点认为，中国会展业可以通过与外资会展企业的合作，学习、借鉴成熟的会展经营观念和管理方法，应当持积极的、主动的姿态迎接这股潮流。另一种观点却对此表示担忧，因为我国本土会展企业办展水平及综合竞争力所限，外资公司的大量介入，以及外资公司与本土大型会展公司的多方合作，势必对我国中小会展企业的资源整合产生强大的冲击，不可逆转地将出现"强者越强，弱者越弱"的巨大反差，甚至出现垄断巨头，并且会蚕食一些本国已经形成品牌的会展项目。

外资会展企业通过与中国品牌会展企业的合作，可以借助本土企业的品牌优势，同时赋予该品牌以国际化的理念，合作所形成的综合优势将出现"强强联合"之势，这也是外资会展企业以已有本土品牌占据中国市场的最为便捷的方式之一。所以外资企业进入中国时大多选择本土品牌展会进行合作或并购，逐步占领相关行业展览市场。国内品牌展会要慎防成为外资会展企业的牺牲品，牺牲的有可能不仅仅是自己的品牌，更多的可能是整个行业的利益。

第二节　积极拓展国内市场

一、引领产业融合与业态创新

（一）创新体育用品制造业的生产方式

体育用品制造业服务化转型应以产业融合为基础，推动体育高端制造业与体育现代服务业深度融合发展，不断创新体育用品制造业的生产方式、商业模式和产品形态，并通过大力推行体育智能制造、服务型制造模式，加速形成"消费者为中心"产业供给理念。譬如，近年来苏南国家体育产业基地通过大力引入体育高新技术企业来支撑昆山、江阴、溧阳等的传统体育制造业的转型升级，打造了体育制造业与体育生产性服务业"共生发展"的典型范例。

（二）加大体育生产性服务业态的开发力度

体育用品制造业需加大体育信息、体育金融与物流、体育数字商务、体育设计营销、体育中介服务、体育大数据分析等现代体育生产性服务业态的开发力度，通过新型服务业态的创新来提高体育用品制造业的整体附加值，建立起产业效率提升的服务支撑体系，以提高体育用品制造业在技术创新、管理创新和品牌创新等方面的竞争优势。例如，李宁体育集团利用数字化技术开发李宁体育 App，通过打造体育用品新零售服务模式成功入局体育数字营销新赛道。

（三）发挥市场在服务要素资源配置中的作用

体育用品制造业要以国家服务型制造示范基地和体育产业示范基地建设为契机，发挥市场在服务要素资源配置中的基础性作用，推动体育用品制造服务化转型的市场主体在长三角、珠三角等制造业、科技服务业较为发达地区率先实现产业集聚，形成规模化效应，并以此为依托培育出一批龙头企业，进而吸引外部社会资本力量对其重大创新性项目进行投融资活动，彰显其产业示范和带动效应。例如，2021 年福建安踏物流的体育制造业共享仓配服务一体化项目成功入选国家 A 级服务型制造示范项目。

（四）把握住数字经济发展的机遇

体育用品制造业服务化转型要把握住数字经济发展的机遇，通过产业数字化来提高体育用品制造业的服务质量和服务效率。在具体行动上，可利用工业互联网、大数据、5G、人工智能等数字信息技术，提高对生产设备、产品及用户数据的感知、传输、交互和智能分析能力，进而为实现全产业链实时动态监控和管理提供支撑。同时，也应鼓励体育用品制造业加强对体育数据、品牌创意 IP 等无形资产的开发、交易和应用转化，扩大其服务增值空间，如体育用品制造业可依托 5G+AI 技术进军体育智能商品市场，扩大业务创收渠道。

二、提升企业形象与服务能级

（一）树立"以客户为中心"的服务理念

体育用品制造企业要树立"以客户为中心"的服务理念，建立以需求为导向的供给模式，坚持从消费者利益视角出发，实现由"买产品"到"卖服务"的转变，借以树立良好的企业竞争形象。同时，体育用品制造企业在服务业态开发中要注重专业化运作和建立市场反馈机制，通过高质量、高标准、高水平的服务品牌塑造、信誉建设及承担一定的社会责任，提高客户的长期忠诚度。例如，匹克体育用品有限公司以低碳发展和多元市场开发理念为指引，利用 3D 打印及环保材料打造"匹克态极""UNION×AJ2"等系列潮鞋，并通过建立匹克商城来提供厂家直营服务，降低了消费者选购的时间与中介成本。

（二）整合企业资源和提高组织内部的沟通效率

体育用品制造企业要逐步健全服务导向型的相关职能部门，以整合企业资源和提高组织内部的沟通效率。其具体包括"固本"和"增力"两大部分，即巩固原有体育信息咨询、设计研发、市场规划、技术保障、产品维修与售后等职能部门，同时增添体育金融信贷服务、现代物流调度、企业法务、后台数据信息中心等新型服务部门，推动企业链价值产出向服务环节集中，使体育企业摆脱"薄利多销"的思维定式。例如，李宁体育利用ERP企业信息化管理技术，推动"数据中台"部门建设，提升了自身的智能决策能力。

（三）合理配置要素资源投入

体育用品制造企业要合理配置要素资源投入，通过加大投资、设计、研发、产品检测与管理、物流、营销等服务环节的中间品投入，发掘企业潜在的增值靶点，做到以集中优势资源补齐发展短板。同时，体育用品制造企业也应加大技术投入和人才培养力度，提高其服务化转型的知识密集程度，并将自主创新作为核心服务业务开发的动力支撑，营造良好的服务文化氛围。

（四）明确服务化转型的市场定位

体育用品制造企业要明确服务化转型的市场定位和受众群体，在市场定位上做到既能够向其他同类企业输送服务能力，也能够向顾客提供产品附属服务。在培育体育服务的受众群体方面，可提前通过市场调研了解消费者对产品服务的真实需求，做到产品服务"对症下药"。例如，在运动鞋服、运动穿戴和健身器材生产方面，应考虑到中老年人、残障人士等人群的特殊需求。同时，将解决顾客实际需求作为服务目标，以产品定制化来实现企业对市场的细分深耕，减少因产品营销、售后等传统服务供给过多带来的同质化问题，摒弃"重营销、轻产品"的理念。

三、推动产品创新与品牌建设

（一）发掘新兴市场

要积极开发具有场景交互、虚拟体验和自助服务的体育产品，实现传统体育用品的实物价值与服务价值的完美结合，以发掘新兴市场，提高产品竞争力。例如，体育健身装备企业可基于互联网、人工智能技术开发新型智能单车，通过嵌入运动数据处理和线上直播互动功能，来提升产品的服务价值。同时，应注重体育产品市场与体育服务业无形资产市场的融合，通过强化体育用品企业对体育赛事、培训等体育服务活动的赞助力度，借以提升产品知名度，如安踏体育通过赞助北京冬奥会，促进了"冠军龙服"和"冬奥领奖鞋"的独家营销和产品推广。

（二）完善产品的服务功能

要发挥"产品＋服务"创新模式在产品差异竞争和创造新兴消费需求中的重要作用，

支持高端运动鞋服、运动器材、体育装备制造产品的多元化、差异化、高端化供给，完善产品的服务功能，培育体育产品消费的"新空间"。同时，坚决遏制低端产品的低价恶性竞争所带来的资源损耗，通过提升产品供给的灵活性和多样性来增强产品的市场流通和循环效率，达到满足不同人群参与体育消费的需要。例如，近年来夏垫佳美、绿洲等一批体育用品制造企业在 VR 冰雪体验中心项目上的建设，创造了虚拟运动装备的体验消费新形式。

（三）加大对体育产品的宣传力度

要重视互联网、微商城、社交电商、流媒体平台在体育产品消费中的网络正外部性功效以及"马太效应"，加大对体育产品的宣传、曝光和引流，形成以产品为中心的平台经济生态。同时，应提高体育产品的服务品质，利用大数据、云计算等新兴技术构建体育消费人群"画像"，不断向既定客户和潜在消费对象提供最新产品资讯信息，进而为客户的产品选择提供最佳建议，提高体育产品的交易成功率。

四、强化政策保障与治理协同

严厉打击各种影响产品质量安全的违纪违法行为。加强市场舆情监督，做好突发情况应急处理方案，积极应对各种体育用品网络不实炒作事件。在目前国内国际特殊大环境下，要建立相应的进口限制措施，在保障体育用品进口质量的前提下引导和调控产品进口结构，减少国内市场同质产品恶性竞争。加大进口贸易市场监管，严厉打击各种走私及其违规进口体育用品行为，保护国内体育用品市场。

（一）政府部门要完善体育产业融资政策

强化体育产业引导资金、体育公益彩票、产业创新专项基金对体育用品制造业服务化转型的扶持力度，鼓励体育产业投融资推介会的常态化运行，着力形成政、企、银、社为一体的多渠道融资机制。例如，福建省出台《体育产业专项资金管理办法》，支持泉州"体育先进制造＋服务"基地建设。同时，应支持银行与第三方信贷机构合作，开发适合中小型体育用品制造企业服务化转型的金融产品。

（二）政府部门应加强政策供给

政府部门应加强体育用品制造业在数据、信息、技术、人才等要素保障方面的政策供给，并确保其精准落地，有效发挥知识密集型服务要素资源对体育用品制造业服务化转型的支撑作用，做大做优做强体育生产性服务经济。例如，可通过对体育产业要素保障政策条例的创新和绩效评估，督促政策执行机构在水、电、地、气等方面给予体育企业财税扶持力度，并为其产品技术和服务创新提供费用税前加计扣除的便利。

（三）推动三边协同工作制度

政府部门应推动建立政府主导、企业主体、行业组织协会参与协调的三边协同工作制度，完善体育用品制造业服务化转型的相关市场容错机制和项目试点机制，营造体育用品制造企业敢于服务外包的市场环境。例如，2018 年，为落实《室外健身器材配建管理办法》中关于"明确管理维护责任"要求，武汉市政府招标昊康健身器材有限公司参与公共健身器材设施的投放、维护、普查和云上健身指导服务，该公司依托自身的智能管理平台实现了全流程场景布控，延展了服务业态的范围，开创了政商合作新模式。

（四）完善质量评价体系

政府部门要鼓励和引导体育用品制造业与专业体育智库、行业协会和技术服务资质认证机构等共同构建服务化转型的标准和质量评价体系，强化技术应用、品牌创新、服务资产交易和产品质量管理等方面的评估和等级认定工作，以提高体育用品制造业专业化服务水平。例如，2020 年国家体育总局以体育标准化建设立项为契机，通过与中国体育用品联合会标准化技术委员会合作，先后完成了《智能固定式健身器材技术规范》《极限运动装备使用要求与检验办法》等服务标准的制定工作。

第三节　借助跨境电商、共享经济等新业态

随着大数据、物联网、云计算、移动网络等信息技术的应用与推广，跨境电商发展非常迅速，给我国体育用品对外贸易实现跨洲（国家／地区）发展提供了更多契机，以期缩小体育用品贸易发展的区域内部（外部）差异性。要充分运用跨境电商模式带动我国体育用品对外贸易的健康持续增长，使其成为弘扬中华传统体育文化、实现与贸易伙伴国的体育文化交流、增大体育用品进出口贸易规模的重要途径。通过跨境电商平台将中华体育文化、中国体育用品直接展现给全球消费者，从而更好地把握体育用品对外贸易的国际话语权。另外，共享经济也为我国体育用品进出口贸易带来了新思路、新模式和新路径，推动体育用品共享平台建设，通过互联网高效整合、配置体育用品进出口贸易领域的闲散资源，以实现"降本、提质、增效"的共享经济目标。借助大数据与互联网络等信息技术，在全球各大经济带沿线设立体育用品展览、仓储、运输、金融服务等站点，为体育用品对外贸易提供资源共享服务，从而带动我国区域体育用品对外贸易的全面发展。

一、电子商务时代体育产品营销发展历程

（一）传统媒体营销阶段

1993 年，第一届中国国际体育用品博览会在西安举办，从此每年一届的体博会成为体育用品企业品牌推广和渠道拓展的重要平台。2001 年中国加入 WTO 后，伴随中国市场经济体制的逐步完善，人民生活水平不断提高，体育产业和体育产品营销得到了持续发展。虽然此阶段互联网发展迅速，但互联网营销还未进入中国民众的视野，体育产品仍然处于传统市场营销模式下。体育产品一般要经过制造商、批发商、零售商等一系列冗长的

营销环节才能到达消费者手中。与当时的媒介环境相对应的广告营销方式主要集中在电视、报纸、杂志、广播、电话、户外广告等传统媒体。

（二）互联网媒体营销阶段

互联网发展到 2006 年，人们发现互联网技术正悄然改变着许多行业的商业生态，同时也悄然改变着人们的消费行为。经济全球化的深入发展和互联网技术的创新应用，使得互联网经济成为经济全球化的强有力支撑，让互联网变得更加有趣、有用。随着网民数量的大幅增加，越来越多的商家开始重视网络广告，网络成为产品投放的重要渠道，互联网营销成为市场营销方式的有效组成部分，一些重要门户网站如新浪、搜狐和网易业绩可观，实现营收和利润双增长。联想和海尔在淘宝网上开设了"店中店"，一些体育企业开始入驻淘宝电商平台。

（三）移动互联网媒体营销阶段

互联网推动经济全球化，也带来了体育企业的全球化竞争。在与国外体育品牌竞争中，国内体育企业的创新能力和体育产品的技术含量都显现出明显差距。2012 年，中国本土体育品牌门店减少了数千家，6 家上市体育品牌总市值下跌58%，约合 450 亿港元。在此形势下，2014 年 10 月 20 日，国务院出台了《关于加快发展体育产业促进体育消费的若干意见》，为完善体育产业体系、优化体育产业环境指明了方向，体育营销在微信、微博等手机端的社交媒体以及淘宝、京东等电商平台中广泛兴起。"十二五"时期，体育产业转型速度进一步加快，发展规模不断扩大，居民体育消费显著增加。2014 年全国体育及相关产业总规模达到 13574 亿元。体育产业与文化、旅游、互联网等领域的互动融合日益加深。

（四）移动互联网媒介融合阶段

2016 年 7 月 27 日，中共中央办公厅、国务院办公厅印发《国家信息化发展战略纲要》，提出了"以信息化驱动现代化"的新方针，标志着信息化成为中国现代化新的"发动机"。在此阶段，移动互联网成为消费者现代生活不可或缺的一部分。体育运动市场蓬勃发展，手机运动 App 行业成为商家争夺和资本青睐的对象。众多商家围绕消费者体育运动需求，大力开发运用消费者运动数据，探索重构体育新零售场景。2019 年 3 月，仅运动健身平台 KEEPApp 一家的月活跃用户数量就超过 1500 万人。2020 年，电商到家业务逆势上扬，抖音、快手等短视频平台全民直播带货火爆全网，仿佛一夜之间，中国进入了全民直播时代。

体育与传统旅游、文化产业互动融合开始成为体育消费新的发力点，"体育+"工程得以稳步推进，中国体育消费新型业态发展态势良好。该阶段，各类新兴媒体呈现媒介融合的趋势，体育产品生产和营销不再局限于一条固定的产业价值链上，同一业务活动可以由数个原来不同产业的组织来完成。体育产品营销"突破传统产业边界、融合不同媒介形式"的新业态正在形成。消费者的媒介使用行为与体育消费心理随之发生变化，这些变化对传统的体育产品营销思路和方法提出了挑战。

二、电子商务时代体育产品营销的机遇

（一）健康理念的普及促进体育产品营销对象大众化

人民健康是国家富强的重要标志，已经成为国家战略和社会共识。体育在健康治理领域发挥着基础性战略作用。体育产品的消费过程具有双重性质，它既可以看作是一种经济活动，又可以视为一种生活方式或社会活动，包含着消费者参与体育的心理动机和行为方式。2020 年，中国体育消费市场规模超过 1.5 万亿元。育产品营销是以人们认同体育健康理念、形成体育运动爱好、参与体育锻炼活动为基础的，"大健康"理念有助于民众普及健康知识，提高对健康的重视，增强对体育产品购买的动力，促进体育产品营销对象日益大众化。

（二）"大数据"技术的应用促进体育产品营销模式多元化

大数据时代，体育的数据传播方式更加多元化。媒介融合时代，体育传播从传统的纸质传媒转向以数字化传播为主，传统媒介传播手段在人们的生活中日渐式微。

首先，体育产品营销呈现多元化传播互动特征。消费者可以根据自身喜好选择微信、微博、抖音等客户端，随时随地阅读体育新闻，观赏体育赛事，购买体育产品，并发布观看感受和消费体验。

其次，体育产品市场需求预测呈现精准化趋势。体育产品商家可以运用大数据技术对消费者群体实现精准洞察，通过云计算等相关技术的分析、预测，明确了解消费者需求，以此可精确化地研发生产符合消费者个性化需求的体育产品。

最后，体育产品的消费支付具有便捷性特点。电子商务的迅速发展使支付宝、微信支付等多种方便、快捷、安全的支付方式广为普及，让消费者和企业间的营销关系瞬间拉近，激发了消费者购买体育产品的欲望，提高了体育产品的销售量，为体育产品企业市场营销转型提供了良好的契机。

（三）移动网络环境促进体育产品营销过程简单化

一方面，移动网络环境使得体育产品营销具有更高的时效性。突破了时间和空间的限制，移动网络的即时性和便携性优势能保证体育资讯、赛事直播等体育产品信息发布能够在第一时间传递给消费者，并及时获得消费者信息反馈。方便快捷的信息传递缩短了体育产品营销周期，有效提升营销效率。

另一方面，移动网络环境让体育产品营销更具互动性。手机的简单智能操作、网络无处不在的便利使消费者在移动网络世界中，不仅是信息接收者，更是信息制造者。消费者可以自由选择体育产品信息接收的时间、地点，这种角色的转变，有力推动了体育产品营销方式由传统的单向营销模式向企业和消费者互动交流模式转变。对于消费者而言，体育产品的选择自主权得以实现，个性化需求得到满足；对于企业而言，销售渠道得以拓宽，可以更加灵活便捷地与消费者完成信息交互，节约了营销时间和成本，促进体育产品营销

过程简单化。

三、电子商务时代体育产品营销面临的挑战

（一）体育产品技术同质化的挑战

电子商务背景下，体育产品所处的营销环境呈现营销时空不限、消费人群扩大、消费需求增高、产品选择增多等特点。加之中国的知识产权制度还不够完善，体育产品生产技术层面的同质化导致了产品同质化。市场上现有的同类而不同品牌的体育产品，在基本性能、外观设计、功能价值、营销手段上相互模仿，以致体育产品的技术含量和实用价值逐渐趋同，甚至山寨运动品牌、"克隆"体育企业层出不穷。如篮球鞋的品牌众多，但其产品技术含量、功能价值则基本趋同。如何创新体育产品企业营销策略、搞好体育产品市场地位进而提升体育品牌市场竞争力，是体育产品企业面临的巨大挑战。

（二）体育产品供需的矛盾

媒介融合时代，消费者的健康需求更高，对体育产品的购买欲望更强。与此同时，消费者购买体育产品也更加理性。特别是在中国服务型体育产品存在供需结构失衡的情况下，消费者需要的服务型体育产品，如能满足人们体育娱乐、健身健美和健身知识需求的服务型体育产品供给严重不足，但城市标志性大型文体场馆、竞技体育赛事等体育产品却供给过剩。体育企业要满足消费者对体育产品日益增长的需要，必须摒弃传统的粗放式营销策略，实施供给侧结构性改革，切实提高体育产品供给结构对消费者需求变化的适应性和灵活性。

（三）体育产品网络支付安全风险的防范

首先，网络技术存在安全漏洞。互联网技术在安全防范方面存在一定的缺陷，消费者在购买体育产品的网络支付环节存在安全隐患。在网络支付场景中，一般是电商平台以手机号绑定银行卡，手机支付的相关信息存在安全漏洞，网络诈骗手段层出不穷。

其次，网络支付环境安全程度不高。安全的网络环境是网络支付顺利进行的前提和保障，网络自身存在的不安全因素，直接导致网络支付产生安全风险。网络系统的硬件设施故障会影响支付交易并造成损失。在移动终端设备上注册账号、下载应用软件、连接不明网络热点等行为都存在账号密码信息泄露的风险。

最后，人们的网络安全防范意识不强。在网络支付交易活动日益生活化、常态化的当下，不法分子利用好评返现、扫码退款等营销活动，窃取和收集支付账号信息，进行网络诈骗，给用户造成了经济损失。

四、电子商务时代体育产品营销的优化策略

（一）以科技研发促进体育品牌提升

注重培育品牌软实力，提升国内体育企业在营销理念、价值文化、品牌效应方面的综

合实力，从而提升产品核心竞争优势，增强消费者对国内体育品牌的价值认同和对体育产品的消费认同。

一方面，注重产品研发和科技创新。多元媒介融合创新下的市场营销让消费者可以获取更多的产品信息，从而具有更多的自主选择权。要提升体育产品市场营销规模，关键在于提升体育产品质量，避免产品同质化。体育企业要顺应消费者社交、健康、文娱等方面的需求变化，增加科技投入，研发具有较高科技含量、拥有自主知识产权的产品。

另一方面，加强对消费者需求的分析和预测。媒介融合下的市场营销让商家和消费者之间产生更多的信息交流互动，要充分运用大数据技术挖掘不同年龄、不同职业、不同地域消费者群体对体育产品的需求特点，为及时准确研发生产消费者需要的体育产品提供重要参考。

（二）以线上线下融合促进市场推广

随着媒介融合的快速发展，体育产品传统实体店的业务增长放缓，电商网店等线上销售渠道逐渐成为体育产品销售的主渠道。

1. 引入新零售理念

体育企业要以"资源共享、优势互补、互利共赢"为宗旨，以网上商城、云端店铺建设串联全国乃至全球的优势渠道资源。同时，以实体店铺作为网上商城的营销基础，通过运用大数据、人工智能等技术，升级改造体育产品的生产、流通与销售过程，推动线上服务、线下体验和现代物流深度融合，不断提高消费者场景化消费体验。

2. 优化媒介资源组合

充分利用媒介融合的合作性和互动性，制订目标精准、形式多样、全媒体推广的媒介融合营销计划，注重新媒体与传统媒体的整合传播，让体育产品更有效地与消费者产生互动，促进市场营销推广。

3. 加强媒介融合营销人才的培养

体育企业要建立完善的体育营销人才招募、培训和使用机制，深入开展营销人才培训和交流。以营销人才培养为龙头，促进体育企业整体组织变革，建立起系统化的管理体系，推动体育企业向信息化运营机制转变。

（三）以大体育产业生态促进业务模式创新

在电子商务环境下，体育企业迎来了新的市场挑战和发展机遇。体育产业要因势而动、顺势而为升级发展战略。以体育产品为核心，向体育相关领域延伸，打造多方互动、互利共赢的体育产业生态。深入推进体育培训、健身美体、场馆服务、文娱休闲、体育旅游、运动康复等相关业务，形成大体育产业的崭新业态。以媒介融合促进产业融合，以产业融合加速媒介融合。以体育产品撬动大体育产业，通过为消费者提供健康、医疗、娱乐、休闲等相关产品和服务，满足消费者日益增长的消费需求，促进体育产业实现更加深刻的变革。

五、体育产业电子商务商业模式的发展趋势

（一）全新产业结构

"互联网＋体育"产业是时代发展的必然趋势，将互联网创新成果融入体育产业经济和产业建设中，能够更好地提高体育产业的生产力与创新力，从而更好地为人民群众提供优质服务。"互联网＋"的融入使体育产业结构转变成体育赛事、新闻媒体和体育周边产品的产业新格局，加强三者的联系，可以提高体育经济收入的合理性、透明性。

（二）新的消费服务

"互联网＋"能够调节产业产品的存在比例，并优化商业模式。

第一，线上与线下结合的消费模式是未来商业模式的主流，它不仅能丰富消费者的购买方式，提高购买便捷度，还能够提高产品的可视化、可触性，提高用户的购买体验。

第二，"互联网＋"帮助消费者了解更多商家和商品，打破了以往一家独大的垄断经营模式，消费者可以根据自身需求，通过相关信息网站，更多地了解非主流产品的相关信息，选择更为符合自身需求的体育产品。

（三）新赛事营销

随着人们对体育关注度的提高，各项体育赛事产业也逐渐成熟，进一步提高赛事运营质量，有利于提高体育产业的用户量，帮助相关产品的推广与营销。以田径赛事为例，2018 年，我国举办了多达 300 场的马拉松田径赛事，不仅在马拉松赛事的收视率上取得新高，而且参赛人数也突破了 37 万，目前，这个数据还在不断地大幅度增长。赛事的成功举办，进一步吸引了新用户的参与，也吸引了众多广告商的加盟，极大地推动了产业经济的增长。

（四）新智能系统

"互联网＋"的智能化系统能够通过大数据、云计算等方式，了解用户实际需求，并通过数据分析研究，为商家提供最优方案。

第一，智能化系统能够增强用户观看体育赛事时的实际观感，如通过虚拟 VR 技术，用户能够以第一视角观看赛事，再结合虚拟投影，用户可以产生身临其境的感觉。

第二，智能化系统使体育用品更加智能，科技感更强。例如，运动手环、运动手表等，不仅能够实时监测佩戴者的心率等身体机能情况，通过将用户数据上传至云端做记录，并和标准数据进行对比，还可以帮助用户更好地管理身体。此外，智能化产品还能够根据对用户身体机能、运动情况的分析，为用户提供更高效的运动方案，优化用户运动方法。

（五）新数据电商

互联网电商最成功的莫过于阿里巴巴，阿里体育通过电商平台进行产品零售，打造优质的产业运营链，极大地提高了企业的经济利润。阿里体育商城的主要运营模式为 O2O，

通过运动粉丝化、消费社交化的商业模式建设，在提高产品适用性的基础上，阿里体育提高了用户对体育商城的依赖性。另外，电商平台要及时更新相关体育用品，帮助用户及时追赶时代潮流，还要大力开展体育活动，吸引用户参与，借此推广相关运动产品，如组织全民健身活动、社区竞技对抗活动等，都能有效提高人们参与体育项目的积极性，提高人们的消费欲望。

（六）全新的体育设备

随着科技的不断发展，体育设备也不断更新换代，其体育效能也得到更高效的发挥，其体育特性也更符合使用者的需求。互联网促进体育设备效能提高最明显的例子莫过于电子竞技设备。2008 年，国家体育总局将电子竞技划入体育竞赛项目后，电子体育行业爆发式增长，互联网技术的引入使电子竞技产品的精确性和灵敏性进一步提高，减少甚至消除了对人体的伤害，使其更健康。

（七）全新体育培训模式

传统的体育培训模式重在实际锻炼，运动人员缺少相关的基础理论知识，在运动中极容易出现运动损伤，不合理的训练方法甚至会造成严重的健康损害。"互联网＋"的体育培训方式，不仅为运动人员提供了线上教学，还为运动人员提供了更好的安全设备，以保护身体安全。同时，网络预约教练服务，更有利于运动人员获得专业的一对一指导，提高运动科学性，从而使其更好地享受体育的魅力。

第四节　拓宽体育用品对外贸易市场范围

目前，北美洲和欧洲仍是我国体育用品对外贸易的主要集聚区域，要继续充分利用欧美国家强大的市场规模、消费者较强的体育消费意识及其市场购买力优势，进一步巩固与扩大中国对欧美国家的体育用品进出口贸易。要借助我国和东南亚、东亚等区域相似的地缘文化优势，加大对中华文化圈地区的体育用品对外贸易往来，发挥中华体育文化资源的外溢效应，进一步壮大我国体育用品对外贸易规模。相较而言，中国与非洲、大洋洲、拉丁美洲的体育用品贸易规模还很小，存在巨大市场开发空间，要在充分市场调研的基础上，积极开展我国与非洲、大洋洲、拉丁美洲的体育用品对外贸易往来，进一步拓宽国内体育用品对外贸易的市场空间范围，降低因贸易目的地过于集中而产生的市场风险。

一、产品差异化的实施

（一）坚持科技创新，创立系列产品线，确保产品集中度差异化

针对我国体育用品企业产品所暴露出来的问题，特别是科技含量不高，产品质量不过关等重要问题，企业应该充分认识到科技就是企业赖以生存的根本，当务之急就是从自身

企业消费者细分的角度，建立起科技系统，研发新型的科技。

在科技研发的同时，要注意自身产品线的构成，不断研发新的产品。企业自身要走什么样的企业道路，以何种运动为主打运动，打差异化战略的牌。国内很多运动品牌企业则应该利用各大品牌产品的缝隙，针对相关的消费人群建立起自身的产品主打和产品线。这些企业就把差异化的思想在行为中做出了体现，从而形成了良好的反响。

（二）提升产品设计水平，保证新产品差异化

在现代消费者的细分中，各个层次的消费者在进行体育用品产品消费中，都有一个共同点，那就是在追求产品功能性的同时，会注重产品的外观。国内的知名体育用品品牌正在通过聘请国外知名设计师、吸纳艺术学院优秀的毕业生来解决这一问题。但对于中小体育用品企业来说，聘请国外知名设计师的费用肯定难以承受，那就要求这些企业的设计人员通过自身不断地学习，不断激发自己的创作灵感，提高自身产品的设计水平。

新产品的研发同样是我国的体育用品企业不应该忽视的重点。新产品的研发过程（以专项产品运动鞋为例）应该遵循以下的流程，如图 7-1 所示。

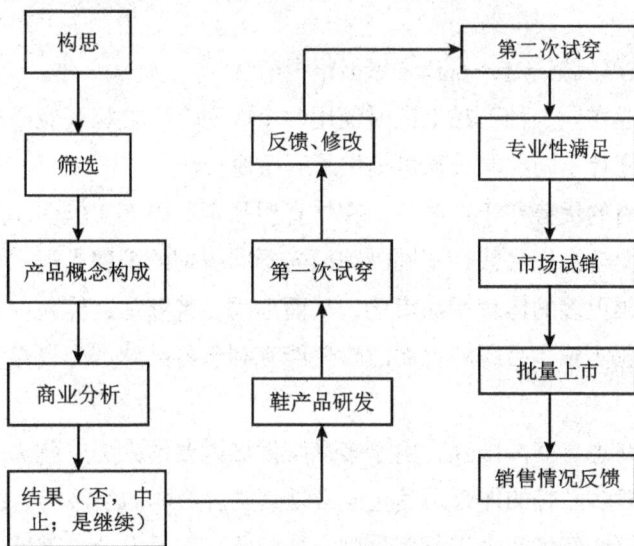

图 7-1　新产品的研发过程

二、品牌差异化的实施

（一）品牌竞争定位与品牌形象差异化

品牌的竞争定位是所有品牌营销的基础，也是品牌经营成功的前提，只有把自身品牌的定位精确才能为最终达到品牌差异化打下坚实的基础。

品牌的标杆运动是建立在品牌调性的基础上的，与品牌调性相比，标杆运动的建立就相对少了很多。企业必须要根据自身情况，针对国内外知名体育用品企业所留下的空白，结合自己的目标人群建立起自己的主打运动品牌，只有这样，才能做到有主有次、有的放矢。

（二）运用差异化营销手段，丰富品牌形象

对于体育用品企业来说，应该根据自身的情况来制订营销计划，对于国内知名的，已经在消费者心目中建立相当认知度的品牌，应该以数字营销为主，电视、平面、网络相结合。覆盖更多的受众，从而达到传播品牌美誉度，进一步维护品牌在消费者心目中的形象。

而对于正处于品牌建设期中的国内体育用品企业，如何快速建立起品牌形象是这些品牌需要面对的问题。在众多营销手段中，电视营销无疑是最为快捷和效果最好的，而这些企业由于其已经创建多年，在二三线市场已经拥有了相对固定的消费群体，企业资本也相对丰厚，能够承担大范围的电视营销所需要的花销，从投入产出比和企业自身需要上来说，无疑电视上的投入会更加有效果。

还有一类就是尚未到达一定资产金额的小规模体育用品企业，这些企业面临着想建立起自身品牌，但是没有资金支持的困境。这就需要企业在自身产品上下苦功，用良好的产品做口碑传播，同时结合费用低廉但是产出效果较好的平面和网络营销，从而达到品牌增值的目的。

（三）多品牌发展战略与单一品牌发展战略相结合

多品牌是指企业在同一种产品上同时使用两个或两个以上相互竞争的品牌，他为建立不同的产品特色和迎合不同的购买动机提供了一条途径。

多品牌发展战略的优势在于：第一，在体育用品企业内部实施多品牌战略对于企业自身有益，能帮助企业丰富产品线，不同品牌面向不同级别的消费人群，从而培养消费者对于企业的信赖，占领更多的体育用品市场，从而形成品牌壁垒，能减少竞争者进入本领域的概率；第二，企业实施多品牌的发展战略还能有利于各品牌产生良性竞争，相互补充进而提高效率。

多品牌发展战略也有其局限性，由于多品牌发展需要的人力、物力、财力等硬性成本较高，这就要求经营多品牌的体育用品企业必须是要有雄厚的经济实力的。

对于尚未有足够的经济实力进行多品牌发展的体育用品企业，就需要专心发展自身的品牌，慢慢做大做强后，势必也会走上多品牌发展的道路。

（四）赞助活动和广告制作的差异性

体育用品企业赞助活动会受到其品牌专业调性、品牌标杆运动、目标受众等诸多方面的影响。各体育用品企业要根据自身条件进行赛事或活动赞助。在赞助赛事和活动上如果实现差异化，就会让赛事与品牌形成强有力的品牌关联，有利于双方的共同传播。

广告需要推陈出新，单一广告的持续播放固然能在消费者心目中形成印象加深，但是单一广告会让消费者产生厌烦心理，要规划品牌概况，各个季度的主题和概念，为广告的持续更新做好准备。在广告形式上要力求与自身品牌相符合，同时还要有创意，富有感染力，这就需要企业内多部门的共同协调，还需要广告公司的通力配合才能最终实现。

三、渠道建设的差异化

体育用品企业开拓自己的渠道有三种思路：第一，企业直销。即企业在各地设立分公司，开设直营店铺。这样能压缩中间的渠道，产品从工厂到零售终端的过程减少，从而使产品的利益能最大地回归企业本身；第二，与体育用品零售业代理商合作，共同开拓市场；第三，两种方式的结合。

现在对于国内大的品牌企业来说，都在力拼专卖店。因为对于从"草根"起家的我国广大的体育用品企业而言他们在二三线的市场渠道已经相当完善，目前的任务就是扩张专卖店的数量，达到水平增长的目的，进而达到提升品牌形象的目的。

四、企业内部自身建设的差异化

首先，要提高我国体育用品企业员工的学历水平，企业的人力资源部门要努力使企业人员结构优化，最大限度地发挥企业的人力成本。根据企业自身的需要吸纳人才要有的放矢，体育用品企业的人员流动性比较大，现在很多在欧洲、美国等国家和地区拥有很深体育用品企业工作经验的人都愿意回国，他们可以把自身的工作经验带到企业，从而对企业的发展有所帮助。

其次，要建立现代化的企业管理制度，体育用品企业只有建立了以自身相符的管理体制，才能让员工更有效率，让工作流程更加顺畅。塑造有差异化的企业文化也很重要。这一点最容易被广大的体育用品企业忽视，这其实是错误的。企业的核心文化是员工共同遵守的行为和道德准则，会在员工的行为和思想上产生积极的影响，这样就能使员工在相互的合作中亲密无间，让工作效率得到提高。我们的体育用品企业要根据自身企业的情况建立自己的企业文化，企业文化一旦确定就不能轻易改变，当然企业文化要跟别的公司有差异，这样才能凸显自身企业。

最后，体育用品企业要增强社会责任感。企业是社会的企业，企业融入社会，受益于社会。回馈社会是企业高觉悟的体现，在帮助别人的同时，也会在社会上形成对企业来说良好的社会舆论和口碑，对品牌的美誉度和信誉度都有益处，当然回馈社会还是要量力而为。

五、典型案例分析

（一）LN 企业简介及海外市场进入历程

1.LN 企业简介

LN 企业，是 LN 先生在 1990 年创立的专业体育品牌公司。经过三十余年的发展，已经成为中国领先的体育品牌企业之一。集品牌销售、设计、研发、制造、经销以及零售为一体，拥有庞大的零售分销网络以及供应链管理体系。

除了核心品牌 LN 之外，LN 企业也拥有很多与公司特许或者与第三方合资、联营企业经营的其他品牌体育产品。其中包括了红双喜乒乓球产品，ALGLE（艾高）户外运动用品，Danskin 舞蹈和瑜伽时尚健身产品及 Kason（凯胜）羽毛球产品。企业自成立以来发展迅速，总结起来，有以下七个重要的节点，如表 7-1 所示。

表 7-1 LN 企业大事件

年份	LN 企业大事件
1990	LN 企业在广东成立，"LN 牌"运动服成为第亚运会圣火传递指定服装
2002	确立新品牌定位，提出"一切皆有可能"的口号
2004	在中国香港联交主板成功上市，是内地首家在香港上市的体育用品公司
2012	LN 企业连续成为 CBA 官方战略合作伙伴
2015	LN 企业步入新一轮发展的元年，开始向"互联网＋运动生活体验"提供商的角色转变
2018	登上纽约时装周，是首个亮相该时装周的中国运动品牌
2021	2021 年 6 月，东盟 LN 中心项目正式启动，打造智能制造工业生态体系

从以上时间节点来看，LN 企业自成立以来，经历了明晰市场定位、上市、融入"互联网"、打造国际品牌以及工业生态体系等过程，逐渐完善了自己国际化的发展道路。LN 企业的愿景即"成为源自中国并被直接认可的，具有时尚性的国际一流专业运动品牌"。LN 企业近几年的发展势头较足，渐渐地确立了本企业国际品牌的地位，拥有广阔的发展前景。

LN 企业在 2012 年经历库存积压问题之后，毛利润连续下滑两年，但近五年来，LN 企业的毛利润一直稳中有升。2020 年达到了 70.94 亿元，如图 7-2、图 7-3 所示，较 2016 年翻了 1.91 倍。2020 年，LN 企业年销售额达到 144.57 亿元，较 2016 年同期增长 80.3%，经营业绩再创新高。

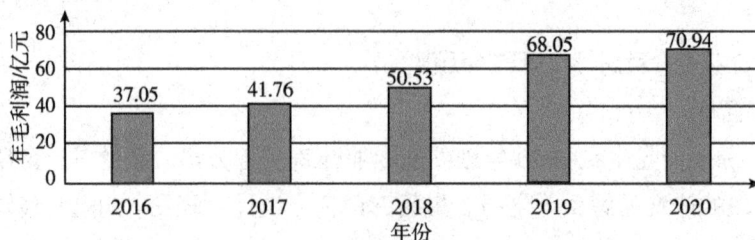

图 7-2 LN 企业 2016—2020 年年度毛利润

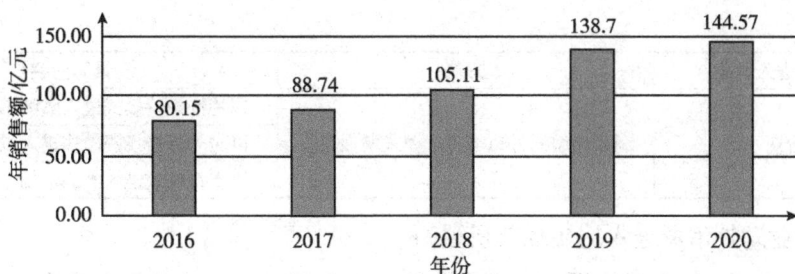

图 7-3　LN 企业 2016—2020 年年度销售额

LN 企业的销售产品主要以专业及休闲运动鞋、服装为主，同时还销售器材和配饰产品。例如，羽毛球、篮球、乒乓球等。LN 企业致力于科技创新及产品研发，助力运动员在赛场上出色发挥，并推动各项运动不断发展。2012 年 1 月到 2019 年 11 月 LN 企业一直在追求技术突破上不断进步，不断研发新的科技平台，力求保证产品的质量。

2. LN 企业海外市场进入的历程

LN 企业进入海外市场可分为三个不同的阶段。企业成立初期由于知名度不高，前期大多是采用赞助奥运会的形式来提高自己在国际市场上的知名度，分别于 1992 年、1996 年、2000 年、2004 年赞助过巴塞罗那、亚特兰大、悉尼、雅典奥运会，渐渐提高了品牌在国际上的知名度。中期阶段，LN 企业主要找国际巨星签约来宣传公司的产品，2006 年签约 NBA 球员达蒙·琼斯（DamonJones），成为第一个出现在 NBA 赛场的中国体育品牌，随后陆续签约世界知名女子撑竿跳运动员叶琳娜·伊辛巴耶娃（Elena Isinbayeva）、牙买加飞人阿萨法·鲍威尔（Asafa Powell）、网球运动员马林·西里奇（Marin Cilic）等。通过这些"名人效应"，一定程度上提高了 LN 企业的品牌效应，LN 企业也因此有了更为广泛的受众群体。在拥有知名度以后，LN 企业在 2016 年实行了全面国际化的战略，陆续以特许经营、建立全资子公司、直接出口等形式积极开展国际销售业务，逐渐扭转了2012—2014 年连年亏损的局面，近年来 LN 企业更是在国际上开展多项业务并完善自己的供应链，国际市场的业务广泛。LN 企业进入海外市场历程总结如表 7-2 所示。

表 7-2　LN 企业进入海外市场历程

海外市场进入阶段	方法	具体内容
前期	赞助奥运会提高知名度	赞助 1992 年巴塞罗那奥运会
		赞助 1996 年亚特兰大奥运会
		赞助 2000 年悉尼奥运会
		赞助 2004 年雅典奥运会
中期	签约运动巨星提高品牌曝光量	签约女子撑竿跳运动员叶琳娜·伊辛巴耶娃
		签约牙买加飞人阿萨法·鲍威尔
		签约网球运动员马林·西里奇

海外市场进入阶段	方法	具体内容
中后期	利用传统海外市场进入模式增加营收	以特许经营模式进入欧洲市场
		以对外直接投资模式进入东南亚市场
		以出口模式进入美洲市场

3.LN 企业海外市场进入的挑战与机遇

LN 企业的国际化道路并不是一帆风顺的。在 2012 年 LN 企业因为受到库存积压的影响，资金回流慢，营业额连续两年下滑，到 2015 年初，LN 企业库存总价值也高达 9.6 亿元，直到 2016 年进行了战略的调整才逐渐有了起色。直到今日，LN 企业的国际化经营也充满了挑战。首先是赞助国际赛事的方式已经比较普遍，各个企业之间同质化现象严重，宣传效果大打折扣。在 2022 年北京举行的冬奥会，运动员的服装均为安踏赞助，LN 企业已不是奥运会的主赞助商。其次是体育用品企业近年来发展迅速，安踏、鸿星尔克、特步等均进行了转型，不仅提升了产品的质量，在战略上也都有所侧重于国际化，竞争日益激烈。最后是 LN 企业内部缺乏能委以重任的专业人才。企业的竞争，归根结底是高技能人才之间的比拼。造成专业人才缺失主要是两个方面的因素。一方面是意识的缺乏，企业并没有招贤纳士的意识，导致企业新鲜血液较少；另一方面是人才的短缺，近年来，从事国际贸易的专业性人才极为短缺，综合素质高的人才供不应求。因此，企业在国际销售上存在问题。虽然 LN 企业一直走在国际化的进程上，但公司内部的专业人才相对较少，高管连续离职以及新来团队无法快速适应环境，不能及时纠正公司的错误，导致 LN 企业国际化发展的进程放缓。

诸多挑战的存在使 LN 企业在进行国际化探索时不免受到阻碍，但 LN 企业也面临着很多的机遇。

首先，近年来，国家支持并倡导企业进行国际化的探索，"走出去"是时代大势，"走出去"也符合国家整体的规划和发展目标。

其次，LN 企业虽然在探索国际化的过程之中遇到了不少的困难。但因其起步较早，积累的有关国际化的经验丰富，其创始人"LN"本人也是一名知名运动员，在国际市场上，LN 企业拥有一定影响力。

最后，LN 企业的技术革新较为迅速，整体的产品竞争力强。LN 企业十分注重新产品的研发工作，并与美国的设计师进行合作，激发设计灵感。2018 年推出的"中国LN"系列在巴黎时装周上首次公开亮相就成为"爆款"，很多款式的价格即使很高也供不应求。这就证明 LN 企业比较注重产品的研发设计，不断地提升产品的质量，在新产品的设计上拥有着竞争优势。

（二）LN 企业海外市场进入模式的选择

LN 企业自 1990 年创办以来，就开始国际化道路的探索，到今日，LN 企业已经成为代表中国、代表亚洲的领先体育用品企业。LN 企业后期市场进入成功的一部分原因得益于前期大量赞助奥运会以及签约国际巨星产生的曝光度，这为全方位进行海外市场拓展奠定了基础。LN 企业后期针对不同地区的特点选择了不同的进入模式。主要有特许经营、建立全资子公司和出口三种模式。

1. 以出口模式进入美洲市场

美洲市场是 LN 企业首先开拓的市场，美洲市场上体育用品企业繁多，其中也不乏像耐克一样具有国际影响力的企业，市场已经接近饱和状态，进入壁垒较高。但美洲的技术相对而言比较发达，因此进入美洲市场对于企业后续技术的革新、产品的更新换代以及积累下的国际市场的进入经验都有很大的益处。LN 企业进军美洲市场总体而言可以分为三步。

首先，选择与 NBA 签约，成为官方合作伙伴，随后签约了 NBA 球星克里弗兰，成为国内首个出现在国际赛事上的品牌。

其次，LN 企业注重技术的研发，为了更好地研发新技术，提高产品的质量，LN 企业选择在美国俄勒冈州成立研发设计中心，并将自己的人员派送过去与当地的人员一起共事，可以更好地了解当地的政策以及营商环境，在专业技术领域实现突破。

最后，待时机成熟以后，LN 企业选择在波特兰市的珍珠区建立了第一家专卖店，随后便用直接出口和间接出口的形式为店面提供货源支持。在当地的专卖店中，LN 企业选择美国公民比较热衷的篮球和羽毛球作为销售的切入点，并且将"中国功夫"的元素融入其中，树立了良好的国际品牌形象。近年来，LN 企业也开通了速卖通平台，实现商品销售、营销、支付的网上运营，极大地降低了经营成本及经营风险，线上和线下相结合的方式可以极大地处理库存情况，避免公司陷入库存积压的窘境。

2. 以特许经营模式进入欧洲市场

欧洲市场的进入模式大致与美洲市场相似。LN 企业在前期进入欧洲市场时，主要是与当地的奥委会进行签约用来提高品牌的知名度，赞助过西班牙奥委会、瑞典奥委会等，并为西班牙的女篮和男篮提供比赛用的服装。在有了一定的知名度之后，便寻求当地的企业以及经销商进行合作，以特许经营的方式在西班牙和荷兰建立了海外形象店和 LN 旗舰店。同时与比利时爱思康公司签约，在专业功能类运动鞋领域进行了技术上的研发交流。特许经营的方式不仅可以降低企业进入海外市场的风险和成本，更能洞察和熟知当地的市场，有更好的针对性和应变能力，尤其是对于文化差异和购买习惯差异较大的国家，特许经营的方式能够借助当地原有的力量推进品牌的发展。

3. 以建立全资子公司模式进入东南亚市场

LN 企业进入东南亚市场不同于以上两个区域。因东南亚地区相较于以上两个地区经济发展较慢，市场饱和程度低，且与我国有着相似的消费习惯及文化背景。因此，拥有更多地进入机会。LN 企业选择在新加坡建立了一家全资子公司，以控股的方式进行经营管理。同时结合当地人喜爱羽毛球运动的特点，其主营的销售产品即为羽毛球类运动系列产品。在公司经营效果不错的基础之上，LN 企业迅速将门店在东南亚地区进行扩张，打响了自己品牌的名号，其品牌产品在东南亚地区的口碑也越来越好。

4.进入模式选择

LN 企业选择进入海外市场时，在不同的地区采用了不同的进入模式，这样做的目的一方面可以有利于公司精准地把握消费者的习性，提供具有针对性的产品；另一方面在不同地区采用不同进入方式的成本不同，可以更好地让母公司对资金精准把控，有利于资金的回笼和调度。出口、建立全资子公司、特许经营的方式各有其优缺点，具体整理如表 7-3 所示。

表 7-3　海外市场进入模式及优缺点

海外市场进入模式	优缺点
出口	优点：能够实现区位和经验曲线经济
	缺点：1.高交通费用；2.与当地营销机构之间的问题
建立全资子公司	优点：1.保护技术；2.能够进行全球战略合作；3.能够实现区位和经验曲线经济
	缺点：高成分和风险
特许经营	优点：低开发成本和风险
	缺点：1.缺乏对质量的控制；2.不能进行全球战略合作

结合每种方式的优缺点进行分析。对于美洲而言，选择出口的方式能够实现区位和经验曲线经济，更好地支持当地营业店的发展；对于欧洲而言，特许经营的方式能够降低开发成本和风险，更好地迎合当地消费者的需求；因为东南亚地区与我国内的消费习惯及文化背景大体相似，所以建立全资子公司不仅可以为以后进行全球性的战略合作打下基础，而且能够实现区位和经验曲线经济。美洲市场、欧洲市场、东南亚市场作为进入较为成功的三个市场，为 LN 企业在国际上的发展打下了基础。

（三）LN 企业海外市场进入模式的选择依据

企业想要运用折衷理论进入市场要具备三个方面的要素：所有权优势、内部化优势以及区位优势。当企业综合分析三方面的优势以后便可以选择一种适合的进入模式，通常是出口（贸易式）、技术转让（契约式）以及对外直接投资（投资式）的模式。

1.所有权优势

所谓所有权优势，是指企业独占无形资产以及拥有规模经济所产生的优势，通常包括企业的规模、融资能力、组织管理能力、技术发展能力（包括企业在设计、研发、生产、销售等环节所具备的能力）等。

（1）企业规模大

目前我国体育用品企业的发展渐渐趋向成熟，LN 与安踏已经成为国内最具国际影响力的品牌，市场占有率高达 60%。LN 企业目前处于迅速扩张状态，截至 2022 年 1 月初，LN 企业在全国在营业门店达到了 1633 家，销售点数量 6745 个，门店分布 31 个省份，272 个城市，其中江苏省和广东省店面达到了 127 个和 126 个之多，占 8.99% 和 8.91%。在城市方面，LN 企业主要将地址选在发达城市，其中北京市占据了 4.52%。发达城市可以为 LN 企业的发展扩张提供资金上的支持，有了资金的供应，门店便可以继续扩张，形成良性循环。同时，LN 企业在国内的庞大规模可以为其进行国际贸易提供充足的货品保障，解决其在进行跨国贸易时的后顾之忧。

（2）企业组织管理能力高

LN 企业的组织管理能力在近几年来有所提升。受 2012 年库存积压导致利润下降的影响，LN 企业对于高管层进行的"大换水"，提拔重用了部分的中坚力量。自此，LN 企业的营业额有所缓和。根据研究，若企业组织管理能力较强，则企业会倾向于选择控制程度和资源承诺更高的模式，如建立全资子公司、并购等，以东南亚市场为例，因东南亚市场的消费者与我国消费者在文化背景以及消费习惯上都有相似之处。因此管理层所积累的专业知识储备便可以在国外市场的交易时运用，此时便可以选择建立全资子公司的模式进入市场，相对于保守的进入方法，建立全资子公司可以更好地进行控股，同时也可以保护好自己的技术、知识产权等不被侵害。

（3）企业技术发展能力强

LN 企业比较注重技术的研发，每年大概会投入营收资金的 5% 去参与创新研发新产品，1998 年，在广东佛山建立了中国第一家服装与鞋产品设计开发中心。2004 年，在香港成立设计研发中心，集中负责设计 LN 品牌服装产品。2008 年，在北京成立 LN 运动科学研究中心。同年，在波特兰成立海外鞋产品研发中心。2012 年，在韩国成立研发中心，在美国，LN 企业也有专门负责羽毛球技术研究的研发所，多个研发中心助力 LN 企业不断地提升产品质量，提高国际交易的竞争力。2019 年 11 月，LN 企业发布最新羽毛球拍科技平台"蓄力突袭"，在拍框 5 点、7 点位置创新设计狭窄弹性结构，并加入全新研发的"霹雳云科技系统"，超弹性能，重新定义拍框科技，领跑国内体育用品企业，LN 企业一直在提升技术的路上不断进步。

（4）所有权优势

LN 企业无论是在组织规模、企业管理能力以及技术方面都有比较强的优势。在进行国际贸易的过程中无论在哪个地区都具备所有权优势，可以为企业展开贸易奠定基础。

2. 内部化优势

内部化优势的产生主要源自外部市场的不完全性，其具体体现在两个方面：一是交易性不完全，主要包括知识市场的信息不对称以及高交易成本；二是结构性不完全，主要包括贸易壁垒、政府干预等。

（1）结构性不完整

一般而言，东道国政府都会保护自己本国的企业，利用关税或者非关税的措施来限制外来企业在本国的发展，防止恶性竞争的产生。发达国家的贸易壁垒相对发展中国家低一些，发展中国家因为经济、技术等落后，所以更希望以多种措施来保护本国的产品和企业免遭破产的危险。对于很多经济相对落后的国家而言，会指控外来国家的商品具有倾销行为借以拒绝产品的进入。因此，在进入壁垒相对较高时，应采取对外直接投资的形式进入，这样可以直接在当地建厂，就地生产，用来绕开较高的进入壁垒。

（2）交易性不完整

交易性不完全主要体现在信息获取难易度和交易渠道顺畅度这两方面。美洲国家与中国的交易局势复杂多变，难以预料，欧洲等国家更是与中国相去甚远，交易的时效性受到限制，再加上目前的国际局势更新换代快，难以及时有效地获取信息，交易渠道顺畅度也因此大打折扣。如果企业不能够有效地获取信息，交易通道也不顺畅的话很有可能会导致企业的营销成本大幅度增加，盲目进行战略决策就很容易导致失误，因此当交易性不完整的时候选择保守的进入方式最为妥帖。

（3）内部化优势

企业如果在东道国拥有内部化优势就相当于拥有较高的市场信息知晓度以及相对较低的贸易壁垒，在这样的情况下选择出口或者特许经营的方式是一种比较好的选择。对于LN企业的主要三个市场而言，东南亚市场距离母国即中国较近，信息获取的速度或者是贸易壁垒都相对较低，因此拥有内部化的优势；欧洲市场距离母国较远，容易受信息不对称性的影响，因此没有明显的内部化优势；以美国为首的美洲市场与中国的国际贸易形势复杂多变，各种信息繁杂，不利于信息的获取与决策，因而也没有明显的内部化优势。

3.区位优势

区位优势是指跨国企业在投资区位上所具有的选择优势，投资区位的选择要受到多方面要素的影响，包括经济环境、社会环境和技术环境的影响。

（1）经济环境

经济环境是一个国家开展商业活动所处的社会经济环境，经济环境的好坏直接影响到企业的盈利状况，LN企业选择进入的地区大都是经济相对发达的国家。尤其是欧美国家，GDP常年居高不下。根据交易成本理论可以知道，若一个国家越发达则国际化竞争程度越高，则说明企业的交易成本会增加，利润降低，因此就越要选择减少成本的进入模式。由于每个国家的地理地貌、气候条件等有所不同，其资源禀赋各方面各有优势和劣势。

对于美洲市场而言，技术相对发达，此时就不宜使用授权经营的方式进入，授权经营在一定程度上会导致母国技术的泄露，而东道国强势的技术如果没有学到就会陷入产品难以更新换代的"瓶颈期"；欧洲市场的经济相对发达，但与美洲市场不同的是，欧洲市场上存在大量的经销商和分销商，很多公司也有在欧洲市场进行特许经营的先例，因此特许经营可以考虑为进入的方式；东南亚市场的经济相对来说并不发达，而且以劳动密集型产业为主，拥有大量的劳动力。因此，在东南亚地区建立全资子公司，不仅可以雇佣当地的劳动力，降低成本，也可以规避贸易壁垒，降低风险。

（2）社会环境

社会环境也是企业进入时所考量的重要因素，因为历史的原因，每一个国家和地区都有着独特的社会文化环境，想要进入海外市场首先需要了解当地的文化，才能精准地把握消费者的习惯、喜好等。东南亚地区离我们较近，风俗习惯与我们也大体相似，所以在我们母国所用的制度、营销策略等也都可以在东南亚地区尝试使用，因而选择建立全资子公司可以作为一种进入模式进行考虑；美洲地区与欧洲地区与我们风格习惯相去甚远，如果也沿用同样的方式很可能会出现"水土不服"的状况。因而我们需要结合当地人的建议，与当地人进行合作，同时多多了解东道国人的消费习惯、信仰等才可以更好地进入。

（3）技术环境

在知识经济迅猛发展的时代，如果一味地追求低价策略进入市场很可能就会被时代所淘汰。在越来越激烈的竞争中，只有不断地提升自己产品的技术水平才能在众多产品中脱颖而出。因此，对于体育用品企业来说，目标国的技术环境就尤为重要。美洲与欧洲市场相对于东南亚市场的技术较好，因此进入的竞争压力大，不适合采用积极的进入方式，而东南亚市场的技术与我国大体相似，甚至目前还不如我国，因而我们可以选择更为积极的进入方式。

（四）LN 企业海外市场进入效果

LN 企业在开展国际化的战略后，先后以不同的方式进入了美洲、欧洲以及东南亚市场，尤其是在 2016 年进行全面国际化的战略后，公司整体的经营状况稳中向好。无论是销售额还是利润率均没有出现亏损的状况，公司的营收能力、国际竞争力以及国际化的水平都在逐步提高。

1. 销售额稳定增长

销售额可以最直观地反映出企业一年的营收状况。由图 7-4 可以看出，LN 企业在 2016 年以来营销额一直呈现着增长的态势，2018 年与 2019 年增长迅速，2020 年增长速度放缓，2020 年的年销售额较之 2016 年同期增长约 80.3 个百分点，对比 361° 同期 51.27 亿元的销售额，LN 企业多了近两倍。

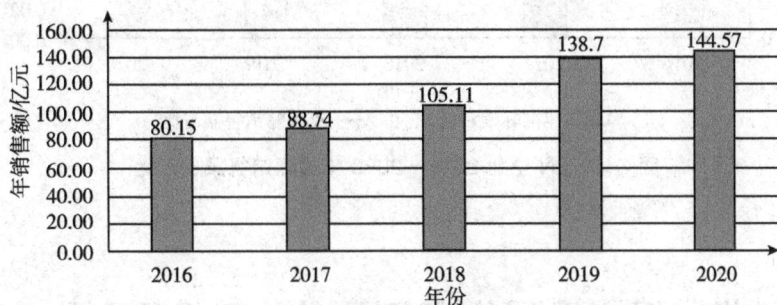

图 7-4 LN 企业 2016—2020 年年销售额

2. 利润率逐年上升

毛利润和毛利率可以更好地反映公司除去各种营销等成本后真实的财产状况，其指标越高，表明企业市场竞争力越强，发展潜力越大，盈利能力也就越强。由图 7-5 我们可以看出，LN 企业毛利润与销售额呈现着同态势增长的情况。销售额在 2020 年达到 70.94 亿元，较 2016 年增长了将近一倍，其毛利率也呈现着逐年上升的情况。除了 2020 年毛利率保持稳定之外，其余年份均以每年 1% 的速度上涨，且都达到了 45% 以上，表明 LN 企业的发展潜力大，盈利能力也在不断地提升。

图 7-5　LN 企业 2016—2020 年年毛利润及毛利率

3. 国际销售额及占比曲折上升

LN 企业的国际销售额总体呈现着曲折上升的状态（图 7-6），除 2017 年其国际销售额略有下降以外，其余年份均在增长。值得一提的是，由于 2018 年"中国 LN"在巴黎时装周上的走红，其 2019 年的国际销售额比 2018 年翻了一倍，2020 年较之 2016 年总体的国际销售额也翻了近 3 倍。其国际销售额占比随总销额也略有波动，在 2020 年达到了12%，与 2017 年的 6% 的占比来讲，多了一倍，国际销售额的占比越高，说明在公司的总销售额中，来自国际市场的销量就越高，公司的国际化水平也就越强。

图 7-6　LN 企业 2016—2020 年国际销售额及占比

第五节　提高我国体育用品对外贸易便利化水平

深入贯彻落实国务院办公厅《关于加快发展体育产业促进体育消费的若干意见》《体育强国建设纲要》（附录）等相关文件精神，中国海关应在有效监管的前提下为体育用品对外贸易提供通关便利，精简体育用品对外贸易的行政审批手续，提高贸易工作效率，降低体育用品对外贸易成本。加快推进和落实国家外汇管理局《关于进一步提升跨境贸易投资便利化水平》、国务院办公厅《关于进一步优化营商环境更好服务市场主体的实施意见》等文件精神，确保我国体育用品对外贸易的跨境收付与汇兑能够顺畅进行。由于国内体育用品的产品形式种类繁多，且一些产品更新换代速度快，可考虑采取保税仓库模式，经海关批准后实施集中申报，并为我国体育用品对外贸易提供预约通关服务等便利措施。

一、优化体育产业财政投入结构

（一）压缩体育行政管理和机关运行费用

加强行政和机关运行费用的预算约束，改进以往体育行政单位实行的"增量式"财政预算，使财政拨款在能够保证机关运行的基础上，将更多的资金投入群众性体育、体育交流合作等其他领域。针对当前存在的体育行政机关对行政运行经费把关不严、开源节流不到位、资金使用不规范等问题，加强体育行政机关财务信息公开力度，将资金管理和使用信息透明化，科学编制预算。特别是要加大体育行政机关"三公经费"管理力度，推动体育行政机关的财务信息公开，广泛接受社会监督。禁止将上级财政专项拨款作为办公经费和用作其他支出。

（二）加大对群众性体育领域财政投入力度

进一步加强对从事公益领域的体育企业的财政补贴力度。如英国为了发展群众性体育，由专门负责社区体育发展的英格兰体育协会设立每年不少于 3 亿英镑的社区体育专项资金，用于支持群众性社区体育活动。资金投向主要为群众性场馆设施规划和管理、体育政策治理、志愿者资源统筹、指导员培养等。所有的企业、个人、其他社会组织都可以申请社区体育专项资金。

根据公共产品理论，体育产业的产品属性取决于受益对象和盈利性，体育产业所提供的产品包括了体育公共产品、私人产品，具有复合型的属性，体育公共产品是公共产品的重要内容，旨在满足公民的体育需求所提供的产品和服务。群众性体育是体育产品准公共产品属性的体现，财政政策促进体育产业的高质量发展，就是要通过财政政策的支持。群众性体育领域的资金投入，有助于降低群众消费成本，提高体育准公共产品的供给水平。群众性体育也是体育产业正外部性的体现，财政政策在群众性体现得投入，有助于提高全民身体健康水平。因此，应全面增加对社会民间资本参与群众体育、大众健身、公共体育场地设施建设、体育科学研究、体育对外交流、赛事举办等领域的财政资金支持力度。通过基本体育公共设施的投入，满足群众运动健身的需要，同时也引导和激发体育消费的市场需求。

（三）增加体育产业财政投入

服务业的比重随着体育产业的发展，推动体育制造业向体育服务业结构调整是体育产业高质量发展的主题。应进一步通过优化财政支出结构，使财政支出结构服务于体育产业结构调整，应进一步加大财政预算投入"体育管理活动、体育竞赛表演活动、体育健身休闲活动、体育场地和设施管理、体育经纪与代理、广告与会展、表演与设计服务、体育教育与培训、体育传媒与信息服务、体育用品及相关销售、出租和贸易代理"等领域的投资力度，提高服务业在体育产业中的产出规模和增加值占比。

产业引导资金应聚焦服务业和产业基地。改进当前存在的体育产业发展引导资金过于倾向体育制造业的做法，利用产业引导资金投向体育服务业。利用产业引导资金支持体育服务业综合体和创新试验区建设，激发体育服务业市场主体活力，优化体育服务业投资环境。探索利用体育产业发展引导资金建立"运动银行"和"体育消费券"，提高体育服务消费水平。

大力培育健身休闲、竞赛表演、场馆服务、体育经纪、体育培训等服务业态，创新商业模式，延伸产业链条。通过体育产业财政投入，大力推进"体医融合、体旅融合、体教融合"。完善国民体质监测指标体系，将相关指标纳入居民健康体检推荐范围。为不同人群提供有针对性的运动健身方案或运动指导服务，推广科学健身，提升健身效果。探索将体育旅游纳入旅游度假区等国家和行业标准。在体育产业财政资金的引导下，实施体育旅游精品示范工程，打造一批有影响力的体育旅游精品线路、精品赛事和示范基地。通过财政补贴或者政府购买服务的方式，鼓励和引导将体育基地、运动营地等纳入青少年研学基地，完善以群众性体育为基础和核心的竞技体育人才选拔机制。

二、以效益为导向多样化运用财政政策工具

（一）增强体育产业发展引导资金的扶持力度

应扩大体育产业发展引导资金规模。根据体育产业发展质量指数与体育产业财政投入的关系的回归结果，人口密度每增加 1 个单位，使得体育产业发展质量指数增加 0.125 个单位。说明人口规模（人口密度）较大的省份大多处于东部地区，政府的财力较为雄厚，有拿出资金支持体育产业发展的能力。相应的体育配套设施、产业发展环境也较为完善，推动了体育产业的健康发展。针对我国的中、西部省份由于对地方政府在体育产业投入中的财力不足问题，应进一步扩大体育产业发展引导资金规模，增强体育产业财政资金对企业扶持力度。

根据外部性理论，由于具有正外部性的产品并不是企业所追求的最终目标，只有经济利益才是企业经营的目的，因此具有正外部性的产品在没有外部补贴的情况下，往往市场供给不足。当具有正外部性的产品社会收益低于企业私人收益时，其产品的供给量就会受到影响。因此在产业引导资金使用中，通过政府购买群众体育公共服务的方式，把权力让渡给其他供给主体，以提高体育服务供给的效率和质量。可以省（自治区、直辖市）为单位制定政府购买公共体育服务目录和标准，通过财政购买服务的方式，解决在体育产业领域"政府无法做"或"政府做不好"的事情。借鉴南昌和西宁在羽毛球、乒乓球、篮球、棋类、体育舞蹈、马拉松等比赛活动举办中，采取政府购买公共体育服务项目的成功经验，实现既推动了企业参与公共体育服务建设，又增加了体育公共产品的供给，提高了体育产业的整体服务质量。

（二）灵活使用参股渗股财政政策工具

首先，通过参股参股财政政策工具的运用缓解财政支出压力。随着人们生活水平的提高，除了对体育场地建设的需求不断增加外，对体育服务、体育活动的需求也不断增加。而作为地方政府，由于财力的有限，特别是人口基数较大的省份，政府的基本民生保障支出压力较大。在这种情况下，通过一些项目和服务由政府购买，实行公私合作的模式，将在一定程度上缓解财政支出的压力，同时也能够为群众日益强烈的体育服务需求提供保障。特别是在一些体育场馆设施、体育健身路径、健身绿道、马拉松体育赛事等投资较大，投资回收期较长的领域通过公私合作模式，不仅可以减小政府的财政支出压力，降低了运行成本，还提高了体育公共服务供给质量。PPP 模式下应该处理好经营主体的商业利润追逐和为人们提供免费或低收费服务价值取向之间的关系，鼓励经营主体尽量从挖掘体育场馆设施的无形资产价值的角度创造收益，在政府和企业"双赢"下促进体育产业高质量发展。

其次，提高社会资本与政府合作的积极性。加强 PPP 项目谋划储备，结合区域体育产业发展重点，加强 PPP 项目库建设，采取"政府主导、企业运作、合作共赢"的 PPP 市场化运作模式，根据收益水平设置好参与合作的企业投资收益权和经营权，提高企业参与 PPP 项目积极性。落实项目建设业主，地方政府应配合项目业主，推动 PPP 项目完善立项、规划、土地、环评、稳评等前期要件，加强物有所值评价，通过构建合作式、伙伴式、特许经营等模式的"PPP 模式"，使形成风险共担、利益共享的体育产业财政扶持格局。在体育产业高质量发展领域实行"国有企业＋民营企业""政府＋民营企业"的"PPP 模式"，使国有资本和民营资本通过合作的方式共同进行体育产业高质量发展。通过合作创造体育产业高质量发展的新增长点，建立利益衔接、共享、补偿机制，使各方主体均能够有所收益。

最后，利用财政补奖促进体育、文化、旅游产业融合发展。利用财政资金的引导作用，推动体育和文化旅游产业的深度融合，培育新型旅游业态，加强特色体育文化旅游品牌建设，打造文化旅游体育产业集群。

（三）优化税收优惠政策

首先，扩大体育产业税收优惠的覆盖范围。出台专门针对体育场馆、体育企业、体育非营利组织、体育消费等体育产业发展各领域的税收优惠政策。国外许多国家充分认识到体育的大众性，通过发挥大众参与体育产业发展的积极性。从国外来看，美国的体育场馆建设者除了以政府为主体外，社会资本和广大企业家也是体育场馆的主要建设者。为了激励更多的投资者进行体育场馆基础设施建设投资，美国给予建设者税收优惠，利用税收的杠杆作用，实现体育场馆建设规模的扩大。在加拿大，其体育产业的发展利益于群众力量的发挥，加拿大对所有的冰球场、篮球场、足球场等体育场所建设实行免税政策。日本对从事体育行业的小微企业，其建设体育场馆和设施减免土地税，并在其体育设施建设完成后，对向公众开放的场馆和设施实施免税政策。为了加强体育产品生产企业和高新技术产业的发展，一些国家在税收方面也进行了相应的减免。通过税收激励政策，使日本的体育产业规模和贡献率不断提高，2018年，日本的体育产业产值达到800亿美元。对从事体育项目的非营利组织，仅要求其法人仅按其总收入的80%和22%的优惠税率进行征税，非营利法人的税基仅为800万日元，对其公益性法人的会员费和支撑公益性法人运营的其他费用给予税收减免。

其次，加强体育企业的税收政策扶持。通过提高体育企业税收优惠力度，通过对供求关系的影响，从而对企业的投资、融资行为产生影响，对体育企业的投融资进行引导，鼓励体育企业投融资行为，增加体育产业的有效供给。如俄罗斯为了促进体育产业，对体育用品制造企业实行免税和低税收政策，并对体育用品捐赠者和赞助者实行免征关税。我国在税收政策制定过程中，应更加注重增加货物与劳务税的支持力度，除了在所得税方面给予企业支持外，还应探索在增值税等其他税种方面给予体育企业更多税收优惠政策支持。同时我国也应在现有体育场馆（房产、土地使用税优惠）、体育企业税收优惠（增值税、所得税优惠）的基础上，对符合税收优惠条件的从事体育服务的非营利组织税收优惠，并探索出台专门针对体育非营利组织的税收优惠政策。从鼓励产业发展的角度出发，构建税收政策架构，积极通过减计应纳税所得额和加大所得税前扣除项目等形式，增加企业所得税相关优惠的落实。

最后，灵活运用税收优惠政策方式提高企业参与体育产业投资的热情。加强税收抵免、税收扣除、加速折旧等税收优惠手段的运用，加强税收优惠对企业的事前引导作用，推进体育税收及优惠政策的多样化，通过小微企业的高质量发展，促进整个体育产业的高质量发展，达到更大的产业引导和激励效果。

在税收抵免方面，美国税制改革中降低了体育产业风险投资的税率，体育企业的资本收益税从49.5%降至20%，并且规定体育产业风险投资额的60%免于征税、40%减半征收，极大地促进了体育产业风险投资的发展。根据美国国税局发布的《2017年关于研发税收抵免申请表及相关的指导说明》，给予体育装备制造业的企业研发方面税收抵免。

在税收扣除方面，加拿大体育产业除了在宏观上的企业所得税、个人所得税等有税收优惠外，其税收优惠政策还渗透到微观层面。如根据加拿大的《税法》，在一个家庭中，如果有一个家庭成员参与了体育俱乐部，则可以给予家庭中任意一个成员的个人所得税优惠。日本设立了体育高新技术产业的税收优惠政策，对生产或者购置新体育运动材料的项目、高技术研究经费、进行高新技术研究的设施、建筑物等减免全部税金。对创业初期投资转让损失允许在三年内结转，对高新技术企业，可在法人税或所得税中扣除高新技术研发费用总额的6%。

在加速折旧方面，美国允许从事体育产业的企业从其应纳税所得额中，对低于一定额度的新投资允许一次性折旧，当投资额超过一定的阈值时，折旧额也不断地减少。对从事体育装备制造业的企业，规定其设备可以享受加速折旧政策。上述国家在税收抵免、税收扣除、加速折旧等方面通过多样化税收优惠政策，激发体育企业的投资积极性，促进体育产业的全民参与，是体育产业税收方面值得我国所借鉴的。

三、增强对多元化体育产业投入的引导力度

（一）提高财政投入的带动效率

发挥财政资金在加快体育产业结构优化升级的作用，通过财政预算安排专门用于资助、补贴体育产业政策性支持的企业或项目的专项资金。政府设立体育产业发展引导资金的作用就是发挥其对产业带动功能，体育产业发展引导资金的投向重点应建立在科学合理的产业布局和对体育产业内部产业间的差异进行细分基础上。发挥体育产业财政投入的乘数效应，使体育产业财政投入能够在体育企业发展壮大、社会资本投资方面发挥好组织和带动作用。

利用财政预算资金，扩大体育产品和服务供给，支持和带动各地的体育企业服务平台建设，支持体育组织发展，参与承办群众性体育活动。挖掘体育产业财政投入的连锁反应和积极作用，增加体育产业的有效投资，通过体育财政支出总量的调节来影响总需求，培育体育产业的消费热点。如南京和南昌市通过发放消费券的形式鼓励引导体育消费，通过体育消费券的发放，增强了群众的体育消费动力、提高了消费水平，使更多的人有机会、有条件参与体育锻炼和健身活动，有助于形成有效的体育消费需求。同时，体育消费水平的提升，也有助于推动体育产品的供给企业不断优化体育产品和项目，改善体育服务，提高综合体育健身服务能力。南京市和南昌市利用发放消费券提振体育消费的成功经验，值得全国其他省市借鉴。

（二）增强财政资金对民间资本的撬动作用

对于我国来说，从事体育产业的大多为中小企业，他们是体育产业的市场的重要力量，产业引资资金应更倾向于此类企业，我国体育产业发展引导资金可借鉴美国的"美国体育中小企业投资公司计划"、以色列政府"YOZMA体育投资引导基金"等运作方式，不局限于体育产业规模化的扩张和集群的发展，而是从中小企业的生存和高质量发展出发，建立产业基金，解决中小企业的资金需求。美国有26个州建立了由财政出资引导、社会资本广泛参与的公众体育产业风险投资基金。在2019年美国体育行业风险投资基金项目（SapphireSport）的设立中，在由财政出资的基础上，吸纳城市足球集团（CFG）、美国国家橄榄球联盟（NFL）、美国职业棒球大联盟（MLB）、美国职业篮球联赛（NBA）等相关组织社会资本，对我国具有一定的借鉴价值。我国应充分认识到财政的资金投入对于体育产业高质量发展的重要意义，以及财政资金对于民间资本参与体育产业投资的"撬动作用"。

在逐年加大财政资金在体育产业高质量发展领域的投入的同时，更加注重体育产业财政资金投入对体育产业自身投资的拉动作用。做到对体育产业高质量发展的常态化投入，解决体育产业高质量发展园区、基地、中小体育服务业企业建设中的资金问题，缓解当前

体育产业高质量发展中存在的"支出大、短板多、能力弱、资金短缺"的困境。应通过财政资金的投入引导作用，大力激发企业在体育产业高质量发展投入中的积极性，使得体育产业的企业有意愿、有能力获得发展壮大，树立市场化的观念，充分发挥企业在体育产业高质量发展投入中的自主性。同时，省一级政府还可通过设立"天使投资、创业投资"等方式，给予中小企业资金补贴。并通过产权质押、股权众筹、资源资本化入股、租赁、众创、众包、众扶等方式，推进体育企业的创新发展。

四、加强体育产业财政支出的监督和评价

（一）加强财政资金使用的监督

国外发达国家对政府的财政支出具有严格的监督机制，通过内部审计与外部审计相结合、事前、事中、事后一体化的监督体系构建，形成对财政资金的有力监管体系。国外发达市场经济国家严格执行财政预算编制和执行，其体育产业财政预算的透明度较高，预算编制细化。财政部门和审计部门职责明晰，配合密切，财政部门对体育产业财政的预算执行进行日常监督检查，审计部门履行全过程监督职能。同时，国外的体育部门内部也有相应的监督和检查机制，引入第三方中介机构对体育组织的财政资金使用情况进行检查。例如：美国通过审计总署（GAO）、管理和预算办公室（OMB）、计划执行部门，依据《政府绩效与成果法案》（GPRA）对体育产业财政资金的使用成效进行监督，要求每个接受过财政政策惠及的项目必须形成《资金使用情况报告》，重点对体育产业财政资金的经济效益和社会效益进行评价和监管。相对于发达国家完善的体育公共财政支出审计和监督机制，我国体育公共财政支出缺少必要的绩效评价和监督。

因此，我国应全力加强财政资金使用的监督，充分发挥立法机构、审计、社会公众、社会第三方中介组织的力量，参与到体育公共财政支出的监督。加强体育公共财政支出监督的立法，推进财政支出项目预算和决算的审计，将社会公众作为利益相关者，接受社会公众对体育行政部门服务绩效水平的监督。对体育公共财政支出的必要性、可行性、合理性进行充分的监督。坚持"谁使用谁分配、谁管理谁公开"的原则，对资金使用情况进行充分的信息披露，加强对体育彩票公益金项目的专项检查，对体育彩票发行费和公益金的筹集、分配、收缴、使用等进行精细化的监督管控。建立体育产业财政资金的信息公开制度，向所有市场主体进行公示，使得资金使用做到公平、公正。发挥人大对体育产业财政支出的预算审查监督，对财政支出的总量与结构、体育行政机关部门预算、体育产业财政转移支付进行全面的监管和审查，充分听取体育产业财政支出项目受益群体的意见，广泛开展调查研究，开展预算专题审议，提高财政资金使用监督效果。

（二）加强体育产业财政支出的绩效评价

首先，应加强体育产业财政支出的事前评价。增强绩效评价目标的实效性，在绩效目标设定时，应尽可能地量化、细化评价指标。构建体育产业财政绩效评价指标体系，实行

定量与定性评价相结合。以绩效指标为导向，对体育产业财政支出的预期产出、预期效果、服务对象覆盖范围、带动能力进行合理设置，建立提高体育产业发展引导资金使用效率的制度保障机制，在项目选择上构建公开遴选申报机制，重点对使用资金企业的成长性和项目前景开展全面的评价，提高财政资金的使用效果。

其次，加强体育产业财政支出的事中评价。积极组织体育财政支出项目的事中绩效评价，以财务报表、记录、凭证为依托，在确保体育财政资金安全、合规的前提下，合理运用成本效益分析、比较分析、因素分析、公众评判等方面，对项目建设进度、建设质量进行动态性绩效评价，对项目建设过程进行全面掌控，使财政资金发挥应有的社会效益和经济效益。

最后，加强体育产业财政支出的事后评价。在项目建成后，对其社会效益和经济效益进行综合评价，从投入指标、过程指标、项目产出和项目效果指标对项目支出情况进行绩效评分，加大财政扶持的项目问责力度，明确问责范围和问责程序。推进评价结果的运用，形成对体育公共财政支出的激励与约束，提高公益性体育项目的经济效益和社会效益。加强绩效评价结果的应用，对无法达到预期目标的体育产业财政支出项目由财政部门和审计部门责令其进行通报批评和整改。建立体育产业财政支出的"红黑名单"制度，对于绩效完成情况欠佳、资金带动能力较差的地区和部门，在资金安排中给予缩减，对绩效完成情况较好的地区和部门，在资金安排中给予倾斜。

参考文献

[1] 体育蓝皮书：中国体育产业发展报告（2019）[M]. 北京：社会科学文献出版社，2019.

[2] 吴兆红，周坤，司增绰. 竞技体育强国体育用品业贸易的优劣势、竞补性及优劣势影响因素 [J]. 天津体育学院学报，2018（6）：537-545.

[3] 王瑞. 中国新能源汽车国际竞争力研究 [D]. 合肥：安徽大学，2019.

[4] 于珺. "中国制造 2025"战略下体育用品制造业产业竞争力研究 [D]. 天津：天津科技大学，2019.

[5] 杨焱勋. 中日韩三国体育产品贸易的互补性、竞争力及竞争力的影响因素分析 [J]. 体育成人教育学刊，2021（1）：21-27.

[6] 张瑞林. 全球价值链视角下我国体育用品业的发展研究 [J]. 上海体育学院学报，2011（1）：39-43.

[7] 郑秀丽，冯凯. 影响力经济视阈下中美体育用品业比较研究 [J]. 山东体育科技，2016（1）：1-6.

[8] 张高雅. 中国体育用品国际贸易竞争力评价及影响因素分析 [D]. 成都：西南财经大学，2019.

[9] 朱晓燕. 浅析新农村建设过程中体育用品配备与营销 [J]. 市场论坛，2019（7）：50-51，61.

[10] 张琪. 基于"钻石模型"对我国体育用品品牌国际竞争力的分析 [J]. 当代体育科技，2019（25）：254，256.

[11] 张方. 云南咖啡产业国际竞争力评价及影响因素研究 [D]. 昆明：云南财经大学，2020.

[12] 朱华友，李娜，戴艳. 我国体育用品制造业升级能力地区差距及分布动态演进 [J]. 体育与科学，2020（1）：94-10.

[13] 刘远祥，孙冰川. 体育产业供给侧改革的动因与路径研究 [J]. 山东体育学院学报，2019，35（6）：1-7.

[14] 黄艳梅，于珺. "中国制造 2025"战略下体育用品制造业发展路径研究 [J]. 天津大学学报：社会科学版，2020，22（1）：39-45.

[15] 刘志勇. 服务型制造：中国体育用品制造业高质量发展路径研究 [J]. 西安体育学院学报，2021，38（1）：47-54.

[16] 杨蕙馨，孙孟子，杨振一，等. 中国制造业服务化转型升级路径研究与展望 [J]. 经济与管理评论，2020，36（1）：58-68.

[17] 夏杰长，肖宇.以制造业和服务业融合发展壮大实体经济[J].中国流通经济，2022，36（3）：3－13.

[18] 李晓华.数字技术推动下的服务型制造创新发展[J].改革，2021（10）：72－83.

[19] 刘志勇，李碧珍，叶宋忠，等.服务型制造：福建体育用品制造业供给侧改革路径研究[J].福建师范大学学报：哲学社会科学版，2016（5）：17－26.

[20] 赵少聪，杨少雄，郭惠杰.福建省体育用品制造业服务化转型困境与路径研究——以福建晋江国家体育产业基地为例[J].福建师范大学学报：哲学社会科学版，2018（4）：15－23.

[21] 王刚，韦东明，王克明，等.营商环境便利化对"走出去"模式选择的作用机制与影响效应研究——基于中国企业大型投资数据库的经验证据[J].国际经贸探索，2021，37（8）：83-98.

[22] 吴小节，谭晓霞，曾华.母国区域制度质量对民营企业海外市场进入模式的影响[J].管理科学，2018，31（4）：120-134.

[23] 吴晓波，白旭波，常晓然.中国企业国际市场进入模式选择研究——多重制度环境下的资源视角[J].浙江大学学报（人文社会科学版），2016，46（6）：145-161.

[24] 黄胜，周劲波.制度环境、国际市场进入模式与国际创业绩效[J].科研管理，2014，35（2）：54-61.

[25] 周茂，操方舟，李雨浓.差异化进入模式下企业海外投资生产率"学习效应"有何不同[J].经济学报，2021，8（2）：26-44.

[26] 吴崇，陈美花.焦点同构和领先者模仿的进入模式促进企业创新绩效吗[J].国际商务（对外经济贸易大学学报），2021（5）：127-143.

[27] 张英，张倩肖.开放型技术双元、交互吸收能力与企业国际化进入模式选择[J].科技进步与对策，2021，38（18）：94-103.

[28] 张明.站上奥运领奖台——国产运动品牌成长之路[J].装饰，2015（9）：40-41.

[29] 王露露，陈丹，高晓波.国外体育营销研究的启示[J].体育刊，2020，27（3）：51-57.

[30] 宋娜梅.区域体育用品制造业国际化进程与经营管理绩效的关系研究[J].体育与科学，2013，34（3）：49-52.

[31] 杨悦.我国知名体育用品企业体育赞助策略研究[D].成都：成都体育学院，2017.

[32] 钟丽萍，刘建武.体育营销助力中国企业品牌国际化研究——以俄罗斯足球世界杯为例[J].体育文化导刊，2020（6）：84-91.

[33] 张凯，达古拉.运用交易成本理论分析区块链技术在企业中的成本优势[J].现代营销2021（8）：164-165.

[34] 林亮.国外交易成本理论研究的新进展[J].老字号品牌销，2021（2）：104-106.

[35] 王忆新，龚其国，王谦.基于WSR方法论的品牌商多渠道建设影响因素研究——以

李宁公司为例 [J/OL]. 管理评论：1-10[2022-03-02].

[36] 吴玉堂. 李宁公司战略成本管理分析 [J]. 合作经济与科技，2021（2）：75-77.

[37] 倪云. 中国体育品牌营销策略研究 [D]. 武汉：华中师范大学，2019.

[38] 王志强，洪秀岩. "互联网+"背景下高校体育信息化改革与实践研究 [J]. 陕西教育
（高教），2021（3）：62-65.

[39] 李晓鲁，张泰松. 互联网体育媒体内容创意与传播新特征——以 PP 体育为例 [J]. 西部
广播电视，2021，42（5）:89-93.

[40] 黄琦，耿立志，孟凡会. "互联网+"视域下慕课在高校体育专业教学中的应用研究
[J]. 科教文汇（下旬刊），2021（2）:43-46.

[41] 袁晓芳. "互联网+"背景下大学生体育类 APP 使用现状调查实证分析 [J]. 文体用品
与科技，2021（3）:13-15.

[42] 丛湖平. 体育产业高质量发展与体育消费升级 [C]. 第十一届全国体育科学大会论文摘
要汇编，2019.

[43] 陈骏. 新世纪我国体育产业发展特征与趋势分析 [J]. 当代体育科技，2019（11）：2-3.

[44] 陈璐. 关于我国休闲体育产业发展的思考 [J]. 扬州教育学院学报，2018（1）：95-97.

[45] 程荃. 推动体育公共服务均等化的财政政策选择 [C].2018 年全国体育社会科学年会.

[46] 丛树海，张源欣. 财政政策的顺周期实施效应特征与基本成因 [J]. 财贸经济，2018
（6）：30-42.

[47] 陈晓峰. 我国现今体育产业政策分析：存在问题与发展趋势 [J]. 北京体育大学学报，
2017，40（5）：7-15.

[48] 陈艳林. 我国冰雪产业发展的政策扶持研究 [C]. 第十一届全国体育科学大会论文摘要
汇编，2019.

[49] 杜江. 公共体育产品的公共性偏移与保护 [J]. 成都体育学院学报，2015（2）：50-53.

[50] 董芹芹，张心怡，沈克印. 健康中国背景下"互联网+体育产业"发展的领域、趋势
及策略 [J]. 体育文化导刊，2018，191（5）：78-82.

[51] 戴腾辉，王跃，周孝，等. 我国体育产业发展过程中的宏观经济效应分析——基于总
量和结构的视角 [J]. 西安体育学院学报，2019，36（3）：257-263.

[52] 杜为鹏. 大数据时代我国体育产业发展的机遇、挑战与对策 [J]. 现代营销旬刊，2018
（11）：88-89.

[53] 丁正军，战焰磊. 新时代我国体育产业高质量发展的综合动因与对策思路 [J]. 学术论
坛，2018，41（6）：93-99.

[54] 樊道明，王子朴. 中外体育财政问题比较研究 [J]. 北京体育大学学报，2008，31
（12）：1616-1618.

[55] 冯国有，贾尚晖. 中国财政政策支持体育产业发展的承诺、行动、效应 [J]. 体育科学，
2018，38（9）：39-48.